Ilma Rakusa

Mein Alphabet

Literaturverlag Droschl

Anders

Das Lammfellmäntelchen drückte nicht
aber sie schauten
schauten mich an wie eine Blöde
wo kommt die her
was will die hier
bei uns
uns war nicht ich war nicht mein
Mantel meine Sprache mein Kleid
alles anders
du bist anders
kicherten sie
und zeigten mit dem Finger auf mich
ich stand
ich wand mich nicht
blieb
immer draußen am Zaun
lernte beobachten
Bäume und Sträucher meinten es
gut mit mir
wurden weiß gelb grün
wie zärtliche Schleier
ich träumte sie
oder träumten sie mich
wie ich dem Mantel entwuchs?
in der Schule hob ich die Hand nur allein
nie in der Gruppe
die Wir-Spiele liefen an mir vorbei

und keiner hieß mich ein *Täubchen*
ich gehörte mir selbst
ich genas

Angst

*Man sagt, ein Projekt habe nur Gewicht, wenn es auch Schatten
habe. Stimmst du dem zu oder findest du diese These fragwürdig?*

Nein, die Schatten gehören zu uns, nicht nur zu unsern Pro-
jekten, auch zu userm Wesen, unseren Handlungen. Es gibt
immer Unschmeichelhaftes, Problematisches, immer Seiten,
die wir an uns selbst nicht mögen.
Die Angst ist eine komplizierte und leidvolle Sache. Denn ob
diffus oder nicht diffus: sie mindert die Lebensqualität und ist
meist unproduktiv. Mit Ausnahme von Situationen, wo sie uns
vor Gefahren schützt. Hätten wir gar keine Angst, würden wir
vermutlich auch nicht über Fluchtreflexe verfügen. Ich will die
Angst also nicht dämonisieren, tue mich aber dennoch schwer
mit meiner Ängstlichkeit. Um mich vor falschen Ängsten zu
schützen, habe ich sogar ein »Gedicht gegen die Angst« geschrieben, es gleicht einem Abwehrzauber. Man muss aktiv
sein, darf sich von seinen Ängsten nicht unterkriegen lassen.
Oft habe ich mich gefragt, woher meine Ängste wohl kommen. Schon meine Mutter war sehr ängstlich, vielleicht hat
sich das vererbt. Es könnte aber auch mit meiner frühen Kindheit zu tun haben, den vielen Umzügen und Unsicherheiten.
Trotz der Geborgenheit, die von meinen Eltern ausging, empfand ich das doch als schwierig. Jedenfalls entwickelte ich eine
besondere Wachsamkeit. Nicht nur mein Kopf, mein ganzer
Körper fährt Antennen aus, sondiert die potentielle Gefahren-
lage. Mitunter kann das ganz nützlich sein.

Unangenehm ist, wenn man sich mit diffusen Ängsten herumquält und in einer permanenten Spannung lebt. Eine Freundin von mir pflegt den Satz von Woody Allen zu zitieren: »I had many problems in my life, but most of them never happened.« Das passt auch zu mir. Im Kopf antizipiere ich Dinge, entwickle Angstszenarien – und schließlich passiert nichts oder nichts Schlimmes. Die ganzen Sorgen waren umsonst. Umsonst auch die körperlichen Symptome wie Zittern, Magenweh, Kopfschmerzen. Nur, gespürt habe ich sie sehr wohl. Zum Beispiel, als eine Maschine der Austrian Airlines zwischen Zürich und Graz in starke Turbulenzen geriet und ich eine Stewardess weinend um Hilfe bat. Ich wollte keine Medikamente, wollte nur, dass sie mir wie einem Kind die Hand hält. Das tat dann mein Sitznachbar auf rührende Weise.

Angst hat etwas Lähmendes, und sie zieht einen hinunter.

In meinen Texten versuche ich, leicht zu sein. Zwar sind sie oft melancholisch grundiert, doch hat das nichts mit Angst zu tun. Angst verschließt, mein Schreiben aber tendiert zur Offenheit.

Hilft dir nichts gegen die Angst, auch nicht der Glaube?

Eine gute Frage. Gerade kürzlich, vor einer schwierigen medizinischen Untersuchung, wünschte ich mir, ich hätte mehr Gottvertrauen. Die Angst war wie eine sauerstoffarme Kapsel, in der langsam die Luft ausgeht. Man möchte atmen, möchte mit der Außenwelt kommunizieren, und findet sich immer wieder in dieser Kapsel, wo die Gedanken rotieren und rotieren, ohne zu einem Ergebnis zu kommen. Da habe ich tatsächlich gehadert mit mir: Warum schaffst du das nicht, warum entspannst du dich nicht, warum sagst du nicht, ich bin in Gottes Hand, komme, was wolle.

Leider bin ich ein Kontrollfreak, der die Zügel ungern aus der

Hand gibt. Doch das Leben lässt sich nicht kontrollieren, jedenfalls nicht so, wie man sich das vorstellt. Im Alltag lebe ich sehr selbstbestimmt, bin allein verantwortlich für das, was ich tue, und das ist nicht wenig, manchmal belastet es mich auch. Gleichzeitig habe ich Angst, mein Leben könnte ohne strenge Kontrolle aus den Fugen geraten. Das hängt sicher mit meinem Bedürfnis nach Form zusammen. Ich habe einen starken Gestaltungswillen.

Was häufig hilft, sind Musik und Poesie. Sind beispielsweise Gedichte von Ossip Mandelstam, der in seinen Erinnerungsfragmenten »Die ägyptische Briefmarke« diese wundersamen Sätze schrieb: »Die Angst nimmt mich an der Hand und führt mich. Ein weißer Zwirnhandschuh. Ein Handschuh ohne Finger. Ich liebe die Angst, ich verehre sie. Fast hätte ich gesagt: ›Wenn die Angst bei mir ist, habe ich keine Angst.‹ (…) Die Angst spannt die Pferde aus, wenn man abfahren muss, und schickt uns Träume mit grundlos niedrigen Stubendecken.« Schon bin ich beruhigt und getröstet. Wie nach der Lektüre von Märchen.

Alter

Macht dir das Alter Angst?

Unter dem Aspekt, dass ich meine Unabhängigkeit verliere, auf fremde Hilfe angewiesen bin, macht es mir Angst. Ich bin große Freiheit gewohnt, allein schon die Einschränkung des Bewegungsradius würde mir enorme Mühe bereiten.

Natürlich weiß man nie, was einem wann bevorsteht, doch diese Perspektive erfüllt mich mit Sorge.

Dennoch versuche ich mit mentalem Training, mich auf eine Phase des Loslassens vorzubereiten. Und gleichzeitig die Vorzüge des Alters, sofern die Gesundheit mitspielt, nicht aus den Augen zu verlieren: Lebenserfahrung, das Wissen um Prioritäten, ein gewisse Gelassenheit, die Freude am gelungenen Moment. Ich glaube, ich lebe heute bewusster, auch dankbarer, weil vieles nicht mehr selbstverständlich ist. Einladungen, Aufträge, Lesungen, Reisen regen weiterhin an, das Schreiben sowieso. Aber auch kleine Dinge machen mich glücklich: der Haselstrauch vor meinem Fenster, die Natur im Wechsel der Jahreszeiten, private Alltagsrituale, und immer wieder die Musik. Bach, Monteverdi, Bartók, Akkordeonklänge eines ukrainischen Straßenmusikers. Das kann mich zu Tränen rühren. Und gute Gespräche mit Freunden.

Meine Bewunderung gilt so tapferen Einzelgängern wie der 1938 geborenen Lyrikerin Elke Erb. Wenn ich sie anrufe, erzählt sie mir von ihren Schreibprojekten, zitiert Verse von Ossip Mandelstam, berichtet von ihren Turnübungen und Teebaumöl-Bädern, innerlich immer in Bewegung, wissbegierig, selbstkritisch, voller Fragen und staunend wie ein Kind. So kann man neunzig werden – und alterslos bleiben. Das Leben als *work in progress*.

Und Friederike Mayröcker, diese Unentwegte. Kein Jahr ohne ein Buch, kein Tag ohne eine Zeile. Und was für Zeilen. »… dieser *zerfetzte* Blumenstrausz in der Bodenvase in schiefer Haltung mit dem immer noch weiszen Bändchen das sich ringelte nämlich man hatte es im Blumenladen mit der Schere gekämmt dasz es sich kräuselte, 1 makabrer Lockenwirbel der niedersank, *der Traum ist 1 zweites Leben*.«

Wer sagt denn, das Alter müsse banal und langweilig sein. Muss es nicht.

Bett

Im Fall einer Krankheit ist das Bett die beste Option. Freilich verbinden mich mit Bettlägerigkeit nicht die besten Erinnerungen, obwohl mir Mutter in der Kindheit vorlas, was ich genoss.

Aber das Bett ist in jedem Fall ein Ort der Geborgenheit, ein warmes Nest, das man oft ungern verlässt und in das man sich, sobald die Welt allzu bedrohlich wird, wieder zurückzieht.

Wunderbar hat es Danilo Kiš in seinem Kindheitsroman »Garten, Asche« beschrieben: »Mutter brachte auf ihrem Tablett in dem Einmachglas mit dem Honig und dem Fläschchen mit Lebertran die Bernsteinfarben sonniger Tage ins Zimmer, dichte Konzentrate betäubender Düfte. (…) An wolkigen, düsteren Regentagen blieben die Spuren unserer Finger am Stiel des Löffelchens zurück. Dann weigerten wir uns aufzuwachen und kuschelten uns, bekümmert und unzufrieden, in die Kissen, um die Tage zu überschlafen, die sich eintrübten und nach abgestandenem Fisch rochen.«

Schlafen, träumen, sich wärmen und regenerieren – all das geschieht gewöhnlich im Bett. Auch das Liebemachen. Einen Großteil unseres Lebens verbringen wir hier, keine Kleinigkeit. Morgens nach dem Aufwachen bleibe ich oft länger im Bett liegen, denn mir kommen tausend Gedanken, die ich nicht verscheuchen will. Oder ich träume einen Traum zu Ende, den ich dann aufschreibe. Auch Lesen im Bett ist eine gute Sache. Das tue ich sitzend, zwei Kissen im Rücken, aus Bequemlichkeit und weil ich so konzentrierter bin. Nur Bett und Laptop bringe ich nicht zusammen, noch nicht.

Ach, diese Betthöhle, mit der Daunendecke als flaumigem Gewicht! Ohne Daunendecke komme ich nur in warmen Gegenden aus. Sonst begleitet sie mich rund ums Jahr. Weich, anschmiegsam, ohne Forderungen zu stellen. Denn natürlich soll das Bett für optimale Entspannung sorgen. (Beziehungscrashs gehören ausgelagert, etc. Ich rede von früheren Erfahrungen, lebe ja schon lange allein.)

Mein Bett: japanisch inspiriert, mit niedrigem schwarzem Gestell und Matratze. Breit, großzügig. Über dem Kopfteil hängt das gerahmte Foto einer Japanerin mit geschlossenen Augen. Beben darf die Erde nicht, sonst riskierte ich, dass das schwere Bild mich erschlägt. Lieber soll die im Stehen Schlafende mich beschützen.

Was ich vom Bett aus sehe? Einen japanischen Riesenfächer, schwarzweiß, und einige blühende Phalaenopsis. Nicht zu vergessen die Bücherwand links, mit Werken zu Philosophie und Literaturgeschichte. Nicht nur nachts unterhalte ich mich mit ihnen.

Berge

Ich bestaune sie von weitem, als etwas Erhabenes, Ehrfurchtgebietendes. In der Schweiz bin ich von Bergen umgeben, doch eine Bergsteigerin ist nicht aus mir geworden. Anders als mein Vater, der schon in jungen Jahren in seiner slowenischen Heimat geklettert ist und später in der Schweiz alle Viertausender bestiegen hat, scheue ich die Höhe, sie macht mir Angst. Kein Ehrgeiz treibt mich, Gipfel zu erklimmen, mir reicht der Anblick aus der Distanz.

Aber ich liebe alpine Gegenden: das Engadin mit seinen azurblauen Seen, das Bergell mit seinen steilen Bergkulissen. Hier ist Alberto Giacometti geboren und aufgewachsen, zwischen dem Granitgrau der Berge, in Dörfern, deren Straßen, Brunnen und Hausdächer aus eben diesem Granit sind. Kein Wunder, ist er zum Maler der Grautöne geworden. Auch seine Skulpturen sind dominant grau. Ein herber Künstler, herb wie sein Tal.

Seit gut fünfzig Jahren besuche ist das Bergell, vor allem das Dorf Bondo. Hier habe ich geheiratet, hier sind meine Eltern begraben. Ich konnte zusehen, wie sich die Generationen ablösten, neue Häuser entstanden, alte Ställe umgebaut wurden, wie die Bauern ausstarben, bis nur noch ein einziger übrigblieb. Verschwunden die Schafherden, die Kühe. Und die Jungen wandern aus.

Der Lauf der Dinge, dachte ich mir. Doch am 23. August 2017 geschah etwas völlig Unvorgesehenes: vom Piz Cengalo lösten sich vier Millionen Kubikmeter Gestein und donnerten bei Bondo zu Tal. Der Bergsturz zerstörte zahlreiche Häuser und Ställe, verschonte allerdings den alten Dorfkern und dank eines Alarmsystems die Einwohner. Ein Riesenglück im Unglück. Seither gab es weitere kleinere Felsstürze und Murgänge, und niemand kann voraussagen, was noch kommt, denn der Berg ist labil. Tauender Permafrost, sagen die Spezialisten, sei die Hauptursache.

Das will so schnell nicht in die Köpfe: dass ausgerechnet ein Berg, Inbegriff der Stabilität, sich bewegt und Unheil anrichtet. Der Schock sitzt tief, auch bei mir, obwohl ich vom Unglück nicht betroffen war. Die evakuierten Dorfbewohner konnten wieder in ihre Häuser zurückkehren, aber einige berichten, dass sie die Nacht bei Freunden in anderen Dörfern verbringen, aus Angst. Schließlich sei der Berg, mit dem sie vertrauensvoll zusammengelebt hatten, nun ein Feind. Ein unberechenbarer dazu.

Bondo ist jedenfalls ein anderes, und wohl für lange Zeit. Verschwunden die alte Brücke, verschwunden die Sägerei, die weite Wiese hinterm Dorfrand eine riesige Schutthalde, ein künstlicher Berg.

Ich erzähle dies, weil mein Respekt vor Bergen seither noch zugenommen hat. Mit Bergen ist nicht zu spaßen. Bekanntlich auch nicht mit Vulkanen, diesen Lava- und Aschespuckern. Sie tun, was sie wollen, da ist der Mensch machtlos.

Bergell

Wie Berge wie Steine
steil und Wald
und die Brunnen laut
du reißt die Augen auf
Kastanienmoose Kneipen
sprechende Halme
Heimat
hast du Heimat gesagt?
da ist sie
in den Holzstuben mit
tiefhängender Lampe
am Hang wo die Pilze
sprießen die zarten Gifte
bei den Ziegen
oder sich wiegend im Gras
der Himmel ein Schal
graublau oder gelöchert
egal er ist da
doch einer fehlt immer
der Alte mit Bart
der Maler
der Küster
die Kinderfrau
das Mädchen vom Balkon
sie sind dort
hinterm Finale
am sicheren Ort
schau und schau erneut
ich sehe sie wachsen

Blau

Himmel
Meer
Kornblume
Enzian
Novalis' blaue Blume
Rimbauds blaue Stunde
Yves Kleins Bilder
Marineuniformen
die tiefblauen japanischen Schuluniformen.
Dieses japanische »navy blue« ist meine Lieblingsfarbe, nur
eine Spur von Schwarz entfernt, aber verführerisch abgründig.
Immer sind es die Nuancen, auf die es ankommt.
Der Sog des dunklen (nachtschwarzen) Blaus. Indigo-Blau.
Die beschützende, weil das Böse abwehrende Wirkung des
leuchtenden Blaus. Weshalb in Griechenland viele Türen blau
umrandet sind und Amulette diese Farbe tragen.
Blau als Reimwort, auch nicht zu verachten.
Vor meinem inneren Auge sehe ich die Engadiner Seen, alles
andere als lau, auch im Sommer kalt, gletscherwasserkalt, und
im Herbst gesäumt vom Goldgelb der Lärchen. Das bringt nur
die Natur zustande, at her best.
Die Technik laboriert mit Metallischblau und Bildschirmblau.
Dazu habe ich ein Farb-Tanka geschrieben:

Auf dem meerblauen Bildschirm
des Laptops die Zeichen
wie Unterwassergeschöpfe
bewegte Wesen
in tiefer Leere.

Braun

Ich erinnere mich an den Landeanflug auf Kairo, an einem Nachmittag im Februar, bei klarem Wetter. Eine Symphonie in Braun, vom zarten Beige über Lehmbraun bis zu zig Sandfarben, das satte Dunkelbraun verstreuter Ackerflächen nicht eingerechnet. Wobei diese Farben sich mit geometrischen Formen verbanden: den Rechtecken der Häuser und Umfriedungen, dem Halbrund der Moscheekuppeln und Grabdenkmäler. Es war das alte, uralte Kairo, das da hingebreitet lag, der Wüste entrissen und doch unverkennbar ein Teil von ihr. Jedenfalls farblich. Ich werde diesen ersten Eindruck nie vergessen.

Wüstenlandschaften sind mir nahe. Keine Wüste gleicht der anderen, und von Eintönigkeit nicht die Spur. Im Gegenteil, man erlebt einen Farbenrausch sondergleichen, und die Horizonte wechseln oft schneller, als einem lieb ist. In diesem Naturspektakel wird das eigene Ich gründlich redimensioniert, eine heilsame Erfahrung.

Nichts gegen Braun also. Und während ich das Wort laut ausspreche, kommt mir unweigerlich die Braunkohle in den Sinn, genauer der Braunkohlegeruch, der meine Kindheit in Budapest, Ljubljana und Triest begleitet hat. Diesem säuerlich-bitteren Geruch folge ich (wie es in einem meiner Gedichte heißt) »wie ein Narr seinem Hut«, ob er mir in Prag, Lemberg oder in der Großen Hamburger Straße in Berlin entgegenschlägt. Er ist ein Stück Heimat, so merkwürdig das klingen mag.

Mit der Farbe Braun hat dies freilich wenig zu tun, auch nicht mit dem Braunbären, der Braunalge und dem Braunbier.

Camera obscura

Nicht die Dunkelkammer des Fotografen, sondern das verdunkelte Siesta-Zimmer meiner Triestiner Kindheit oder mein migränegeplagter Kopf. Das Siesta-Zimmer ist positiv besetzt, als Ort meiner Tagträume und Phantasien. Im Übrigen war es nicht ganz dunkel, durch die Jalousien fiel etwas Licht, gerade genug, dass ich Lichthasen über den Boden oder die Decke huschen sah. Anders das völlige Dunkel in meinem Kopf, wenn die Migräne zuschlug. Diesen Zustand kenne ich bis heute. Schmerz, Lähmung, Einsamkeit. Nichts soll und kann eindringen: kein Licht, kein Geräusch, kein Geruch. Schrecklich, diese Enge und dieses Schwarz. Aber da muss ich hindurch. Und irgendwann öffnen sich die Poren und Sinne, und ich fühle mich wie neu geboren. Jedesmal eine überwältigende Erfahrung. Dostojewskij, ein Epileptiker, hat nach seinen Anfällen Ähnliches erlebt. Desgleichen sein epileptischer Held Fürst Myschkin, im Roman »Der Idiot«. Seine »heilige Krankheit« bescherte ihm Momente höchster Luzidität, was auch auf seine Umgebung kathartisch wirkte.
Dunkel und Licht – ein ewiges Wechselspiel.

Dinge

Reichtum und Last, je nachdem, wie man sich zu ihnen einstellt. Ich liebe Dinge, nicht aus materiellen Gründen, sondern weil sie eine Umgebung bilden, die ich mitgestalte. Und weil mir der Gedanke gefällt, dass sie mich überdauern. In meinem Haus gibt es tausende von Büchern, viele sind mit Widmungen und Unterstreichungen versehen. Daneben Bilder, marokkanische Schalen, venezianische Masken, eine japanische Holzspule mit Goldfaden, viele Mitbringsel von Reisen, Geschenke von Freunden. Jeder Gegenstand hat seine Geschichte und hält mir mitunter den Spiegel vor. Oder redet mit mir: Erinnerst du dich, als wir zusammenkamen, in jenem staubigen Prager Antiquariat? Dein linker Arm steckte im Gips, doch deine Rechte fand mich. Dinge sind Gedächtnisspeicher, Erinnerungskapseln (-katalysatoren), von der Zeit gezeichnet wie wir selbst. Sie verdienen eine gute Behandlung, ja mehr noch: Zuwendung. Ich finde, wir gehen mit ihnen viel zu acht- und lieblos um. Natürlich haben sie die Tendenz, sich unaufhaltsam zu vermehren, die Bücher tun es karnickelartig. Dann heißt es, sich von diesem oder jenem zu trennen. Um leichter zu werden, beweglicher. Mehrere meiner Bekannten greifen da rigoros durch, verordnen sich eine fast buddhistische Ding-Askese. Bewundernswert. Selber gelingt mir das nicht. Denn die Dinge, die mich umgeben, sind mein Zuhause und Schutz, meine Mikrowelt, die ich selbst geschaffen habe. Ich hänge an ihnen, geradezu existentiell. Das mag eine späte Reaktion auf meine nomadische Kofferkindheit sein, ohne eigenes Zimmer, ohne Spielsachen. Zu einem eigenen Zimmer kam ich erst mit vierzehn, und es bedeutete mir viel. Sofort gestaltete ich es nach meinen eigenen Vorstellungen. Es sollte zu einer zweiten Haut werden, und wurde es auch.

Übrigens ging ich auch mit Provisorien nicht anders um. Das schlauchartige Zimmer, das ich während meines Pariser Studienjahrs bewohnte, verwandelte ich mit wenigen Gegenständen – Klavier, Bettdecke, Plakat, Ansichtskarten – in einen persönlichen kleinen Kosmos. In erster Linie, um in der anonymen Großstadt ein Refugium zu haben, wo ich mich wohl fühlte. Aber auch Besucher sollten wissen, mit wem sie es zu tun hatten.

In meinem jetzigen Haus wohne ich schon seit über dreißig Jahren, und ich zögere nicht, es meine engste Heimat zu nennen. Mit allen Dingen, die sich im Laufe der Zeit angesammelt haben und die mir auf Schritt und Tritt eine Geschichte erzählen. Denn das tun sie zuverlässig, es genügt, dass ich ans erstbeste Bücherregal trete.

Die Liebe zu den Dingen habe ich von meiner Mutter und deren Mutter geerbt, definitiv nicht von meinem Vater, der alles so schnell wie möglich wegwarf und nach seinem Tod nichts Persönliches hinterließ. Meine Mutter dagegen war eine Sammlerin vor dem Herrn. Als sie mit fast siebenundneunzig Jahren starb, hinterließ sie unzählige Bücher, Fotos, Diapositive, Ansichtskarten, Briefe, Reisenotizen, Filme, Schals, Taschen, Muscheln, Korallen. Ich kann es nicht aufzählen. Weiß nur, dass das Persönliche aufbewahrt sein will, oder wenigstens der wichtigste Teil davon. Das chinesische Lackschränkchen mit frühen Kinderzeichnungen und einer in Seidenpapier eingewickelten Locke (ihrer eigenen?), die winzige Porzellanuhr in der Vitrine, ein Aquarell, das über ihrem Bett hing. Bin ich sentimental? Wenn ja, dann so wie sie. Und wie ihre Mutter, die aus Rimavská Sobota mit zwei riesigen Holzkisten zu ihrer Tochter gezogen war. Auch sie enthielten tausenderlei Dinge, aus denen sich ganze Biographien herausschälten. Und während ich stockfleckige Tischwäsche, uralte Häkelarbeiten und die Perlen von Rosenkränzen anfasste, versank ich in einer mir unbekannten Vergangenheit.

Aus dieser Begegnung entstanden ein paar Gedichte. Zum Beispiel »Die Schachtel«:

Drei Rosenkränze, zwanzig
Heiligenbilder, fünf Gebetbücher,
fehlt die Wollmütze. Die hast
du doch gebraucht für eisige
Gottesdienste, Jolán. Ich sehe
dein eingefallenes Wangenfleisch,
die knochigen Hände. Fotos
trügen nicht. Oder doch? Dein
Beten rufen sie nicht wach. Und
die Knospen des Rosenkranzes
sind verschlossen. Vielleicht
warst du ein Singvogel, eine
Nonne, ein fernes Geheimnis.
Vielleicht hast du über Notizheften
gezittert und vor dem Kreuz in
der Theklakirche. Mit kaltem
Atem. Ich weiß es nicht. Die
Beichtspiegel schweigen, es
schweigt der Kerzenstummel.
Du hast geglaubt. Oder nicht?
Sonst wäre die Schachtel längst
zugeschneit und dein bettelndes
Haar verstreut. Aber nein. Grab,
Kranz, der Flügel des Engels.
So ruhst du dort, am richtigen
Ort. Niemand wird dich stören.

Dinge inspirieren zu Dialogen, die sich weiter und weiter spinnen. Und selbst ihr Verschwinden ruft nach der Fortsetzung des Gesprächs.

Übrigens gibt es einen Schriftsteller, der sich ungemein subtil mit Dingen beschäftigt hat: Francis Ponge. Sein Buch über »Die Seife«, diesen scheinbar banalen Alltagsgegenstand, ist an Phantasie und Poesie nicht zu übertreffen. Das zeigt schon folgende Charakteristik:

»Dieses Ei, diese platte
Scholle, – diese kleine
Mandel, die sich
so schnell verwandelt
(im Handumdrehen)
in einen chinesischen Fisch
Mit seinen Schleiern, seinen Kimonos
weiten Ärmeln
So feiert sie ihre Hochzeit
mit dem Wasser. Das ist ihr Wasserhochzeitskleid.«

Warum gerade die Seife? Ponge führt lebensgeschichtliche Gründe an: »Auch weil wir damals in grausamer, unvorstellbarer, absurder Weise die Seife (wie verschiedene notwendige Dinge in jener Zeit: Brot, Kohle, Kartoffeln) entbehren mussten, haben wir sie geliebt, geschätzt und nachgerade posthum in unserer Erinnerung genossen, mit dem Wunsch, sie neu zu schaffen im Gedicht … Auf der Suche nach der verlorenen Seife …« Emotion ist also durchaus im Spiel.

In anderen Texten bringt Ponge Kieselsteine, Kerzen, ja sogar Waschkessel zum Sprechen, nicht zu vergessen seine »Unvollendete Ode auf den Schlamm«. Darin liegt eine gewisse Rehabilitierung der oft zu Unrecht verachteten, stiefmütterlich behandelten Dinge. Mehr noch: ihre Erweckung zum Leben.

Engel

Ob ich an sie glaube, weiß ich nicht so recht, aber irgendwie erscheinen sie mir plausibel. Unsichtbare Wesen, die uns manchmal zur Seite stehen, uns unter ihre Fittiche nehmen, und wieder verschwinden.

Die Ikonographie ist voll von ihnen. Byzantinische Mosaiken und Fresken zeigen sie mit herben Gesichtern, weißgewandet, mit großen Flügeln, androgyn und ehrfurchtgebietend. In Bewegung dagegen sind die eleganten Verkündigungsengel bei Tizian oder Tintoretto. Nur die Barockengel und -putten wirken dümmlich in ihrer Pummeligkeit.

In der Erzählung »Bondo« habe ich einen Engel eingeführt, der aus seiner erhöhten Perspektive Zeiten und Ereignisse überblickt, die unsereins nur bruchstückhaft zu erfassen und wiederzugeben vermag. Er wird mir zum Wort- und Taktgeber. Zu einer Ruhe verströmenden, nahfernen Instanz.

So ganz anders sind Engel ja nicht, wir imaginieren sie als Mittler und erkennen mitunter auch im Menschen engelhafte Züge. Steven Pinker, Psychologe an der Harvard University, stellte denn auch die bedenkenswerte Frage: »Wie können wir die besseren Engel unseres Wesens an die Macht bringen?«

Das setzt voraus, dass wir Engel in uns bergen, und zwar gute und schlechte. Tatsächlich weiß die Angelologie auch um den gefallenen Engel Luzifer, der im Alten wie im Neuen Testament mit Satan gleichgesetzt wird. Doch wird das meist verdrängt.

Wenn ich einen Freund, der mich nach einem doppelten Knochenbruch aus der Provence nach Zürich gefahren und vor dem Eingang des Krankenhauses abgesetzt hat, einen Engel nenne, weiß ich, warum. Und wenn ich meinem erwachsenen Sohn auf Ungarisch immer noch »mein Engelchen« zurufe, hat das seinen guten Grund. Mit dem Wort verbindet sich Güte, Licht und Zärtlichkeit. Halten wir also daran fest.

Esterházy (»Péterke, mein Engel«)

»Er ist kein verruchter Erzengel wie Danilo Kiš, gleichwohl ein Engel. Weder geschlechtslos noch fad, weder heilig noch hehr, aber doch. Ein zarter Lockenkopf mit schelmisch blickenden Augen und weichem Händedruck, mit feinbesaiteter Seele und elastischem Gang. Geht er nicht auf Zehenspitzen (on tiptoe)? Das wippt und schwebt, und wenn er erzählt, formen seine Hände etwas Rundes: zwei Parenthesen um ein imaginäres Kleinod.

Sein Lachen: eine Sache für sich. Es kommt Rabelais'sch aus dem Bauch, herzhaft und groß. Doch am schönsten ist, wenn er sich wundert. Der ganze Mann ein Kind: ›Ach, oh!‹ Mit singendem Tonfall, man kann ihn nur mögen für solche innocence. Dabei ist er kein Naiver. Sein vertrackter Witz folgt der Losung: ›Die Lage ist hoffnungslos, aber nicht ernst.‹ Mit mathematisch grundierter Paradoxiefähigkeit treibt er alles zärtlich auf die Spitze. Da stehen wir dann, düpiert, amüsiert, bereit, ihm die schneidendsten Anwürfe zu verzeihen. Denn auch seine Stacheln streicheln, so ist es nun mal bei Engeln.«

Das schrieb ich 1999 und bin ihm danach viele Male begegnet, in Berlin und Budapest, Zürich und London, ja selbst in meinem Geburtsort Rimavská Sobota, wohin uns eine Lesung führte und wo wir ungebührlich viel lachten. Wir lachten auch ausgiebig an einem Abend in der Berliner Auguststraße 83, zu dem neben mir Imre Kertész mit seiner Frau geladen war. Es gab pikante Gulaschsuppe und kräftigen Rotwein, gegen Mitternacht wetzten die Herren die Wortsäbel, unter großem Gelächter. Dann folgten politische Witze.

Wenig später verließen die Esterházys die geräumige Gastwohnung. Als ich ein letztes Mal vorbeikam, um mich zu verabschieden, sah ich Péter verzweifelt in seinem Zimmer, umgeben von zig Plastiktüten, und noch immer stapelten sich Bücher, Papiere, Zeitungsartikel. Wegwerfen geht nicht (er ist ein Sammler wie ich), doch wie die vielen Zettel und sonstigen Haufen verpacken, ohne dass ihre »Ordnung« Schaden nimmt? Was nämlich nach Unordnung aussieht, ist keine. Péter reibt sich nervös die Hände, runde, sinnliche Hände, die den exzellenten Koch verraten. (Nie habe ich erfahren, wie er das Ordnungsproblem gelöst hat.)

Esterházy: barock und pfiffig, paradox und a bisserl melancholisch, liebt Gedankenpirouetten, Spiel, Camouflage, Alberei. Das Veto gilt biederer Vereinfachung und vorwitzigem Besserwissen ohne Humor. Auf diese Weise sind so wunderbare Bücher wie »Die Hilfsverben des Herzens«, »Das Buch Hrabals«, »Harmonia Caelestis« oder »Die Markus-Version« entstanden. Und der immerkluge Gesprächsband »Die Flucht der Jahre«. Über das im Angesicht des Todes geschriebene »Bauchspeicheldrüsentagebuch« nur soviel: es kennt keine Larmoyanz. Das nennt sich Würde, Contenance. Péterke, du bist ein Engel.

Zum allerletzten Mal sah ich Esterházy auf der Budapester Buchmesse im April 2016. Schmal stand er in den hinteren Reihen, als ich aus »Love after love« las. Später signierte er mir ein Buch, und zum Abendessen trafen wir uns alle in einem Lokal, in das der Magvető Verlag seine Autoren geladen hatte. Er saß nicht neben mir, doch konnte ich mich mit ihm unterhalten. Wobei er lieber zuhörte, was andere ihm zu erzählen hatten. Zu meinem Erstaunen bestellte er Deftiges und trank dazu Rotwein. Niemand hinderte ihn. Noch vor elf wurde er plötzlich unruhig und forderte seine Frau auf, ein Taxi zu bestellen. Sie ließ sich etwas Zeit. Da erhob er sich ungehalten, zog den Regenmantel an und verließ grußlos das Lokal. Ich sah ihn auf die Straße eilen, der helle Mantel flatterte im Wind. Dieses Rückenbild ist mir geblieben. Leicht unscharf wie ein verwackeltes Foto.

Péter starb am 14. Juli 2016, beigesetzt wurde er in der Familiengruft in Ganna. Ich vermute ihn in Engelsgesellschaft, doch mit Gourmetköchen.

Erinnerung

Was bedeuten dir Erinnerungen, wie gehst du mit ihnen um?

Es sind viele – und werden natürlich immer mehr. In meinem Alter blickt man schon mehr zurück als nach vorn, die Vergangenheit staut sich, während die Zukunft schrumpft. Mein Erinnerungsbuch »Mehr Meer« habe ich mit Ende fünfzig geschrieben, einem starken inneren Drang gehorchend. Jetzt oder nie, als hätte ich keine Wahl. Tatsächlich ließen mich einige frühkindliche Erlebnisse und Bilder nicht in Ruhe, sie bildeten gleichsam Erinnerungskristalle, an die sich weitere Erinnerungen hefteten. Doch erst während des Schreibens wurde aus den Splittern ein Kaleidoskop. Plötzlich fielen mir Dinge ein, die ich für vergessen und verschüttet hielt, aus einem Geruch entwickelte sich eine Geschichte. Ein banaler »Mohrenkopf« wurde zu meiner Madeleine.

Das Gedächtnis ist faszinierend in seiner Vertracktheit – und tückisch. Was es ausspuckt, muss nicht objektiven Tatsachen entsprechen. Erinnerungen sind formbar, können sich im Lauf der Zeit verändern. Vor allem wenn man sie mit anderen teilt, werden sie »überschrieben«, umcodiert. Immer wieder habe ich mich gefragt, ob meine Erinnerungen an Triest von damals stammten oder aus späteren Erzählungen meiner Mutter. Vielleicht sind sie das Ergebnis einer Doppelbelichtung? Wie auch immer, irgendwann setzt sich eine Version fest, behauptet sich als authentisch und wahr. Wobei es sich um eine sehr subjektive Wahrheit handelt.

Beim Schreiben kommt hinzu, dass die Phantasie rasch zur

Hand ist. Kaum tut sich eine Erinnerungslücke auf, springt sie hinein und füllt sie aus. Dies geschieht fast unbewusst, aber höchst erfolgreich. Dann haben wir, statt einer rudimentären Skizze, plötzlich ein farbiges Bild vor uns, anschaulich und sinnlich. (Von Ausschmückung würde ich aber nicht reden, das klingt zu dekorativ.) Verboten ist das nicht, jedenfalls nicht in einem autofiktionalen Buch wie »Mehr Meer«, das sich dem Memoiren-Genre von der ersten Seite an verweigert.

Im Kapitel »Garten, Züge« habe ich meine Erinnerungen imaginär ergänzt und erweitert, indem ich in lyrischen, durch Kursivierung ausgezeichneten Passagen das Paradiesische des Gartens und das Bedrohliche der nächtlich rangierenden Züge verdichtete. Es gibt Litaneien von Blumen- und Pflanzennamen und andere, düstere, die an Deportationen denken lassen. Klar, entstammen diese Passagen nicht der Kinderperspektive. An mehreren Stellen des Buchs habe ich die Erinnerungsarbeit offengelegt und reflektiert, man soll mir nicht Naivität nachsagen. So heißt es im Kapitel »Vergessen«: »Erinnerung ist Erinnerung, auch wenn sie da und dort Lücken aufweist. Es gibt Risse im Film. Pausen. Ist das schlimm? Der Körper hat das Recht, sich zu entlasten. Auf eine Tabula rasa ist er nicht aus.« Ich weiß nicht, ob ich Annie Ernaux zustimme, die in »Die Jahre« schreibt: »Wie das sexuelle Verlangen ist auch die Erinnerung endlos. Sie stellt Lebende und Tote nebeneinander, reale und imaginäre Personen, eigene Träume und die Geschichte.« Die Erinnerung? Es gibt meines Erachtens nur Erinnerungen in der Mehrzahl, und diese bilden kein Kontinuum, sie sind durchlöchert von Vergessen. Und manchmal liegen sie so tief vergraben, dass man sie wie einen Schatz heben muss. Wobei dieses »Heben« schnell gehen kann. Ein Zufall, ein Gespräch, ein Foto, ein Geruch – und plötzlich steigt etwas auf und ist da. Heureka!

Aber Erinnerungen können doch auch verblassen.

Manche tun es, weil sie von neuen Erlebnissen überlagert werden. Nach meiner Erfahrung verblasst nur, was nicht so wichtig war. Anderes ist frisch, als wäre es vor einer Woche geschehen. Der Körper speichert, doch die Engramme sind höchst unterschiedlich. An die Geburt meines Sohns kann ich mich lebhaft, in allen Details, erinnern. An einen Liebesschmerz vor zwanzig Jahren ebenfalls. Empfindungen, vermischt mit gestochen scharfen Bildern – und jederzeit abrufbar.
Das gilt auch für viele Eindrücke aus meiner frühen Kindheit. Einige waren angstbesetzt: die fauchend rangierenden Nachtzüge in Ljubljana; die Bora in Triest, die an einem hellichten Wintertag auf dem Viadukt von Barcola das Dach eines Zuges wegriss; der Skorpion unter meinem Kopfkissen …

In »Mehr Meer« verwendest du mehrmals den Ausdruck Palimpsest. Gilt das für das Leben ebenso wie für die Erinnerung?

Das Bild gefällt mir: ein beschriebenes, abgeschabtes und wieder neu beschriebenes Pergament. Die Idee der Schichtungen und Überlagerungen. Nun ja, man tut gut daran, seine eigenen Verkrustungen von Zeit zu Zeit wegzukratzen, um lebendig zu bleiben. Um das Staunen nicht zu verlernen. In jedem von uns steckt das Kind von damals, und dieses Kind reckt mahnend den Finger: schau hin, fall nicht in die Routine. Ich mag das Kind in mir, dieses neugierige Wesen. Und versuche mir den staunenden Blick »wie zum ersten Mal« zu erhalten. Egal, ob ich schon 5795 Sonnenaufgänge und mehr gesehen habe, der von heute verdient meine ungeteilte Aufmerksamkeit.
Überhaupt: was gilt es nicht alles zu entdecken und in das bereits Erlebte einzulagern. Irgendwie glaube ich daran, dass nichts verloren ist. Und mit Edith Piaf: »Je ne regrette rien.«

Einsamkeit

Einsamkeit spielt in deinem Denken und Schreiben eine wichtige
Rolle. Warum?

Bewusst beschäftigt mich das Thema etwa seit meinem elften
Lebensjahr, als ich anfing, Dostojewskij zu lesen und über das
Menschlich-Allzumenschliche nachzudenken. Einsamkeit ist
eine menschliche Grundbefindlichkeit, niemand kommt um sie
herum. Sie kann bedrückend sein, aber auch beglückend. Weshalb viele Sprachen zwei Ausdrücke für sie haben. Im Englischen
spricht man von »loneliness« und »lonesomeness« für die negative Einsamkeit, von »solitude«, wenn sie positiv gemeint ist (wie
in Purcells »O solitude, my sweetest choice…«), das Russische
unterscheidet zwischen »odinočestvo« und »uedinenie«. Darüber
habe ich mir in meiner Dissertation zum »Motiv der Einsamkeit
in der russischen Literatur« einige Gedanken gemacht. Die Idee
kam von meinem Slawistikprofessor, und er lag nicht falsch. Ich
bin zweifellos einsamkeitsaffin, kann der Sache viel abgewinnen.
Insbesondere dem positiven, schöpferischen Aspekt der Einsamkeit. Das begann mit dem »Zimmer für mich allein«, das
mir Raum für Stille und Kontemplation bot. Auch anderswo
suchte und fand ich Nischen des Nicht-Trubels: in Kirchen,
Parks usw. Schon früh bin ich allein gereist. Die Ungeschützt-
heit solchen Unterwegsseins hat meine Sinne geschärft und
immer wieder zu wunderbaren, unverhofften Begegnungen
geführt. Nein, ich bin nicht menschenscheu oder ungesellig,
ich brauche nur eine gesunde Portion Einsamkeit, um im
Gleichgewicht und schöpferisch zu sein.

Das soll nicht nach Idealisierung klingen. Denn es gibt genug ungesunde Aspekte der Einsamkeit. Ein Zuviel reicht, um unglücklich zu sein. Mit Erschütterung las ich, dass in Großbritannien 2018 ein »Ministry of Loneliness« ins Leben gerufen wurde, da nach Angaben des Roten Kreuzes gut 13 Prozent der Bevölkerung, also mehr als neun Millionen Bürger, sich allein fühlen und etwa 200.000 Senioren höchstens einmal im Monat ein Gespräch mit Freunden oder Verwandten führen. Ein deprimierender Befund. Und laut Ärzten gefährlich, könne Einsamkeit doch Herzkrankheiten, Angstzustände, ja Demenz befördern.

Selbst in Russland, wo Einsamkeit zu Sowjetzeiten als westlich dekadentes Phänomen verpönt war, findet man nun Sachbuch-Ratgeber, wie der Einsamkeitsfalle zu entkommen sei. Einige sind von der orthodoxen Kirche finanziert, die sich in der Pflicht sieht, für religiöse Geborgenheit und Gemeinschaftlichkeit zu sorgen. Und tatsächlich Erfolge erzielt. Die Gotteshäuser sind voll. Andererseits schreitet die Vereinzelung, zumindest in den Großstädten, weiter voran, wenn auch weniger schnell als im Westen.

Seit Jahrzehnten sammle ich Bücher zur Einsamkeit – philosophische, soziologische, literaturgeschichtliche, literarische –, immer neue kommen hinzu. Zwei Anthologien mit dem Titel »Einsamkeiten« habe ich selber herausgegeben. Die Mehrzahl Einsamkeiten ist zutreffend, denn es gibt zahllose Spielarten dessen, was wir auf die Schnelle als Einsamkeit bezeichnen. Eine der traurigsten heißt: Einsamkeit zu zweit. Ziemlich neu und beängstigend ist die Einsamkeit des Computer-Autisten (-Junkies), der nur noch virtuell kommuniziert, bis seine Berührungsängste in bezug auf die Wirklichkeit in einer Entzugsklinik enden.

Mein Herz schlägt für den stillen, konzentrierten Dialog mit dem Buch. Zu dem auch das Schreiben gehört. Wie heißt es doch in Kafkas Brief an Felice (14./15. Januar 1913): »Schreiben heißt ja sich öffnen bis zum Übermaß … Deshalb kann man nicht genug allein sein, wenn man schreibt, deshalb kann es nicht still genug um einen sein, wenn man schreibt, die Nacht ist noch zu wenig Nacht. Deshalb kann nicht genug Zeit einem zur Verfügung stehen, denn die Wege sind lang, und man irrt leicht ab …«

Klingt das anachronistisch? Für mein Ohr nicht, die ich es nicht fertigbringe, in Zügen, Cafés, Flugzeugen zu schreiben, sozusagen »en passage« und »en route«, obwohl eine anonyme Umgebung das Alleinsein nicht stört. Der Lärm tut es, die Unruhe.

Schönes Paradox: Was in der Kapsel des Alleinseins schreibend entsteht, hat viele Stimmen. Und ist adressiert. Nicht ans Ich, sondern an andere. Hallo, let me reach you. Dieser Ruf ist jeder Zeile immanent.

Dass meine literarischen Figuren oft einsam und nomadisch sind, unverwurzelt und suchend, hat in erster Linie mit mir und meiner Imagination zu tun. In zweiter Linie aber mit unserer zunehmend zugigen, von Migrationen geprägten Welt. Menschen, wie ich sie in meinem Erzählungsband »Einsamkeit mit rollendem r« schildere, gibt es heute zu Tausenden. Ihr Inneres allerdings trägt oft meine Züge, ebenso wie ihre Sprache. Bei mir kenne ich mich nun mal am besten aus. Doch die Schicksale meiner Figuren erfinde ich frei, unter der Hand entstehen da Biographien, die meiner eigenen nicht im Geringsten gleichen. Ich muss nur lange genug in mich hineinhorchen. Womit wir wieder beim Alleinsein wären.

Vorhin hast du Kafka zitiert. Gibt es Äußerungen anderer Autoren zur Einsamkeit, die dich besonders beeindrucken?

Da könnte ich viele nennen, von Camus bis Ingeborg Bachmann und Elias Canetti. Besonders originell ist, was der große

Naturbewunderer H.D. Thoreau in »Walden« schreibt: »Gott ist allein – aber der Teufel ist weit entfernt vom Alleinsein; der hat Gesellschaft genug; er ist Legion. Ich bin nicht einsamer als ein einzelnes Wollkräutchen oder eine Löwenzahnblüte auf der Weide, eine Pferdefliege oder eine bescheidene Biene. Ich bin nicht einsamer als der Wetterhahn, der Nordstern, der Südwind, ein Aprilschauer, Januartauwetter oder die erste Spinne in einem neuen Haus.« Das klingt für heutige Ohren etwas seltsam, aber warum nicht. Vielleicht sollten wir unsern zeitgenössischen urbanen – und digitalen – Solipsismus relativieren.

Freundschaft

Ohne Freundschaften könnte ich nicht leben oder, zugespitzter, überleben. Da geht es um Ehrlichkeit, Verlässlichkeit, Treue, um eine Liebe, die – jenseits aller Erotik – maximale Zuwendung und Akzeptanz bedeutet. Was Kritik nicht ausschließt, keineswegs. Freunde sollen einem einen Spiegel vorhalten, sie haben das Recht, einen zu necken, zu hinterfragen, mit unangenehmen Tatsachen zu konfrontieren. Immer vorausgesetzt, sie tun es loyal.

Freunde sind es, die man zu später Stunde anruft, um sich das Herz zu erleichtern. Und sie hören zu, kommen notfalls sogar vorbei, bedingungslos solidarisch. Freunde sind mitunter unser besseres Ich, auf jeden Fall aber offene Gesprächspartner und Kumpanen »durch dick und dünn«. Nichts, was man vor ihnen verbergen könnte, Maskenspiele würden rasch entlarvt. Wozu auch die Verstellung? Endlich kann man sein, wie man ist, mit allem Drum und Dran. An sich schon eine Wohltat.

Nicht alle meine Freunde leben in meiner Nähe. Einige sehe ich kaum, weil es mich nur selten nach Minsk oder Lemberg verschlägt. Aber wir tauschen regelmäßig Mails aus, diese Kontinuität muss sein, damit das Verhältnis nicht abkühlt. Schreib mir über den Schnee, die Schlaflosigkeit, das brabbelnde Kind, lass mich teilnehmen an Freud und Leid. Das Meer ist grau, gute Nacht.

Zeitverschiebungen, zig Sprachen, die Freundschaft überwindet fast alle Grenzen und Hürden. Pflegen aber muss man sie, in der einen oder anderen Weise. Denn ihr Wesen ist *caring* (Sorge tragen).

Gibt es engste, zweitengste, drittengste Freunde? Freundschaftshierarchien? Genau besehen schon. Und jenseits des Freundschaftsbereichs die weitläufige Welt der Bekannten. Mein Adressbuch platzt aus allen Nähten, lässt sich nur mit einem Gummiband zusammenhalten, nicht wegen der Freunde, sondern wegen der unzähligen Bekannten. Zugegeben, sie kommen und gehen, oft verliere ich sie unbemerkt aus den Augen. Neue Namen tauchen auf. Nicht so bei den Freunden, ab einem bestimmten Alter schließt man nur noch zögerlich Freundschaften, hält sich an das Bewährte. Anstrengend, sich von Grund auf zu erklären. Und schmerzlich, wenn die, die uns bis ins Innerste kennen, plötzlich nicht mehr da sind. Freunde sind unersetzlich.

Ludwigs Stimme am Telefon, die unsere »Gesprächsarkade« kommentiert. Und Ales, der mich durch den Äther bestärkt, den Blick von der Tagespolitik auf die größeren Zusammenhänge zu richten. Er, der unter Lukaschenkos Knute lebt, weiß, was er sagt. Ein Weiser, dessen Verse mich wie ein Mantra begleiten. Uns trennen rund anderthalbtausend Kilometer, und doch sind wir Weggefährten, Geschwister einer geistigen Wahlverwandtschaft. Irgendwo und irgendwann berühren sich auch die Parallelen. Sagt Ales.

Und Cicero? Seine Abhandlung »Laelius über die Freundschaft« (Laelius de amicitia) war Stoff im Lateinunterricht. Ein braunes Buch, abgegriffen, mit vielen Unterstreichungen, ich habe es damals ordentlich bearbeitet. »Die Freundschaft ist nämlich nichts anderes als der seelische Gleichklang bei allen menschlichen und göttlichen Dingen in Wohlwollen und Güte.« Vierzig wunderbar kluge Seiten, ich mochte sie. Wie alle Loblieder auf die Freundschaft.

Selber verstehe ich mich wenig auf Elogen, habe jedoch verschiedentlich Freunde und Bekannte laudatiert und etliche Widmungsgedichte, Geburtstagsartikel und Akronyme geschrieben. Zeichen einer besonderen Zuneigung und Wertschätzung. Auch der verstorbenen Freunde habe ich gedacht, in Versen, Grabreden und Nachrufen. Freundschaft endet nicht mit dem Tod, das innere Gespräch geht weiter.

Flanieren

Am liebsten flaniere ich allein, weil ich mich da am ungebundensten fühle. Flanieren gleicht in seiner mäandrierenden, spontanen Art der Bewegung der Gedanken, wenn man ihnen freien Lauf lässt. Hopp, nach links, da winkt ein Hof mit einem Baum in der Mitte, mal sehen, was es da sonst noch gibt. Ich folge dem Zufall und einer bestimmten Eingebung. Rational-funktionale Überlegungen spielen keine Rolle, denn ich muss kein bestimmtes Ziel erreichen. Ein Ziel verbietet sich geradezu beim Flanieren. Eine vage Richtung genügt vollauf, und ein »Riecher«.

Das kleine Haus dort, am Ende der Straße, hat es nicht eine besondere Ausstrahlung? Und schon lenke ich meine Schritte dahin, entdecke einen hübschen Holzbalkon und einen winzigen, gepflegten Garten. Menschen keine. Ein paar Schritte weiter zweigt eine Gasse nach rechts ab, also gut. Kleine Häuschen, unansehnlich. Vor einem aber zwei Jizōs, buddhistische Kinderfiguren mir roter Binde um den Hals. In Japan erinnern sie an verstorbene Kinder. Neben den Figuren Schalen mit Wasser und Blumen. Ich stehe lange, als plötzlich eine Frau aus dem Haus tritt und mich höflich grüßt. Ich grüße zurück, mit einer kleinen Verbeugung. Auf Englisch bittet sie mich ins Haus, hier sei ein Privattempel, ich könne ihn gerne anschauen. Schuhe ausziehen, dann in den halbdunklen Raum, an dessen Ende ein goldener Altar glänzt. Es duftet nach Blumen und Räucherstäbchen. Die Frau bietet mir Tee an, ich nehme dankend an. Im Gespräch erfahre ich, dass einer ihrer Söhne Priester ist, im Tempel hinter der Uni. Auch da dürfe ich vorbeikommen, nur warne sie mich vor ihrem großen Hund. Der Grüntee schmeckt köstlich, auch das Reisgebäck. Nach einer halben Stunde verabschiede ich mich von der reizenden Gastgeberin, nicht ohne ihr von der Schweiz erzählt zu haben. Und setze mein Schlendern fort.

Am Ende eines Flaniertags bin ich prallvoll mit Eindrücken. Ohne Stadtplan und Sprachkenntnisse – so in Japan – habe ich versteckte Tempel und Tempelchen, Parks und Friedhöfe, Kinderspielplätze und kuriose Läden entdeckt. Und einige uralte Bäume mit knorrigen Stämmen, eingezäunt wie ein Heiligtum. Mönche haben mir zugelächelt, Kinder Bälle zugeworfen. Ich hatte Zeit. Ich war keine Sekunde in Eile. Wie die Grille vor meinem Fenster, die mich jedesmal mit stoischem Zirpen empfing.

Beim Flanieren lese ich den Alltag, buchstabiere im Unspektakulären, das sich manchmal als viel interessanter entpuppt als gedacht. Und erlebe im Glücksfall kleine Epiphanien, Momente vollkommener Zeitenthobenheit. Mein Voyeurismus ist diskret, ich bewege mich katzenpfotig, und eher auf Schleichwegen als auf ausgetretenen Pfaden. Immer wenn ich der Stille begegne, halte ich inne. Sie klingt überall anders, hat unterschiedliche Vibrationen.

Flanieren ist ein Abenteuer. Im Grunde ließe es sich mit denselben Worten charakterisieren, mit denen Joseph Brodsky die Poesie gekennzeichnet hat: als eine »Kunst des Unvorhersehbaren«, nicht »Voraussagbaren«.

Frühling

Aber das kann doch nicht
Frühling sein
diese blaubraunen Äste (Ruten)
springt *spring* dermaßen früh
ins Jahr oder ruft
wer?

Flucht

Vielstellig die Zahl
der Toten and paradise lost
kein Stoff für Gedichte
und die Geschichte des Meers
zerrinnt

Granatapfel

Schau ihn dir an. Schau ihn einfach an. Perfekte Form, die Farbe von gelbgrün zu rotbraun changierend, oft tief karmesinrot. Er strahlt, sein Kelchblatt wie ein Krönchen hochreckend. Was soll dagegen der schnöde Apfel, der Adam und Eva zum Verhängnis wurde und sie aus dem Paradies vertrieb. Paradiestauglich ist nur der Granatapfel. Ohne Schlange, ohne Adam und Eva. Inbegriff einer vollkommen schönen Frucht. Eine ledrige Beere nennt sie der Botaniker, was eher ernüchternd klingt. Nun, hineinbeißen geht nicht. Doch öffnet man sie, tut sich ein Schatzkästchen auf: in mehreren Kammern leuchten rubinrote Perlen. Es sind die Samen, umgeben von prallen Hüllen. Bringt man sie zum Zerplatzen, saugt man einen süßlichen Saft ein. Bis zu 400 Samen kann eine einzelne Frucht enthalten. Wenn das nicht an ein Wunder grenzt.

Während meiner Studienzeit in Paris trank ich in Cafés »Lait Grenadine«, Granatapfelsaft mit Milch. Das rosarote Getränk schmeckte angenehm, wie es die Farbe suggerierte, und war billig. Mit einem Strohhalm schlürfte ich es in kleinen Schlucken und beobachtete dabei die Passanten. Erinnerungen an einen Sommer, der ewig zu dauern schien.

Ich lebe nicht in einer Granatapfelgegend, dazu ist das Klima zu rauh. Doch entdeckte ich einmal einen zierlichen Granatapfelbaum im südungarischen Pécs. Windgeschützt wuchs er neben einer alten Mauer und blickte auf die Kuppel der Moschee, die einst von den Osmanen bei ihrem Eroberungsfeldzug errichtet worden war. Er erschien mir wie ein ferner Bote, mit der Fremde versöhnt.

Im persischen Schirāz aber erlebte ich die Granatapfelbäume in ihrem Element, umgeben von Zypressen, Palmen, Quitten- und Zitrusbäumen, von Rosen und einer Vielzahl mir unbekannter Gewächse. Nicht anders stelle ich mir den Paradiesgarten vor: eine Fülle von Grün, der wüstenartigen Umgebung entlockt. Wässerchen sorgen für das üppige Wachstum, Springbrunnen machen Musik. Junge Paare ergehen sich im Schatten der Bäume, lächeln den kugeligen roten Granatäpfeln zu. Wie heißt es doch im Hohelied Salomos: »Wie eine aufgesprungene Granatfrucht / deine Schläfe / hinter deinem Lockenschleier«, »Dein Gespross / ein Paradies / von Granatbäumen / mit köstlicher Frucht«. In Nizamis Liebesroman »Leila und Madschnun« gleicht der Knabe Qeis dem »Lachen eines Ganatapfels«, und Leilas Schulgefährten ähneln »prallen Granatäpfeln, die in ihrem Saft vor Verlangen fast bersten«.

Folge ich meinem inneren Assoziationsreigen, sehe ich Safranreis mit Berberitzen und Granatapfelkernen, sehe ein Bild von Botticelli, auf dem Maria und Jesuskind gemeinsam einen aufgebrochenen Granatapfel in der Hand halten, wie ein königliches Signet. Und ich sehe einen afghanischen Kriegsteppich, in dessen Mitte sich ornamental ein Granatapfelbaum rankt, während die Bordüre lauter Panzer darstellt. Ein schmerzliches Paradox.

Schau ihn an, den Granatapfel. Dann nimm ihn in die Hand. Er liegt gut, er füllt sie aus. Du betrachtest seine Farbschattierungen, denkst an sein vielfältiges Innenleben. Und empfindest ein Glücksgefühl. Nennen wir es rund und rot. Ja, rund und rot. Und zärtlich.

Geduld

Wer sich wie du für Langsamkeit einsetzt, muss geduldig sein. Oder täuscht der Eindruck?

Im Alltag bin ich nicht immer geduldig. Warten auf Züge, Busse oder die Bedienung im Restaurant macht mich kribbelig. Zwar versuche ich mich abzulenken, aber das gelingt nicht immer. Es ist schon vorgekommen, dass ich ein Restaurant verlassen habe, weil mir das Warten zuviel wurde.
In manchen Fällen nützt Ungeduld natürlich nichts, da muss man sich schlicht fügen. Bis hin zu schicksalhafter Ergebenheit.

Was schon ein wenig an Dulden grenzt.

Richtig. Die Wörter sind ja etymologisch verwandt. Nur ist Dulden – im Sinne von Erdulden – ein Wort, das negative Assoziationen weckt. Wer duldet, leidet in der Regel, indem er etwas Unangenehmes passiv erträgt.
Geduld aber hat mit Ausdauer und Nachsicht zu tun. Ich liebe das Synonym Langmut, schade, wird es kaum noch gebraucht. Also Geduld in Ehren, wir sollten sie alle auf den Schild heben, statt der Hektik zu frönen. Selbst im Wissenschaftsbereich dominiert heute die Ungeduld, der Evaluierungsterror erzwingt Resultate, bevor diese seriöserweise bereitgestellt werden können. Auch Forschung braucht Zeit, wie die Kunst, die Literatur. Und die Liebe. Noch sind wir keine Roboter, sondern Menschen aus Fleisch und Blut, mit Gefühlen, Schwächen,

wechselnden Befindlichkeiten. Der vorherrschende Optimierungswahn tut uns nicht gut, wir setzen uns dadurch selber unter Druck, zusätzlich zum Druck, der von außen auf uns ausgeübt wird.

Langmut, Gleichmut, Sanftmut: ich halte es mit dieser Triade. Und das will nicht biblisch, geschweige denn esoterisch klingen. Sondern lebensphilosophisch, besser noch lebenspraktisch. Mit sanfteren Techniken kommt man weiter. Von Hauruck-Verfahren halte ich nichts.

Und wie ist es, wenn du in einem kreativen Prozess nicht weiter kommst, dich sozusagen gedulden musst, ist das nicht mit Leiden verbunden?

Mitunter schon, doch sollte man diese Art von Leiden nicht überbewerten, denn zu einer existentiellen Krise oder Gefährdung führt es kaum. Mit Durststrecken ist immer zu rechnen, ich produziere nicht am Laufband, sehe mich darum aber noch lange nicht als Märtyrer der Kunst. Überhaupt sollte man mit der romantischen These aufräumen, Kunst habe genuin mit Leiden zu tun.

Dann teilst du wohl nicht die Meinung von Sarah Kirsch, die sagte: »Mein Motto war immer: Einem Schriftsteller kann es nicht schlecht genug gehen.«

Nein, das ist mir viel zu pauschal. Literatur kann aus allem entstehen, aus Glück und Unglück, aus Mangel und Mitteilungsbedürfnis, aus Not und Liebe. Aus allem. Was sie freilich braucht, ist Dringlichkeit, das schon. Brennt es einem nicht auf den Nägeln, sollte man es lieber lassen.

Zugegeben, Dringlichkeit entsteht oft leichter durch einen gewissen Druck als durch Saturiertheit. Sarah Kirsch war in der

DDR mit politischen Restriktionen, ja mit Repressionen konfrontiert, was ihre Wahrnehmung und ihr Sprachbewusstsein zweifellos geschärft hat. Das galt ähnlich für Joseph Brodsky in der Sowjetunion. Wobei wir nicht wissen können, wie sich Kirsch und Brodsky ohne diese äußeren Widerstände entwickelt hätten. Manche Schriftsteller sind am Widerstand auch zerbrochen, wie zum Beispiel Marina Zwetajewa.

Gott ist gelb

Gott ist. Auch wenn er dem Leiden Unschuldiger tatenlos zusieht. Warum gelb, ist eine andere Frage. Meine Phantasie formuliert es so. Vielleicht wegen des Golds der Ikonen, Altäre, Tabernakel, wegen der honiggelben Kerzen. Ein Glanz geht von ihm aus. Ein unerklärliches Licht. Dieses Licht kann einen wie ein Blitzstrahl treffen und verwandeln. So erzählte es Saulus, der zu Paulus wurde, so erzählten es Mystiker und Bekehrte. Ich gehöre nicht zu ihnen. Gleichwohl empfand ich mein Ostererlebnis mit dreizehn als helle Offenbarung.

Beim Gebet, wenn es nur lang genug dauert, wird Helligkeit. Die Litanei, ein Singsang der Wiederholungen, ist licht. In den Höhlenkirchen und Katakomben des frühen Christentums brannte die Fackel des Glaubens heller als die Angst.

Glaube ist Gabe.

Gott ist gelb.

Heimat

Heimat ist
jenes bergende Gras
das Haus dort mit verkrüppeltem Dach
der Wind den du isst wie trockenen Staub
Vater Mutter verwehtes Laub
das Märchenbuch das nach Honig riecht
der Mohnkuchen der Erinnerung wiegt
das traurige Lied vom verlorenen Hahn
das Fernweh das nicht ankommen kann
der Glanz in den Augen des Freunds
die Liebe die nichts bereut
was du dir selbst bist in schlafloser Nacht
oder unterwegs zwischen Himmel und Schacht
die Stimme des einzigen Sohns
ein Vers mit eigenem Ton
das Gedächtnis das Tiefen auftut
der Lichthase in sicherer Hut
Sommer Herbst und blauweißer Schnee
die lachend weinende Zeit die nie steht

Haut

Wie wohl ist es dir in deiner Haut?

Durchaus wohl. Ich habe gelernt, mit mir auszukommen, mich anzunehmen, mit allem, was ich bin. Von der Nase bis zur Ängstlichkeit, obwohl mich letztere manchmal nervt. Früh schon war mir bewusst, dass es kein Entweichen gibt: ich bin mir selber Haus und Heimat, Halt und Schutz, weshalb Lamentieren nutzlos ist. Nutzlos wie der Zwang zur Selbstoptimierung.

Du bist ein dünnhäutiger Mensch, was das Leben nicht unbedingt einfacher macht.

Das stimmt, aber ich möchte um nichts in der Welt dickhäutig sein. Meine Dünnhäutigkeit macht mich sensibel auch für andere, ich kommuniziere durch die Poren, was wichtig ist. Nicht zuletzt für mein Schreiben. Ohne diese Durchlässigkeit wäre ich weniger empfänglich für Eindrücke und weniger empathisch in bezug auf meine Mitmenschen. Was aber soll ein Schriftsteller ohne Einfühlsamkeit? Beobachtungs- und Erfindungsgabe allein reichen nicht aus.

Hast du im Alltag ein ausgeprägtes Körperbewusstsein?

Unbedingt. Ich reagiere sehr körperlich und taktil. Fasse meinen Körper an, sobald er schmerzt, massiere die Kopfhaut, das Knie, creme mir die trockenen Hände ein, beobachte Veränderungen meiner Haut. Auch Dinge fasse ich gerne an, streiche über Stoffe und Seidenpapier, Holz und Porzellan. Ich mag die Berührung, das hat für mich viel mit Zärtlichkeit zu tun. Als Klavierspielerin habe ich meine Finger trainiert, die Tasten auf zig Arten zum Klingen zu bringen. Was Berührung kann, lässt sich hier besonders schön und differenziert zeigen.

Was liebst du für Stoffe, Temperaturen?

Kälte tut mir nicht gut, Hitze vertrage ich nur, wenn sie trocken ist. Ich mag Stoffe aus Baumwolle, Leinen, Seide und Wolle, die sich angenehm und leicht anfühlen. Nichts Beengendes. Die Haut soll atmen können.

Haare

Ich habe mir immer festes, volles Haar gewünscht, das nicht vom ersten Windstoß zerzaust wird. Doch meine Haare sind dünn, fallen strähnig, verweigern sich allem, was Frisur heißt. Ich habe sie nie malträtiert, nie gefärbt, nie »dauergewellt« – oder wenn, dann ein einziges Mal auf Druck meiner Mutter –, irgendwie habe ich mich mit ihnen arrangiert, ein Leben lang. Nur kurze Zeit habe ich aus Spaß eine Perücke ausprobiert. Da sah ich aus wie eine Japanerin, mit einem soliden, windfesten Pony.

Bei vielen Frauen beobachte ich eine große Lust an der Verwandlung: mal sind sie platinblond, mal pechschwarz, mal tragen sie das Haar kurz, mal lang, mal gelockt. Einmal sah ich in Berlin Nadja Tolonnikowa, ein Mitglied der russischen Punkgruppe Pussy Riot. Sie trug einen Glitzerpullover und grellfarbene Schuhe, das Haar war tiefschwarz gefärbt mit grünen Strähnen, dazu helles Gesichtsmake-up und fastschwarze Lippen. Eine perfekte Inszenierung.

Haare, Haare. Locken, Tollen und Dutte, Pferdeschwänze und Zöpfe. Dazu Haarbänder, -kämme und -spangen, Haarfestiger, -sprays und -pomaden. Die natürliche Zierde sitzt auf dem Kopf und verlangt gründliche Pflege.

Inzwischen schaue ich zu, wie mein Haar langsam grau wird. Mit jedem Tag etwas grauer.

Auf dem Pullover
ein Silberfaden. Freu dich
über das Geschenk.

Insel

Deine erste Erzählung hieß »Die Insel«, sie handelt von einem Mann, der sich auf die griechische Insel Patmos zurückzieht, um nach einer Trennung zu sich zu kommen. Musste es denn ein Mann sein? Einige Feministinnen, darunter auch Kritikerinnen, waren irritiert.

Die Erzählung erschien 1982 bei Suhrkamp und hat vor allem positives Echo ausgelöst. Wobei die meisten Besprechungen von Männern stammten, die die Figur offensichtlich überzeugend fanden. So ganz unproblematisch ist es ja nicht, sich – dazu noch als relativer Anfänger – in eine männliche Perspektive zu versetzen. Aber für mich stand von allem Anfang an fest: die Sache spielt auf Patmos, und ihr Protagonist ist ein Mann, als hätte mir jemand dieses Setting diktiert. Die Insel Patmos kannte ich von einer Reise, ich hatte sie erwandert, kannte Klöster, Kneipen, Ortschaften, Häfen. Den Mann kannte ich nicht, ich habe ihn erfunden. Freilich interessiert er sich für einige Dinge, die auch mich interessieren: er liest, er notiert, er beobachtet seine Umgebung; und er denkt über seine Ann nach, die ihm in Träumen und Selbstgesprächen begegnet. Ein kontemplativer Mensch auf Selbstsuche, im Dialog mit Büchern, mit der Natur – und schließlich mit Jorgos, dem Inselbewohner, mit dem er nicht verbal – er kann ja kaum Griechisch –, sondern über den Körper kommuniziert. Jorgos wird zum Katalysator, von ihm lernt er die ersten Schritte in ein freieres, unverkopfteres Leben.

Erzählt wird abwechselnd in der dritten und ersten Person, das ergibt eine lebendige Dramaturgie. Zu meinem Erstaunen kam Emotionalität oft besser in den »er«-Kapiteln zur Geltung, die dritte Person muss nicht zwangsläufig Distanz markieren.

Hat dich die Insel auch als Topos der Isolation beschäftigt?

Das hat hineingespielt, das von Meer umgebene Eiland als Rückzugsort. Wobei Patmos eine sehr besondere Insel ist: sie gilt als heilige Insel, weil hier nach der Überlieferung Johannes die Offenbarung geschrieben hat. Die Höhle der »apokálypsis« ist für jedermann zu besichtigen. Auch mein Held weiß darum und liest das Buch der Offenbarung.
Ich kenne mehrere griechische Inseln, doch Patmos ist unvergleichlich. Hinzukommt, dass ich es zu einer Zeit besucht habe, als der Tourismus noch nicht gewütet hat. Die Menschen waren enorm gastfreundlich, luden mich spontan zu sich nach Hause ein, auf einen Kaffee und ein Stück Wassermelone. Wenige Jahre später war es vorbei mit dieser Offenheit. Und alle über die Insel verstreuten kleinen Kapellen, wo ich oft Zuflucht vor der gleißenden Sonne gesucht hatte, geschlossen. Angeblich weil Touristen Ikonen gestohlen hatten. Ich erkannte die Insel kaum wieder und war froh, sie in ihrem früheren Zustand literarisch »verewigt« zu haben. Tatsächlich orientiert sich mein Gedächtnis schon seit langem am Buch, nicht an der Wirklichkeit. Fiktion hat das Zeug, die Realität zu verdecken, zu überschreiben. So ist es mir mit Patmos ergangen.

Gibt es weitere Inseln, die dich literarisch inspirieren könnten?

Ich glaube, nein. Inseln sind nicht meine bevorzugten Reiseziele, vor allem kleine Inseln lösen in mir klaustrophobische Ängste aus. Japan ist groß genug, dass solche Angst nicht aufkommt, dort ist es eher meine Sprachlosigkeit, die Grenzen setzt, mich ausgrenzt. Doch plane ich keinen Japan-Roman, auch nicht einen Text über die Komoren, Island oder die Gefängnisinsel Goli Otok. Ich bin lieber auf dem Festland unterwegs, in Gebieten, die mir geographisch und kulturell nahe stehen. Dort erst kann sich meine Phantasie so verorten, dass sie produktiv wird. Im Exotischen findet sie weder Halt noch Widerstand.

Gibt es von dir auch Gedichte über Inseln?

Nur wenige. Hier ein Insel-Akronym, das den Zauber des erinnerten Patmos mit den Lettern I-n-s-e-l zu bannen versucht:

In nuce: sandiges Eiland, liegt
ikarisch nah. Salz, Erde, Libelle,
Immortelle. Nur selten ein Laubfrosch.
Ist Nacht, sucht er, lauscht
insgeheim. Niemand sieht es. Launische
Insekten narren sich, ewig laut.
Im Nu: Sonne, endliches Licht,
intransitiv neben See-Engeln. Lüftchen
indigo-, nein saphirblau. Eidechse lauf.

Ich ist viele

»Ich ist viele«, notiert dein Held in der Erzählung »Die Insel«.
Wie bist du auf diese Formulierung gekommen?

Es handelt sich um eine Abwandlung von Rimbauds vielzitier-
tem Diktum: »Ich ist ein anderer.« Warum nur »ein anderer«?
Meine Erfahrung sagt, dass jeder von uns viele Gesichter und
Wesenszüge hat. Zwar lässt sich von einem Wesenskern sprechen, einer womöglich soliden Grundausstattung, doch an eine
homogene Identität glaube ich nicht. Mein Held ist feinfühlig
und in manchem durchaus feminin, außerdem geht er seinen
Widersprüchen nach. So weicht sich sein starres Ich-Bild allmählich auf, macht einem fluiden, wandlungsfähigen Platz.
»Ich ist viele« signalisiert durch die Mehrzahl Offenheit. Weit
von jedem pathologischen Befund entfernt, markiert der Satz
ein realistisches Verhältnis der Figur zu sich und den anderen.
Es ist kein Zufall, dass ich diese Formel immer wieder zitiere,
auch in bezug auf mich selbst. Denn ohne eine Vielfalt an Ich-
Anteilen wäre ich nicht in der Lage, mich in andere Leben
und Schicksale hineinzudenken (hineinzufühlen), wie dies für
einen Schriftsteller erforderlich ist. Neben Empathie und
Phantasie geht es um die Erfahrung innerer Diversität, zu der
selbstverständlich auch Ambivalenz gehört. Dies anzunehmen, ist extrem wichtig, jedenfalls solange wir als Menschen
(und nicht als Roboter) gelten wollen. Sollte jemals ein wi-
derspruchsfreies Ich konstruiert werden, ist es vorbei mit dem
Menschsein.

Interpunktion

*Du verwendest in deinen Büchern auffallend viele Satzzeichen,
warum?*

, Satzzeichen strukturieren einen Satz, sie haben in erster Linie eine syntaktisch klärende Funktion. Das habe ich während sechs Jahren Lateinunterricht gelernt. Der lateinische Satzbau ist komplex, doch klar deutbar, gerade auch wegen der Interpunktion.

Ich nehme es also sehr genau mit den Satzzeichen, um keine Missverständnisse aufkommen zu lassen. Doch geht es nicht nur um Semantik, sondern auch um eine rhythmisch-musikalische Gliederung. Texte, damit meine ich vor allem Prosatexte, behandle ich im Grunde wie Partituren. Was leise und quasi beiseitegesprochen wird, setze ich in Klammern. Soll etwas hervorgehoben werden, stelle ich ihm einen Doppelpunkt voran. Einschübe setze ich zwischen Gedankenstriche oder in Klammern, damit der Satz als Ganzes nicht zu wackeln beginnt. Der Partiturcharakter meiner Texte appelliert an den Sprechvortrag: die Texte sollen im Idealfall laut gelesen, bzw. vorgetragen werden. Ich schreibe sie halblaut, die Rhetorik im Hinterkopf. Einzig Ausrufezeichen meide ich. Soviel Fortissimo muss nicht sein.

Es ist spannend zu sehen, wie Schriftsteller mit der Interpunktion umgehen. Da sind etwa die Texte einer Gertrude Stein, die als strukturierendes Element nur Punkte kennen (ich denke an »Jedermanns Autobiographie« oder »Kriege die ich gesehen habe«), und demgegenüber die Gedichte und Prosaarbeiten der Russin Marina Zwetajewa, einer Zeitgenossin von Stein. Zwetajewa – die auf Wunsch der Mutter Musikerin hätte werden sollen und es vermutlich auch geworden wäre, wenn ihr Gehör sie nicht zur Literatur gedrängt hätte – behandelte ihre Texte als Partituren, versah sie bis zum Übermaß mit Gedankenstrichen, Doppelpunkten, Strichpunkten, Klammern, Ausrufezeichen und Fragezeichen, als wollte sie jede Pause, jedes Beiseitesprechen, jedes Crescendo und Decrescendo minutiös festlegen. Es handelt sich um eine expressive und exzessive Satzzeichengebung, die am Willen der Autorin keinen Zweifel lässt: so und nicht anders. Leidenschaft wird interpunktorisch zur Schau gestellt und gleichzeitig gebändigt, Maßlosigkeit und Disziplin finden zusammen. Auch zeigt sich in der Interpunktion Zwetajewas dramatisches Talent: das Aufeinanderprallen von Gegensätzen, die hohe Emotionalität, das Pathos der Intensität. Alles ist Spannung – und Setzung. Nichts wird dem Zufall überlassen.

Ein typisch Zwetajewa'scher Satz lautet: »So verfehlten wir – uns.« Der Gedankenstrich fungiert als Trennungsstrich, markiert schmerzliche Distanz.

Im Vergleich zu Zwetajewa bin ich halbwegs moderat. Was mich mit ihr verbindet, ist die Handhabung des Textes als Quasi-Partitur. Die Musik spielte auch in meiner Sozialisierung eine wichtige Rolle, schließlich aber habe ich sie in Literatur verwandelt.

Januar

Geburtsmonat du
kalt wie verwüstet
mit blinden Fenstern
und fester Schneeglasur
die Vögel verhuscht
in den Büschen
blüht nur das Frühlicht
blüht und verfällt
gesteigerte Absichten
keine
die Zeit zerdehnt
zwischen Kissen und
Tisch und tiefer
hinein in den Winter
der dauert
im Schein der Lampe
das Buch
mit zerfledderter Grammatik
schön wie eine Abstraktion
wer glüht?
wer hütet das Geheimnis?
fünf Uhr
der Vornachtshimmel
schon schwarz
bald kommen die Chimären

Japan

Da wollte ich immer hin. Wollte eine japanische Ponyfrisur, wollte elegant mit Holzstäbchen hantieren und barfuß über die Böden alter Häuser und Zen-Tempel gehen. Das Inbild Japans: die perfekte Einfachheit. Futon, Tatami, Schiebetür, ein schlichter Paravent, eine Blume. Harmonie der Proportionen, sorgfältiges Handwerk. Und Gärten, wo das Moos mit der Nagelschere geschnitten wird. Und ein weißer Mond über knorrigen Kiefern am Meer.

Gefunden habe ich: verschlafene Viertel mit winzigen Häuschen und Vorgärtchen in Nagoya, einen märchenhaften Flohmarkt neben dem Ōsu-Kannon-Tempel, farbige Shinto-Schreine mit Glockensträngen, Naturgaben, Amuletten, junge Mädchen in wilder Kostümierung (wie lebende Manga-Figuren), Ladenketten (Family Mart) und Warenhäuser (Mitsukoshi), Hibiskus, Kamelien, Mandarinen- und Kakibäume, in Kyoto einen traditionellen Ryokan, dessen Besitzerin nur Japanisch konnte, Zen-Klöster und Steingärten und kleine Kanäle, den Fuchstempel (Fushimi inari) mit Hunderten von Treppen, Schreinen und roten »Toris«, mysteriös in der Regendämmerung, Taxichauffeure mit weißen Handschuhen und abends anmutige Geishas, in Nara zutrauliche Rehe, die einem bis zum Tempeleingang folgten, in Tokyo den Wildwuchs einer Megacity, bebende Erde und Nō-Stücke, die stundenlang dauerten, Antiquariate, den Fischmarkt und »Comme des Garçons« in Omotesando, Nudelimbisse, Straßenmusikanten, Universitäten (mit weißrussischen Japanologinnen), Ladenzeilen für Kostümkleidung, Museen wie riesige Labyrinthe, U-Bahnen voll schlafender Menschen, Gymnasiastinnen in adretten Schuluniformen, Büroangestellte vor Hochhäusern, Leuchtreklamen, Spielsalons, einen Sonnenuntergang mit Fuji, den Großen Buddha in Kamakura, kurz bevor die Nacht übers Meer sank.

Hinter dieser Aufzählung verbergen sich Begegnungen und Erlebnisse, die ein Buch füllen könnten. Momente von Angst und Verzückung, von Déjà-vu (die antizipierende Phantasie) und ehrlichem Staunen. Wie nur geht Japan mit seinen Gegensätzen um? Wie verbindet es Tradition mit realer Science-Fiction? Das Land von Bashō ist auch das von Murakami, und Prinz Genji längst eine Manga-Figur.

Und da gibt es Fukushima. Viele wollen darüber nicht sprechen. Aus Scham oder Trauer? Oder weil es unfassbar bleibt? Auch mein Gedankenfilm reißt. Oh, Japan.

In Nagoya war ich oft allein, in stillen vier Wänden. Dort entstand dieses Gedicht:

Wenn ich sage: der Wohnturm ist links und die Badezimmer-
                        tür rechts
der Buddha im Baumschatten und die Hoffnung verreist
Wenn ich frage: warum bin ich hier (und nicht an der Riviera)
vor schlaffen Tapeten im Arbeitsdienst
Wenn der Vorhang schweigt und der Schlaf jede Anstrengung
                        flieht
muss Bashō her mit einem winzigen Mondgedicht.
Sagt eine Stimme: Eine Kirsche ist eine Kirsche ist eine
                        Kirsche. Eine Pflaume
ist eine Pflaume. Sie sind alle vollkommen in ihrer Art.

Joghurt

Mein tägliches Frühstück: Naturjoghurt nach griechischer Art, dazu eine halbe Banane. Und Tee und die Zeitung.

Milch trinke ich schon lange nicht mehr, sie bekommt mir nicht. Doch das leicht säuerliche Joghurt, in dem der Milchzucker durch Fermentierung teilweise abgebaut ist, tut gut.

Noch erinnere ich mich, wie Mutter selber Joghurt herstellte: in hohen Glasgefäßen. Mit einem Stab rührte sie Milchsäurebakterien in die Milch, mit einem speziellen Messgerät kontrollierte sie die pH-Werte. Sie war studierte Pharmazeutin und nahm alles genau. Das Resultat schmeckte denn auch vorzüglich. Vor allem entsprach es den Erwartungen einer eingefleischten Gesundheitsfanatikerin, die sie war.

Das Wort Joghurt stammt aus dem Türkischen, die Sache selbst hat ihren Ursprung in Zentralasien und auf dem Balkan. Protobulgaren kannten offenbar schon im 7. Jahrhundert fermentierte Schafsmilch. In den Steppengebieten Zentralasiens wird auch Stutenmilch vergoren, Kumys genannt. Kein Geringerer als Lew Tolstoj fuhr mehrmals zu Kumys-Kuren nach Baschkirien.

Als ich Ende der 1960er Jahre in Leningrad studierte, ernährte ich mich hauptsächlich von Schwarzbrot und Milchprodukten wie Joghurt, Kefir und Rjashenka. Kefir ist ein dickflüssiges Sauermilchprodukt mit einem leichten Gehalt an Kohlensäure und Alkohol, ursprünglich aus der Kaukasus-Region stammend. Rjashenka gibt es meines Wissens nur in Russland: sie ist bräunlich, fettiger und weniger säuerlich als Joghurt und Kefir, zergeht weich auf der Zunge. Mein Mentor kannte meine Vorliebe und bewirtete mich in seiner winzigen Küche immer mit Rjashenka und einem Stück Kuchen.

Alle diese Milchprodukte gab es in der damaligen Sowjetunion nur in Literflaschen zu kaufen. Konsumieren aber musste man sie rasch, denn ihre Haltbarkeit war beschränkt. Wer keinen Kühlschrank besaß, hatte Probleme. In der kalten Jahreszeit bot sich der Fenstersims zur Lagerung an. Ja, was standen da nicht für Flaschen und Gläser aufgereiht: Milch, Kefir, eingemachte Gurken. Während auf den Fensterscheiben Eisblumen wuchsen …

Die heutige Verpackungsindustrie setzt auf Einzelportionen oder auf das Multipack, das sich aus Einzelportionen zusammensetzt. Und zur Auswahl stehen ganze Regale an Joghurts: solche mit Früchten und ohne, biologische, laktosefreie, Mager- und Vollmilchjoghurts. Jedem das Seine.

In meiner Erinnerung schmeckte Mutters Joghurt am besten. Das in den großen Gläsern, bedeckt mit einer zarten Fettschicht, die ich mit dem Löffel abschöpfte und genüsslich zu Munde führte. Weißes Manna.

Kleider

Beschäftigt dich die Kleiderfrage? Legst du Wert auf modische Kleidung?

Kleider haben mich immer interessiert, auch wenn ich im Alltag sehr einfach gekleidet bin. Ich trage meine »Nonnentracht«: schwarzer Rock, schwarzer Pullover, das braucht wenig Überlegung und entspricht meinem Selbstverständnis. Um arbeiten und mich wohl fühlen zu können, brauche ich Kleider, die ich als zweite Haut empfinde. Sie fallen mir gar nicht auf, und ich selbst falle nicht auf. Alles natürlich, keine Ablenkung. Aber es gibt Anlässe, wo ich die Reserve aufgebe. Zwar bleibt es meist bei der Farbe Schwarz, doch da ziehe ich einen leicht extravaganten Rock von Yamamoto an und Stiefelchen, die mongolisch wirken. Verschiebungen, Akzente, diskrete Blickfänge. Maskeraden mag ich nicht, Kleidung ist für mich nicht grelle Kostümierung. Sie soll vielmehr ausdrücken, wer ich bin. Meine japanischen Vorlieben leugne ich dabei nicht: Designer wie Rei Kawakubo (»Comme des Garçons«) und Yoshi Yamamoto. Ihre Kleider sind unkonventionell, lieben Asymmetrien, Nähte mit sichtbaren Fäden, gemäß der japanischen Philosophie des Wabi-sabi, die das Vollkommene im Unvollkommenen, ja Fehlerhaften sieht.
Kleider dieser Japaner sind zeitlos, keiner Mode unterworfen. Ich trage Stücke aus den neunziger Jahren. Mit Mode kann ich wenig anfangen. Im Frühjahr dies, im Herbst das, Hauptsache, es wird fleißig konsumiert. Die Frage ist doch: Was passt zu mir. Nicht: Was sagt der Trend.

Meine Kleidersammlung ist groß, vieles habe ich, weil es mir zeitlos schien, nicht weggegeben, und so »blättere« ich manchmal in den Schränken und lasse mein Leben Revue passieren. Eine halb heitere, halb wehmütige Angelegenheit. Wenn mir danach zumute ist, schlüpfe ich in ein älteres Teil, um festzustellen, dass es noch immer passt (mein Körpergewicht hat sich im Lauf der Jahre kaum verändert). Gleichzeitig weiß ich: vorbei, das wirst du nie mehr anziehen. Es hängt nur da, um dich an frühere Zeiten zu erinnern. Der ungarische Bauernrock (den gab's, in meiner Jugend), der ungarische Lammfellmantel (dito), der unglaublich kunstvoll gefältete Rock aus Kambodscha, den ich einmal für ein Preisgeld erstanden habe, das dunkelgraue Ensemble aus einem New Yorker Laden, die Bluse aus St. Petersburg, usw. usf. Die Schränke quellen über, Zeit, gründlich aufzuräumen. Von Schals, Hüten, Gürteln, Schuhen habe ich noch gar nicht gesprochen – eine riesige Kollektion.

Das klingt so, als ob du auch auf deinen Reisen fleißig eingekauft hättest.

Auf Reisen habe ich mehr Zeit zum Flanieren als im Alltag, und Entdeckungen macht man oft beim Müßiggang. Absichtslos stößt man auf ein Kleidergeschäft und findet etwas längst Gesuchtes oder, umgekehrt, etwas, von dem man gar nicht geahnt hat, dass es existiert. So habe ich Funde in vielen Städten gemacht, von Paris bis Odessa, von Venedig bis Vilnius. An den Kauf dieser Kleider erinnere ich mich besonders plastisch. Ein glücklicher Zufall lenkte mich.

Kannst du mit dem Begriff Eleganz etwas anfangen?

Durchaus, wobei echte Eleganz für mich Stil bedeutet. Stil wiederum definiere ich subjektiv: als konsistente, konsequente

Art, die eigene Person durch Kleidung zum Ausdruck zu bringen. Mit Geld hat das eher wenig zu tun, nicht nur das Teure trägt zu Stil bei. Hingegen ein gewisser Geschmack.

Wenn ich an Stil und Männer denke, fällt mir sofort Bodo Hell ein, der Schriftsteller und Fotograf, der jeden Sommer auf einer Alm im Dachsteingebirge Ziegen hütet und Käse herstellt. Sein Leben bewegt sich in einem großen Radius: zwischen Urbanität und wilder Natur, Kunst und Viehzucht. Seine Kleidung folgt beiden Mustern: Anzüge aus einem soliden Filzstoff, helles (oder dunkelgraues) Hemd, Hosenträger, robuste Schuhe, Wollmütze, Rucksack. Ein perfektes, ganz auf B.H. abgestimmtes Outfit, stilvoll in allen Lagen. Die Anzüge lässt Bodo Hell speziell anfertigen, so gibt es sie nirgends zu kaufen. Mit mehreren Brusttaschen (für Notizblöcke und die obligate Maultrommel), mit guten Knöpfen, die nicht von fern an die Hornknöpfe volkstümelnder Trachtenanzüge erinnern. Mit letzteren hat Hell nichts am Hut. Sein Stil (Weg) ist eigen und unverwechselbar. Ich suche gerade nach einem Namen: Authentic Avantgarde. Klingt das herb und radikal genug? Dann könnte es passen.

Kindheit

Erinnerung faltet sich aus
als wär sie ein Blatt Papier
beschrieben unbeschrieben
dazwischen fließende Säume
Strandlinien etc.
Ich reib mir die Kopfknie wund
bis taktil luzid
die Szenen springen:
die ambulanten Eisdielen
im Platanenschatten
Fischers Picknick an der Drau
Vorstadtgelb Schaukeln
und grenzüberschreitende
Gischt am Golf
kleine unsymmetrische
Gänge durch den Park
und Tiermärchen
und Zaubermärchen
auf der geographischen Breite
von Triest
und Schriftzeichen wie
rollende Wellen

Kinder

Ist es schwierig, über Kindheit und Kinder zu schreiben?

Über meine eigene Kindheit habe ich es mehrfach versucht, in Erzählungen, Gedichten und vor allem im Erinnerungsbuch »Mehr Meer«. Es gibt ja wohl nichts Prägenderes als die Kindheit, auf ihr basiert das ganze weitere Leben. Und da ich präzise Erinnerungen an meine frühen Jahre habe, war die Versuchung groß, ihnen literarisch nachzugehen, das Helle und Dunkle, Freudige und Schmerzliche in immer neue Bilder zu bannen. Erst beim Schreiben wurde mir übrigens bewusst, wie komplex diese Kindheit war – scheinbar ohne Grund und Boden, als hätte ich die Büchse der Pandora geöffnet. Und je tiefer ich in die Kindheitsregionen eindrang, desto mehr überkam mich das Gefühl, dass ich eine Art Psychoanalyse mit mir selbst betrieb. Das Kind auf der Couch und die Analytikerin – das war ich in einer Person. Ein bisschen tat es schon weh, manchmal. Doch ging es letzten Endes nicht um irgendwelche Selbstgespräche, sondern um Sondierungen auf literarischem Terrain. Der Schreibprozess brachte es mit sich, dass die Erlebnisse Form annahmen. In dieser literarischen Umwandlung liegt deutlich mehr als nur ein therapeutischer Nutzen. Es geschehen wundersame Dinge, und man ist nicht mehr derselbe wie zuvor. Vor allem aber ist etwas entstanden, das sich nun selbständig behaupten muss: ein Buch.

Über fremde Kindheiten habe ich kaum geschrieben, es hat sich nicht ergeben. Möglich wäre es wahrscheinlich schon, auch interessant. Zuerst müsste ich es in Kinderbüchern ausprobieren. Eine Scheu aber hält mich zurück, dieses Neuland zu betreten. Das heißt: ein kleines Kinderbuch gibt es von mir, »Alma und das Meer«. Bezeichnenderweise hat es mit meiner eigenen Kindheit in Triest zu tun, ich habe mich nicht auf die Äste einer zügellosen Phantasie hinausgewagt. Kinder sind anspruchsvoll. Und vieles, was sie heute umtreibt, verstehe ich nicht mehr. Oder glaube es nicht zu verstehen. Mit meinem Enkelchen will ich es testen.

Erinnerst du dich an Kinderdarstellungen in der Weltliteratur?

Oh ja, besonders bei Dostojewskij. In seinen Romanen kommen viele Kinder vor. Oft sind sie bemitleidenswert, weil bettelarm, Kinder von kranken, trunksüchtigen Eltern in Petersburgs Elendsvierteln, die sich – wie Sonetschka Marmeladowa im Roman »Schuld und Sühne« – noch als Minderjährige prostituieren, nur um die Familie vor dem totalen Ruin zu retten. Besonders tragisch sind missbrauchte Kinder. Stawrogin, der Hauptheld des Romans »Die Dämonen«, berichtet in seiner »Beichte«, dass er sich an einem zwölfjährigen Mädchen vergangen hat, das sich kurz darauf erhängte. Diese Schuld lässt ihn nie los, bis hin zu seinem Selbstmord. Dostojewskij wollte die Lage der Kinder verbessern, davon zeugen viele seiner publizistischen Texte im »Tagebuch eines Schriftstellers«. Auch sein später Roman »Die Brüder Karamasow« ist auf die Kinder fokussiert – als Russlands Hoffnungsträger und Zukunftsgaranten. Während Iwan Karamasow seinen Atheismus damit begründet, dass Gott unschuldige Kinder leiden lässt (seine Liste von Beispielen ist herzerweichend), umgibt sich sein jüngerer Bruder, Aljoscha, mit Kindern, die er zu Güte und Solidarität anhält.
Irgendwie fallen mir vor allem traurige Kindergeschichten ein, zum Beispiel Tschechows »Wanka«. Der neunjährige Waise

Wanka hat als Schusterlehrling ein schweres Leben und sehnt sich nach seinem fernen Großvater. Doch der Brief, den er ihm schreibt, adressiert »an Großväterchen auf dem Dorf, Konstantin Makarytsch«, wird nie ankommen. Und da ist ein anderer einsamer Neunjähriger, Jegoruschka, der unterwegs in die Kreisstadt, wo er das Gymnasium besuchen soll, die weite Steppe durchquert, einem unfassbar riesigen, gnadenlosen Himmel ausgesetzt. Obwohl Tschechow jede Sentimentalität meidet, treibt es einem Tränen in die Augen.

Vor vielen Jahren habe ich im Arche Verlag die Anthologie »Russische Kinder« herausgegeben, mit Erzählungen von Dostojewskij, Gorkij, Tschechow, Isaak Babel und anderen. Kein erheiterndes Buch, es geht einem ganz schön an die Nieren. Weil es plastisch vor Augen führt, dass Kinder das schwächste Glied der Gesellschaft sind. Zumal in einer Gesellschaft wie der russischen, zerrüttet von Missständen, Revolutionen, Bürgerkriegen usw., trifft es die Kinder am härtesten. Keine heile Welt, nirgends.

Viel Trauriges auch bei Dickens. Während »Alice im Wunderland« ein ganz anderes Kinderbild entwirft. Hier geht es nicht um sozialkritischen Realismus, sondern um märchenhafte Phantastik. Mit Tränenseen, Spiegelinsekten, sprechenden Blumen und Hummerquadrillen, mit falschen Suppenschildkröten und schwanzlangen Gedichten. Und mittendrin die zaubernde, bezaubernde kleine Alice, die alles meistert.

Küche Kartoffel Kleckse Kekse

Die Rede ist von der »Kinderzunge«, dem zu Hause gesproche-
nen Ungarisch, das Kindheits- und Küchensprache war und
einiges mehr. Oder wie es in einem meiner Neunzeiler heißt:

Kinderzunge für Kosen
und Küche Kartoffel
für Kleckse Kekse
und Zimmerkatastrophen ...

Was da an K-Wörtern Häuslich-Allzuhäusliches wiedergibt, ist
bei weitem nicht vollständig, aber symptomatisch schon. Vom
Kosen bis zu den Zimmerkatastrophen. In der Kindheitsspra-
che (bei mir identisch mit der Muttersprache) findet man wohl
die subtilsten (phantasievollsten) Kosenamen und die emoti-
onalsten Ausdrücke für Frust, Zorn, kurz »Zimmerkatastrophen« aller Art. Krach wäre auch ein K-Wort, Klo dito, nur
wollten sie nicht ins Gedicht passen. Ohnehin ist klar, worum
es geht. Das Kinderzungen-Terrain abgesteckt.
Wie aber steht es um die anderen Terrains und Sprachen? Im
Neunzeiler kommt, stellvertretend für alle anderen, nur eine
zweite »Zunge« vor, nämlich so:

... die andere schreibt
um nicht zu schreien
die Zäune stehen dazwischen
die Meere und schweigen.

Schreibsprache Deutsch, Ventil für innere Schreie und mehr. Von der Kinder- und Küchensprache Ungarisch meilenweit entfernt. Getrennt durch imaginäre Zäune und schweigende Meere. Das Oberenns-Meer der ungarischen Märchen mag hineingefunkt haben.

Seltsam, diese Zeilen wirken bedrückt. Kein Spiel mit purzelnden Stabreimen, nur drei schwer assonierende Verben, deren Zusammenhang nachdenklich stimmt: »schreibt«, »schreien«, »schweigen«. Wäre die zweite Sprache etwa eine Vertreibung aus dem bunten Konglomerat der Kindheit und als schriftlich artikulierte ein Kontrollorgan des Über-Ich? Existieren können die beiden »Zungen« jedenfalls nur getrennt, in unterschiedlichen Räumen. Their alphabets hardly match.

Mit Kindern und Tieren spreche ich bis heute spontan Ungarisch, ob sie es verstehen oder nicht. Zärtlichkeiten kommen mir nur ungarisch über die Lippen. Flüche, wenn überhaupt, auch. Klar doch, die Gefühle ticken ungarisch. Und Kartoffeln schmecken am besten, wenn sie »krumpli« heißen. (Übrigens leitet sich das ungarische Wort vom deutschen »Krummbirne« her.) Kindheitsatavismen, Gewohnheiten. Hader ist nicht am Platz. Oder soll ich mich ärgern, dass es für viele ungarische Diminutiva keine deutschen Entsprechungen gibt? »Picike« ist und bleibt »picike«, ob ich es notdürftig mit »Kleinchen« oder »Winzling« übersetze. Auch das Ohr hat seine Atavismen.

Klavier

Wie du in »Mehr Meer« schreibst, warst du in deiner Jugend eine leidenschaftliche Klavierspielerin. Was ist aus der Liebe geworden?

Aus der aktiven Liebe ist eine passive geworden, ich spiele leider kaum noch, obwohl mein Flügel mich täglich mahnt.

Liegt es an Zeitmangel?

Natürlich auch. Wollte ich mein altes Repertoire auffrischen oder gar Neues erarbeiten, müsste ich regelmäßig üben, wozu mir die Zeit fehlt. Ich hatte einst große Ambitionen, habe mich aber zu Recht für die Literatur entschieden, die mich seither auf Trab hält. Sporadisch in die Tasten zu greifen, befriedigt mich nicht. Das Klavierspiel erfordert Technik, diese wiederum bedarf täglicher Praxis.

Aber in meiner Erinnerung ist alles da: meine ersten Schritte mit Bach und Bartók, Mozart-Sonaten, später Beethoven, Schumann (»Kinderszenen«), Schubert (»Moments musicaux«), Chopin (»Préludes«). Bach begleitete mich immer: Ich spielte die zwei- und dreistimmigen Inventionen, das Wohltemperierte Klavier Band 1, die Französischen Suiten, das Italienische Konzert, auch die Chromatische Phantasie und Fuge. Bach hat mich geformt, musikalisch und menschlich, wenn man das so sagen kann. In der Kombination von Ordnung und Schönheit, Strenge und Freiheit liegt schöpferische Größe, die auch menschlich viel voraussetzt. Doch das Wichtigste: Wenn ich Bach spielte, war ich vollkommen glücklich. Wie getragen von einer höheren Gesetzmäßigkeit. Subjektive Stimmungen hatten da nichts zu suchen.

Hattest du gute Lehrer?

Während meiner besten Zeit hatte ich Unterricht bei Éva Villányi, einer Schülerin von Zoltán Kodály. Sie brachte mir nicht nur technisch viel bei, sondern schulte mein Gehör und erweiterte mein Repertoire. Bach gehörte immer dazu, das ließ ich mir nicht nehmen, doch mit ihr erarbeitete ich auch Rhapsodien von Brahms, Schuberts große B-Dur-Sonate und Etüden von Chopin. Sie kannte meine Stärken und Schwächen, holte mich aus der Reserve, dank ihr spielte ich mich frei.

Musik als Befreiung?

So war es, und zwar in einer fragilen Zeit, den Jahren der Pubertät. Durch das nichtverbale Medium der Musik ließen sich Gefühle manchmal direkter und vielfältiger ausdrücken, auch Leidenschaft durfte sein, wiewohl nuanciert. Nicht zu vergessen: der Körpereinsatz. Klavierspielen ist nicht nur eine Sache der Hände, sondern der Arme und des ganzen Oberkörpers. Wobei der Anschlag im Wesentlichen durch die Fingerspitzen erfolgt. Der Weg zum Ton, der Emotion transportiert, führt über die Taste und den Körper, das ist wichtig. Schreiben ist ein viel abstrakterer Vorgang.

Marina Zwetajewa hat eine wunderbare Erzählung geschrieben, »Mutter und die Musik«. Darin beschreibt sie, wie sie als Kind das Klavier entdeckte, die Welt der schwarzen und weißen Tasten, die Pedale, den Notenständer, die Noten. Da ist zum einen der Zauber der Dinge, zum anderen der ihrer Namen.

»Die Tasten jedoch liebte ich: wegen ihrer Schwärze und Weiße (fast schon Gelbe), einer Schwärze, die so offensichtlich, einer Weiße (fast schon Gelbe!), die so heimlich traurig ist, und weil die einen breit, die andern schmal (beleidigt!) sind, und weil man auf ihnen, ohne sich von der Stelle zu rühren, wie auf einer Leiter auf und ab gehen kann, und weil diese Leiter unter den Fingern entsteht, und weil von dieser Leiter sogleich eiskalte Ströme, eiskalte Leiterströme über den Rücken laufen und die Augen erglühen (…). Und weil die weißen, wenn man sie anschlägt, ganz heiter, die schwarzen aber sofort traurig, *echt* traurig klingen, so *echt*, dass es mir vorkommt, ich drücke, wenn ich sie anschlage, auf meine eigenen Augen und presse aus diesen Tränen hervor. Und weil man sie anschlagen kann: man schlägt sie an, und schon beginnt man zu sinken und sinkt, solange man sie nicht loslässt, endlos, ins Bodenlose – sinkt, auch wenn man sie loslässt! (…) Und weil die Glätte der Tasten verräterisch ist, bei der ersten Berührung bereit, zu erklingen und einen zu verschlingen.«

Für ein Kind ist das Klavier ein Zauberding, ein Zauberwesen. Ich erinnere mich, wie mein Sohn sich unter dem Flügel einrichtete, entzückt die Pedale drückte und später, noch entzückter, auf den Tasten klimperte. Die Töne sind ja da, man muss sie nicht – wie bei Streich- und Blasinstrumenten – mühsam erzeugen. Eine schlichte Berührung genügt. Und die Wirkung ist enorm. Sehr treffend heißt es: »in die Tasten greifen«. Kinder tun das oft lustvoll-rabiat, mit beiden Händen, ja Armen, damit es so richtig laut klingt. Sie fühlen sich großartig dabei. Hochgefühl, Befreiung – dazu kann das Klavier immer dienen. Wer improvisiert, kommt oft noch mehr auf seine Rechnung als der sorgsame Interpret. Jazz, der ohne Improvisation nicht denkbar ist, habe ich allerdings nie gespielt. Aber ich bewundere Jazz-Pianisten wie Thelonious Monk, Keith Jarrett oder den Schweizer Nik Bärtsch.

Kiš

Danilo Kiš hat in seinen Büchern unzählige Listen und Inventare erstellt, Litaneien und Mementos verfasst – gegen das Vergessen. Sein Vater starb als ungarischer Jude in Auschwitz, diese biographische Wunde saß tief. Und so widmete Kiš seine Familientrilogie »Garten, Asche«, »Frühe Leiden«, »Sanduhr« dem verlorenen Vater, dem verschwundenen Paradies der Kindheit und dem untergegangenen mitteleuropäischen Judentum, ohne falsche Sentimentalität, daran hinderte ihn jener »ironische Lyrismus«, der zu seinem Markenzeichen wurde. Herbe Aufzählungen, fotorealistische Momentaufnahmen, grotesk überhöhte Szenen, gezielt gestreute poetische Exaltationen: sie machen Kišs literarischen Kosmos aus. Zu dem auch der Roman »Ein Grabmal für Boris Dawidowitsch« gehört, der – »niederschmetternder als jede Statistik« (Joseph Brodsky) – vor Augen führt, wie die russische Revolution ihre eigenen Kinder verschlang.

Kiš, warum kennen ihn nur so wenige? Schon in den 1970er Jahren warnte er vor dem Irrsinn der jugoslawischen Nationalismen. Den Ausbruch des Kriegs erlebte er nicht, da er im Oktober 1989 in Paris an Lungenkrebs starb. Aber Recht hatte er sehr wohl behalten, leider. Seine Essays sind luzid, seine Erzählungen packend, seine Theaterstücke grausam-absurd, seine Romane etwas vom Besten, was das 20. Jahrhundert literarisch hervorgebracht hat. Dennoch wird er wie ein Geheimtipp behandelt.

Zum ersten Mal trafen wir uns in Paris, als ich »Ein Grabmal für Boris Dawidowitsch« übersetzte. Er führte mich in sein

Lieblingslokal, die Rotonde, erzählte abwechselnd auf Ungarisch, Serbokroatisch und Französisch über die Qual des Schreibens, die Galanterie Miroslav Krležas und die Kunst der Nachdichtung. Nicht ohne Leidenschaft. Zur Veranschaulichung, wie Krleža den Damen in k.u.k.-Manier die Hände küsste, sprang er komödiantisch auf und küsste im Stehen meine Hand. Schlank, groß, mit der Haarfülle eines Erzengels, zog er alle Blicke auf sich. Sein Innenleben schilderte er als schwierig. Der Poet und Polemiker stritten sich in ihm, das war »ironischer Lyrismus« live. Heimweh nach Pannonien? Er wies es weit von sich. Was solle er in Belgrad, wo ihn verlogene Kulturbürokraten schikanierten. Unter seinem Fenster im 10. Arrondissement höre er doch das vertraute Geschwätz jugoslawischer Gastarbeiter und balkanische Melodien.

Nach Erscheinen des »Grabmals« sahen wir uns auf der Frankfurter Buchmesse, Danilo trug ein kariertes Jackett und rauchte in einem fort. Das Messe-Gewimmel machte ihn nervös. Erst in einer jugoslawischen Kneipe, bei Schnaps und Grillfleisch, kam er in Laune.

Als ich ihn im Herbst 1988 im slowenischen Lipica wiedertraf, war er schon schwerkrank. Die Lunge. Mit Rauchen war es für immer vorbei. Aber das Literaturfestival Vilenica wollte er sich nicht entgehen lassen, denn viele Freunde waren da, unter ihnen Péter Esterházy. Bis tief in die Nacht debattierten sie über Mitteleuropa als kulturellen Raum. Kiš saß in einem riesigen Lederfauteil, hörte zu, nippte an seinem Wein. Das Thema interessierte ihn, er hatte darüber in mehreren Essays geschrieben. Etwa in den »Mitteleuropäischen Variationen«, wo er das Bedürfnis des mitteleuropäischen Schriftstellers nach Form so begründete: »Form als Streben, dem Leben und den metaphysischen Zweideutigkeiten Sinn zu verleihen; Form als *Möglichkeit der Wahl;* Form als Suche nach einem archimedischen festen Punkt im uns umgebenden Chaos; Form als Ge-

gengewicht zur Desorganisation der Barbarei und irrationalen Willkür der Instinkte ...«

Auf einer Busfahrt erzählte er mir, dass er Gedichte von Brodsky übersetze. Warum er nicht selber Gedichte schreibe, wollte ich wissen. »Gedichte sind Lüge«, sagte er schroff. »Man macht es sich zu leicht mit dem Reimgeklingel.« Ich widersprach vehement.

Drei Tage später erlebte ich in Ljubljana, wie er einen amerikanischen Interviewer zurechtwies: »Lassen Sie das mit dem jüdischen Schriftsteller, nicht das Adjektiv zählt, sondern das Substantiv. Alles andere ist Sektierertum.«

Im Januar 1989 lud ich ihn zu einer Lesung nach Zürich ein. Er kam, abgemagert und mit seltsam veränderter Stimme, war glücklich, als wir im Theater am Hechtplatz seinen Roman »Sanduhr« vorstellten. Nach der Matinee tranken wir bei mir zu Hause Tee, bevor er mit seiner Lebensgefährtin zu einer dreitägigen Schweiz-Tour aufbrach. Neun Monate später starb er in Paris, vierundfünzig Jahre alt.

Aus mehreren geplanten gemeinsamen Lesereisen wurde nichts. Bücher auf Deutsch waren nun da, das Interesse von Lesern und Kritikern geweckt, nur er fehlte. Es fehlte seine mahnende, rebellische Stimme, sein lyrischer Sarkasmus. Und die Melancholie eines Menschen, der unbeirrt gegen die Vergeblichkeit anschrieb. *Non omnis moriar*, auch das war Kiš. Meister der Listen, des Kaddischs.

Kritik

Wie gelingt es dir, gleichzeitig Autorin und Literaturkritikerin zu sein, kommt sich das nicht in die Quere?

Eigentlich nicht, auch wenn Schreibweise und Zielsetzung sich klar unterscheiden. Literaturkritik betreibe ich mit einem gewissen aufklärerischen Impuls, zumal ich im Wesentlichen über russische und mittelosteuropäische Autoren schreibe, von denen im deutschen Sprachraum viele fast unbekannt sind. Es geht mir um kompetente Vermittlung, was bedeutet, dass Informationen und Kontexte dazugehören.

Gerne vertiefe ich das Wissen über einen Autor, indem ich sein Werk über die Jahre verfolge. Über Danilo Kiš habe ich zahlreiche, auch längere Aufsätze verfasst. Ebenso über Péter Esterházy, Imre Kertész, Péter Nádas, Dževad Karahasan. Natürlich münden meine Kritiken auch in ein literarisches Urteil, aber dieses will sorgfältig begründet sein, wobei ich immer von den Prämissen eines Werks ausgehe. Im Klartext: Was will dieses Buch, was will der Autor mit diesem Buch? Wird ein Werk seinen eigenen Voraussetzungen gerecht, ist das schon beachtlich, unabhängig davon, ob es meinen Geschmack trifft oder nicht. Als Autorin meine ich, etwas von literarischen Prämissen und Vorgehensweisen zu verstehen. Völlig fremd ist mir, mit erhobenem Zeigefinger vom Podest herab zu urteilen. Und was die medial verbreiteten »Daumen rauf«-, »Daumen runter«-Bewertungen betrifft, so haben sie meiner Meinung nach nichts mit ernstzunehmender Kritik zu tun. Das sind ärmliche Schwundformen in schnelllebiger Zeit.

Wie reagierst du auf Kritiken deiner eigenen Bücher?

Manchmal sehr erfreut, wenn ich durch die Lesart des Kritikers, der Kritikerin Neues über mein Buch erfahre. Mitunter aber auch verärgert, wenn eine Interpretation völlig an dem vorbeigeht, was ich vorhatte und was im Buch steht. Es gibt anmaßende Kritiker, die im Brustton der Überzeugung Dinge behaupten, die schlicht falsch sind. Etwas mehr Vorsicht und Fingerspitzengefühl täten gut. Auch irritieren mich Germanisten, die jeden Text als Rätsel begreifen, dem sie tüftelnd auf die Spur kommen müssen. Nicht hinter jeder Emma steckt eine Anspielung auf Emma Bovary, um nur ein Beispiel zu nennen. Am andern Ende des Spektrums sind jene Rezensenten, die einfach Inhalte resümieren, als bestünde ein Buch nur aus einem Plot. In meinem Fall ist das unergiebig, denn ich schreibe plotarme Prosa. Dagegen spielt die Sprache eine umso wichtigere Rolle, sie ist selbst Akteurin. Meine Frustration rührt vor allem daher, dass sprachliche Qualitäten kaum gewürdigt werden. Zum x-ten Mal beschreibt da jemand meine Biographie mit Migrationshintergrund, legt mich auf Themen wie Heimatlosigkeit und Reisen fest, nur um die Hauptsache, die Sprache, macht er einen Bogen.

Für mich gehört Sprache in den Fokus der Kritik, denn an ihr lassen sich die Literarizität und stilistische Eigenheit eines Textes ablesen. Und es schadet nicht, dies mit konkreten Beispielen zu belegen.

Love after love

Manche halten deinen Gedichtzyklus »Love after love« für dein stärkstes Werk. Dabei ist er unter großem Leidensdruck entstanden.

Das kann man wohl sagen. Eine transatlantische Amour fou hat mich fünf Jahre lang fast um den Verstand gebracht. Als die Sache vorbei war, wusste ich nicht, ob ich vollkommen abstürze oder langsam wieder Tritt fasse. Es war schrecklich. Zum ersten Mal im Leben suchte ich therapeutische Hilfe. Der Psychologe – er starb wenige Monate später an einem Hirntumor – machte mir Mut. Ich sei stark, stark genug, das verzweifelte Kind in mir zu trösten. Ich gab mir Mühe. Schon als Kind hatte ich einmal an enttäuschter Liebe gelitten. Das Liebesdrama mit dem Angloamerikaner rührte an eine alte Wunde, vielleicht tat es darum so höllisch weh. Jedenfalls musste ich alle erwachsenen Kräfte zusammennehmen, um mich aus dieser existentiellen Krise zu befreien. Um Halt in mir selber zu finden. Traumabewältigung heißt das im Psychologenjargon.

An Schreiben war zunächst nicht zu denken. Ich fühlte mich leer und stumm. Was ich ins Tagebuch notierte, glich einem zerzausten Seelenprotokoll, nicht der Rede wert. Doch eines Tages spürte ich, wie Wut in mir aufstieg. Aufs Geratewohl setzte ich mich hin und fing an. Ohne Konzept, dem Diktat des Moments folgend. Was dann geschah, war erstaunlich. Als hätten sich angestauter Schmerz und Zorn Bahn gebrochen, strömte es aus mir heraus. Ein Wortschwall in Deutsch, Englisch, anklagend, fragend, verzweifelt. Emotion pur, so hatte ich noch nie zuvor geschrieben. Ich gab einem immensen Druck nach, kämpfte ums Überleben, alles andere spielte keine Rolle. Rücksichten, Absichten, ausgeblendet. Man könnte es Raserei nennen, ich befand mich in einem Zustand höherer Raserei, jedenfalls war da eine Energie, die mich antrieb und immer weitertrieb, unbarmherzig vorantrieb. Und als ich nach Stunden aufsah, lag vor mir ein Gebilde, länger als alle meine bisherigen Gedichte. War es denn überhaupt ein Gedicht? Nicht vielmehr ein zorniges Gestammel? In das auch »er« sich einmischte, in seinem Idiom? Ich ließ es liegen. Dann wusste ich: dies war ein Anfang. Auf das erste Gedicht folgten nach und nach sieben weitere. Keines mehr war so heftig und ausladend wie das erste. Mein Zorn ließ nach, Zärtlichkeit und Wehmut übernahmen die Register, ich dachte über Verfahren nach – Wiederholungen, litaneienhafte Aufzählungen, Reime –, das impulshafte Schreiben wich einem zunehmend kontrollierten. Und mich beruhigte, dass die Gefühle – bis zuletzt der Motor des Ganzen – sich bändigen ließen durch Form.

Entstanden sind acht Abgesänge, jeder trägt einen englischen Titel und hat ein Motto, in jedem reiben sich die Sprachen (Deutsch und Englisch) und stoßen Monologe auf Dialoge. Paradox und Ambivalenz sind Grundfiguren, Fremdzitate verdoppeln oder konterkarieren das biographische Setting.

Post festum lässt sich leicht über etwas reden, was alles andere als leicht war. Noch heute lese ich die Gedichte nicht ohne Emotion. Weil es für mich nach wie vor an ein kleines Wunder grenzt, dass »Love after love« existiert. Dass es mir gelungen ist, Liebesschmerz in Literatur zu verwandeln, die meine eigene Geschichte transzendiert. Darum geht es doch: um diese Verwandlung. Möge jeder Leser sich selbst und seine Story wiederfinden, wenn er den Band liest.

Übrigens konnte ich bei Lesungen beobachten, wie stark das Publikum mitging. Bis hin zu Tränen. Auch erreichten mich viele anrührende persönliche Briefe.

Das ist Trost. Das gibt mir die Gewissheit, dass meine Amour fou zu etwas gut war. Die Sache ist längst passé, wenngleich nicht vergessen. »Love after love« aber bleibt. Ein schmales blaues Buch, unverjährt.

Das Buch hat dich auch geheilt?

Ja, indem es entstanden und erschienen ist. Es war die bestmögliche Therapie. Und mehr als das. Denn es kann unter Umständen auch andere heilen. Dass es über mich hinausweist, macht mich am glücklichsten.
Unlängst las ich daraus im Berner Münster, ein Cellist spielte die fünfte Cello-Suite von Bach. Text und Musik erklangen alternierend, es passte wunderbar. Bach ist für mich der Lackmus-Test.

Eine Lieblingsstelle?

Die gibt es tatsächlich, sie findet sich in »Lament«, wehmütig und liedhaft:

Es war einmal ein Mund, der sagte: du
es war einmal eine Hand, die brachte Ruh
es war einmal ein Ohr, das hörte zu
es war einmal eine Stimme, die machte Mut
es war einmal ein Koffer, der hatte Zeit
es war einmal ein Mantel, der flog weit
es war einmal ein Traum, der hieß: zu zweit
es war einmal ein Lied: für immer vereint
es war einmal ein Wunsch, der wuchs riesengroß
es war einmal ein Kuss, der saß wie ein Stoß
es war einmal ein Tag, da zog ich das Los

and only death to get you out …

Schwer vorstellbar, dass du je wieder etwas Vergleichbares schrei-
ben würdest.

Ganz unmöglich. Was ich damals erlebt habe, war einzigartig
und unwiederholbar. Einzigartig in seiner Intensität und Ab-
gründigkeit. Gott behüte, dass mir derlei ein zweites Mal passiert. Meine Lektion habe ich gelernt, sie reicht für ein Leben.
Dass jene geballte Schreibenergie nicht isoliert zu haben ist,
versteht sich von selbst. Ich vermisse sie nicht. Sowenig wie die
überhitzten Gefühle. Seither geht es anders, temperierter zu.
Was deutlich besser zu mir passt.

Listen

Ob Inventare, Kataloge oder litaneienhafte (kaddischartige) Aufzählungen: sie resümieren Lebensläufe, rekonstruieren Sachverhalte und Dingwelten, immer am Schöpfungshebel und pars pro toto, immer anregend, auch fürs Ohr. Listen gehören seit Kindsbeinen zu meiner Obsession. In der Literatur verfolge ich sie wachsam, erstelle Listen von Listen. Laufend kommen neue hinzu.

Annie Ernaux zum Beispiel beginnt ihr gefeiertes Buch »Die Jahre« mit einer mehrseitigen Aufzählung von Menschen, Dingen und Begebenheiten, indem sie deren zum Verschwinden verurteilte Bilder minutiös festhält:

»… die Frau auf einer Freiluftbühne, die von mehreren Männern in einen Kasten gesperrt und mit Schwertern durchbohrt wurde – sie kam wieder lebend heraus, weil es sich um einen Zaubertrick mit dem Titel *Das Martyrium einer Frau* handelte

die Mumien in zerlumpter Spitze, die in der Kapuzinergruft in Palermo an den Wänden hingen

Simone Signorets Gesicht auf dem Plakat von *Thérèse Raquin*

der Schuh, der sich im Schaufenster des Geschäfts *André* in der Rue du Gros-Horloge in Rouen auf einem Stuhl drehte, und auf dem Rand zog immer wieder derselbe Satz vorbei: *Mit Babybotte läuft Ihr Kind schön flott.*

der Fremde im Bahnhof Termini in Rom, der die Sichtblende seines Erste-Klasse-Abteils ein Stück heruntergezogen hatte, sodass er nur von der Hüfte abwärts sichtbar war und sein Geschlechtsteil rieb, weil er bemerkt hatte, dass im Zug nebenan junge Frauen aus dem Fenster schauten ...«

Die Aufzählung als eine Aneinanderreihung diverser, ja disparater Momente gerät zur Erzählung, nur liest sich das herber, konzentrierter, ohne die üblichen logischen Scharniere. Zwischen den erinnerten Episoden herrscht kein Zusammenhang, sie stehen unverbunden hintereinander, arrangiert vom Willen der Autorin, die die Auswahl nirgends begründet. Gut so. Der aufzählende Einstieg ist mehr als reichhaltig, und er wirft ein präziseres Licht auf die Erzählerin (und die Zeithintergründe), als ein konventioneller Romananfang dies vermöchte. Alles da: Spannung, Atmosphäre, Ironie, Poesie. Wortwitz und Belesenheit, Beobachtungsgabe und Melancholie. Meine Neugier ist aufs Schönste geweckt. Und ich vertraue sofort dem Formbewusstsein der Autorin.

József Attila ist ein anderer Fall. Der große ungarische Dichter, der sich am 3. Dezember 1937 vor den Zug warf, verfasste seine »Liste freier Ideen« als therapeutischen Selbstversuch, nachdem er die Therapie bei der jüdischen Psychoanalytikerin Edit Gyömrői vorzeitig abgebrochen hatte. Die Gedanken springen, von hier nach dort, von Obszönität zu Traum, von Physik zu Homosexualität, von »je ne sais rien« zu »mais je peux«. Mitunter lassen sie sich von Klängen und Assoziationen leiten, eher aber gleichen sie erratischen Brocken, zu einer düsteren Liste vereint:

»... ich kann keinen Gebärmutterkrebs kriegen

aber es gibt ja auch Krebs in den Hoden

ich habe mein Leben gelebt wie ein Egel

›das ist aus einem Grund geschehen‹ – sagte die Gyömrői

aber ich lebe jetzt immer noch so

bitte eine milde Gabe für einen armen Blinden

oft lief ich mit geschlossenen Augen durch die Straßen, um zu sehen, ob ich die Richtung halten kann

dabei quälten mich böse Träume

›tja, das ist Naturwissenschaft‹

gleich werde ich krepieren, aber vorher geh ich noch kurz raus pissen (…)

der Stachel der Arbeiterbiene ist ein dehydriertes weibliches Genital

Horn

Hirschhorn

Kloschüssel

verschusselte Politik

eine liebe Frau könnte mich heilen …«

Liest man alle Einträge, entsteht aus dem Listenmosaik mehr als nur ein Vexierbild des Autors. Er nimmt zittrig Kontur an, vor allem aber seine zerrüttete Psyche. In den Stenogrammen stecken lauter Partikel, die das Ich nicht mehr zu einem Ganzen verbinden kann (oder will), als fehlte eine integrierende Kraft. Doch sie signalisieren seinen Zustand. Und dieser ist katastrophal.

Eine Katastrophenliste. Dabei immer wieder überluzid, was sie besonders erschütternd macht. Und insgeheim vielleicht doch auf einen Umschwung aus. Woher sonst die Hartnäckigkeit des Listenführens.

Listenführen entspricht einem Ordnungsdrang. Etwas soll in eine Form gebracht werden, und mag es noch so heterogen sein. Zum Beispiel die Bestandteile eines Müllhaufens, wie in einem aufzählenden Gedicht von Danilo Kiš. Oder die Schöpfung selbst, vom Aprikosenbaum bis zur Neutronenbombe, in Inger Christensens beschwörendem Langpoem »Alphabet«. Nenne etwas (damit es nicht vergessen geht), nenne ein Zweites, Drittes, und du spürst schon, wie es trägt, wie die Liste sich unter deiner Hand formt, weiterentwickelt, wie sie sich behauptet (der Schöpfungshebel), wie aus Kompaktem, addiert, immer mehr Welt wird. Leierst du oder singst du schon, perpetuierst du den Anfang, den Namen? Dann mach weiter. Das Ganze fasst du nicht, nur immer *pars pro toto*. Darum die Teile, aufgereiht, bis an ein gewünschtes Ende. Von bis.

Listen sind unweigerlich ein Memento. Bescheiden-unbescheiden, mitunter sogar komisch. Und ebenso tröstlich. Ganz einfach, weil es sie gibt.

Lied

Wie lange dauert der Schneerausch
wie lange das Staunen der Nacht
wie lange die Wärme plissierter Schatten
wie lange der Weckruf des Bachs
wie lange steigst du in Flüsse
wie lange lenkst du ein Kind
wie lange gehörst du Souffleusen
wie lange dem östlichen Wind
wie lange fällt Frost in die Wälder
wie lange Herbst aufs Genick
wie lange die Kraft in die Tasten
wie lange der Schlaf aufs Geschick
wie lange stehst du im Mantel
und wartest auf eine Hand
wie lange singt dir ein Fenster
wie lange der Wüstensand

Ljubljana

Hauptstadt Sloweniens, früher der jugoslawischen Teilrepublik Slowenien, am Fluss Ljubljanica gelegen, mit Burg, Kathedrale, Universität, Oper, Museen, mit einer putzigen Altstadt und aparten Jugendstilgebäuden, mit Plätzen, Parks, Freilufttheatern und zahllosen Cafés.
Und mein Ljubljana?
Es beginnt im Garten meiner Tante, an der Kavškova 16, ich war damals kaum drei. Mehrere Monate lebten wir in ihrem Haus, dessen Garten an eine Gärtnerei grenzte, hinter der Züge rangierten. Nachts stießen sie entsetzliche Schreie aus. Tagsüber betäubte mich der Garten mit seinen Farben und Gerüchen.

Wer winkt von den Gleisen?
Welcher Juli wundert sich
über die Verschieb-Loks?
Hoher Sonnenstand Rauchschwalben
und die Gartenwege ohne Springseil
Im Brunnen ruht das Wasser
wie uranfänglich
grau
Die ausrangierten Wagen
dämmern im Traum
Grillen Marillen
rasende Käferzeit
und das Zittergras
Zittergras

grazil
vor dem Spalier

So und anders, immer neu. Als wäre dieser Garten ein unerschöpfliches Reservoir an Bildern.

Alle Wege gingen von ihm aus und führten zu ihm zurück. Ob wir zum Bäcker, in die Kirche oder in den Park Tivoli gingen. Ein weitläufiger Park mit Riesenbäumen. Im Herbst lagen auf den Spazierwegen braunglänzende Rosskastanien. Ich nannte sie Glücksbringer.

Und sonst?

Den großen Markt im Zentrum der Stadt besuchte ich später. An den Ständen der Mazedonier türmten sich Wassermelonen und Paprikas, süße Trauben und aromatische Tomaten. Slowenische Bäuerinnen verkauften im Herbst Steinpilze und Pfifferlinge, »da, Fräulein, nehmen Sie welche!«. In den hintersten Reihen die Holzerzeugnisse: handgeschnitzte Löffel, Schalen Teller, Eierbecher. Und an den Blumenständen Rosen, Gladiolen, Dahlien, je nach Jahreszeit. Nicht zu vergessen Kräuter wie Thymian, Rosmarin, Basilikum und Eisenkraut. Und Lavendel, in Sträußen oder abgepackt.

Den Markt ließ ich nie aus. Oder nur ein einziges Mal, als es mich am Tag nach Titos Tod nach Ljubljana verschlug. Tito starb hier am 4. Mai 1980, ganz Jugoslawien trauert, und Ljubljana liegt wie in Schockstarre. Von meinem Onkel leihe ich mir einen Fotoapparat aus und streife durch die Stadt. Kein Verkehr, Stille. Die Sonne scheint, es ist angenehm warm, doch alles ausgestorben. Schwarze Fahnen hängen von vielen Gebäuden, in jedem Schaufenster Titos Bild mit Trauerrand, mal von Blumen umgeben, mal nicht. Ich gehe durch eine Geisterstadt. Knipse die menschenleeren Straßen und unzählige Tito-Porträts (der Marschall in dunkler oder weißer Uniform, in Gesellschaft von Staatsmännern oder umringt von

Kindern mit Pionierhalstüchern usw.). Ob Fotografieren überhaupt erlaubt ist? Vielleicht verstoße ich gegen das Gebot der Stunde: respektvolle Trauer zu zeigen. Doch niemand hindert mich. Und je länger mein Gang durch das kulissenhaft gewordene Ljubljana dauert, desto mehr überkommt mich eine seltsame Wehmut, als wäre mit Tito eine ganze Ära zu Ende gegangen. Keine nur rosige, gewiss. Die KZ-Insel Goli Otok spricht Bände. Wer dem Marschall und seinen Helfershelfern nicht passte, wurde entfernt, gefoltert, liquidiert. Trotzdem lebte das Gros der Bevölkerung besser als jene in den kommunistischen Nachbarländern, die Grenzen waren durchlässig, Slowenen und Kroaten gingen regelmäßig nach Triest auf Einkaufstour, auch kulturell standen die Türen weit offen. Und Tito gelang es, den Vielvölkerstaat vor nationalistischen Unruhen zu bewahren, als Integrationsfigur stand er für ein geeintes Jugoslawien im Verband blockfreier Staaten.

Wie weiter? Diese bange Frage vermischt sich mit der dumpfen Trauer. Und als ich von meiner Expedition zurückkehre, weiß ich nicht, ob ich mich über meine Fotoausbeute freuen soll oder nicht.

Jahre vergehen. Slowenien wird, fast ohne Blutvergießen, ein unabhängiger Staat. Gründungseuphorie, überschattet nur durch den Krieg in Kroatien und vor allem in Bosnien. Hier fordert die Unabhängigkeit einen grausamen Tribut. Schönzureden gibt es nichts, und die Folgen des Kriegs dauern bis heute an.

Ljubljana hat sich in den Neunzigern herausgeputzt, mediterranisiert. In neu entstandenen Cafés an den Ufern der Ljubljanica diskutieren Jung und Alt, die Stimmung ist offen und heiter. Manche Stadtteile erkenne ich kaum wieder, so viel wurde gebaut. Zugebaut die alte Gärtnerei neben meinem Kindheitsgarten, die Kavškova ist zu einer Sackgasse geworden, weil dahinter eine Schnellstraße mit Unterführung entstand. Die neuen Häuser tragen fröhliche Farben, auch die renovierten sehen nicht mehr graubraun, sondern hellgelb, beige oder zartgrün aus. Nur in den Parks hat sich wenig verändert.

Zeit und Zahl meiner Besuche geraten mir durcheinander, es waren viele. Einiges aber ist mir deutlich geblieben.

Im September 2005, bei einem Schriftstellerempfang in der Burg, treffe ich Dane Zajc, den großen slowenischen Poeten. Zajc dichtete in seiner dunklen »Erdsprache« über lachende Hyänen und schwarze Stiere, über erschlagene Vögel und rote Monde, über Ascheklumpen, die in der Kehle Worte ersetzen. Er fand visionäre Metaphern und ekstatische Rhythmen, geriet mit seinen Wortlitaneien aber auch mal ins Stottern: »Finger. Mund. Tschinellen. Stille. / Stimmen. Kacheln. Schnee. Stille.« Vom Schweigen verstand er viel, auch von der Einsamkeit. In Gesellschaft lächelte er, trank, überraschte durch eine treffende Bemerkung, und schwieg weiter. Um sich irgendwann, in seligem Weinrausch, von jungen Freunden heimführen zu lassen wie ein folgsames Kind. Doch kaum begann er vorzulesen, zog seine Stimme magisch in Bann. Der schüchtern-melancholische Barde eroberte ganze Säle. Ich habe es selber miterlebt.

Jetzt steht er in einer Ecke, umgeben von Kollegen, und begrüßt mich herzlich. Seine Augen lächeln traurig-verschmitzt, der Bart ist etwas weißer geworden, in der Hand hält er ein Glas Orangensaft. Kein Wein? Die Frage stelle ich nur für mich, mit leiser Besorgnis. Es genügt, seine Nähe zu spüren, die Sanftheit seiner Gesten und spärlichen Worte. Und wie sich herausstellt: zum letzten Mal. Am 20. Oktober stirbt Zajc kurz vor seinem 76. Geburtstag, mitten in der »Skorpionzeit«, seiner Zeit.

Sieben Jahre später, im August 2012, besuche ich meine Freundin Maruša Krese, die aus Berlin zu ihrer Schwester nach Ljubljana gezogen ist, zum Sterben. Bauchspeicheldrüsenkrebs, nichts zu machen. Maruša, schrecklich abgemagert, sitzt zwischen Kissen auf dem gedeckten Balkon, schlürft Tee, aber in ihren Augen brennt noch ein Funke Feuer, und mit dem eisernen Willen einer Partisanentochter sagt sie: »Ich ergebe mich nicht!« Das ganze Leben lang hat sie gekämpft, um die drei Kinder durchzubringen, gekämpft für Gerechtigkeit und gegen Krieg. In Gedichten, Radio-Features, Briefen, auf Demos. Als Sarajevo belagert wurde, sammelte sie Geld und brachte es unter Lebensgefahr in die umkämpfte Stadt, wofür sie 1997 das Bundesverdienstkreuz erhielt. Maruša, die Nomadin, die Dichterin mit dem tänzerischen Schritt, die sich immer und überall Zigaretten drehte. Nur jetzt nicht.

Wir schauen uns an. Sie fragt, was ich schreibe, ich frage zurück, ob sie sich Dinge notiert. Manchmal, sagt sie. Dann verfällt sie in Nachdenken. Vielleicht fallen ihr Verse von früher ein: »Schlafen möchte ich, schlafen, / bis ich wieder erwache. / Schlafen möchte ich, schlafen, / dass ich Gott nicht wieder zu bitten brauche, / dass er dem Ganzen eine andere Richtung gebe, / dass er sich der Guten ein wenig erbarme, / dass er mir etwas schenke, / dass ich endlich etwas hinterlassen kann / den Kindern und meiner Schwester, / dass ich zum Notar gehen und mein Testament machen kann. / Alle anderen haben das schon getan.«

Ein Glück, ist sie hier. In einer luftigen Wohnung über Ljubljanas Dächern, umgeben von ihren Lieben und einigen Dingen, die sie durch alle Fährnisse gerettet hat: farbigen Tüchern aus Mexiko, noch farbigeren Kleidern aus Guatemala, indianischen Wildlederstiefelchen aus den USA, Umhängetaschen aus aller Welt, und Büchern, Büchern. Ihr Zimmer gleicht einer bunten Wunderkammer.

Als wir uns umarmen, sprechen wir nicht von Wiedersehen. Am 7. Januar 2013 wird Maruša bei Schneetreiben zu Grabe getragen.

Licht

Immer wieder der Versuch, Licht in Worte zu fassen. Seine Schattierungen und Grade, Reflexe und »Farben«. Zum Beispiel den Glanz auf den Blättern des Kirschlorbeers, heute, am 5. März, um elf Uhr dreißig. Die Blätter blenden im Vorfrühlingslicht. Die Haselkätzchen tun es nicht. Andere Oberfläche, kein Widerschein.

Im Grunde hasche ich nach den Spielen des Lichts. Danach, was es mit diesem oder jenem Gegenstand macht. Ob er sich im Abendlicht rötet oder im Morgenlicht gelb wird, bei Mondlicht bläulich oder in der Dämmerung grau. Ich beobachte und beschreibe Wirkungen, nicht die physikalische Substanz des Lichts. Darin aber bin ich unermüdlich.

Gibt es das Wort Lichtempfänglichkeit? Und Lichterinnerung? Wenn nicht – hier sind sie. Meine Wahrnehmung – und Psyche – reagieren immer und überall auf Lichtqualitäten, mein Gedächtnis speichert Situationen in ihrem spezifischen Licht.

Aquilea, an jenem späten Sommernachmittag, als die Zypressen lange Schatten warfen, auch auf den Kiesweg, wo ich kniend etwas in mein Notizheft schrieb.

Farbenzauber in Chora (Patmos), kurz vor Sonnenuntergang. Himmel und Meer verschmolzen im Westen zu einem roten Band, während in meinem Rücken Grauviolett sich ausbreitete.

Blendendes Abendlicht auf dem »Gelben Turm« in Sarajevo, spielzeuggleich lag die Stadt unter mir, mit dem glänzenden Band der Miljacka.

Der letzte Sonnenstrahl, grell, auf dem Granatapfel in meiner

Küche. Obschon geschrumpft, wirkte er plastisch wie noch nie, eine kleine Skulptur, modelliert vom Licht.

Vollmondnacht, jeder Zweig des Apfelbaums lesbar, jeder Schatten geritzt. Und die glänzenden Dächer.

Eine andere Vollmondnacht, damals, im tiefen Februar auf der Alp Grüm. Auf Skiern fuhren wir ein Stück talwärts, ohne Buckel von Senken unterscheiden zu können, das Licht narrte.

Dämmerlicht zwischen den Schreinen des Fuchstempels (Fushimi inari) in Kyoto. Als wäre es Teil des Nebels, kroch es in den Wald und die Tunnels der »Toris«. Bis es uns im Stich ließ. Dunkel. Nur da und dort eine Fackel.

Die Laternen von Kyoto. In deren rötlichem Licht die Geishas zu ihrer Destination eilten.

Nachmittagslicht auf der Vortreppe des alten Edo-Hauses in Kawagoe, warm flutete es in das mit Tatamis ausgelegte Zimmerinnere.

Die weiße, leicht abgeflachte Kuppe des Fuji: eine Lichtspitze. Nach einer langen sibirischen Flugzeugnacht die Helle des Morgens über der Wüste Gobi: gerippte Berge, Gelb und Braun in allen Schattierungen, wie am ersten Schöpfungstag. Ex oriente lux.

Das meerische Licht über Paris: zartblau, alles in Pastelltöne tauchend. So fingen es die impressionistischen Maler ein. So bestaunte ich es nach einer durchwachten Nacht auf dem Pont Saint-Michel.

Im Jardin du Luxembourg, mittags, das Glänzen der Springbrunnen. Nur in den Alleen Halbschatten, tanzendes Licht auf dem gelben Sand.

Zeitvertreib im Siestazimmer meiner Triestiner Kindheit: ich fing Lichthasen, die durch die Jalousienritzen über Boden und Decke huschten. Was für zarte, zitternde Geschöpfe!

Lichtstreifen auf einer Vase, einem Krug. Fast zu dramatisch, um an ein Stilleben von Morandi zu erinnern.

Durch Dachluken hereindringende Lichtstrahlen im dämmerigen Basar von Marrakesch, der vielfarbig summte.

Das flackernde Lichtgespinst auf dem weißen Vorhang im Sommerhaus (draußen die vom Mistral bewegten Äste der Pinie).

Licht- und Schattenschraffur auf der Stützmauer, die ich beim Schreiben beobachte, als wär's eine Schrift.

Schneelicht, gleißend, epiphanisch. Ich schließe überwältigt die Augen, sehe Schwarz.

Blendendes Scheinwerferlicht, nie mochte ich im Licht stehen, in solchem Licht.

Und was, wenn die Leuchtreklamen tausendbunt erstrahlen? Am Times Square, am Piccadilly Circus? Und das Lichtermeer von Los Angeles einem glitzernden Geschmeide gleicht?

Die Lichtsignale des Leuchtturms von Triest. Zuverlässig drangen sie durch Nacht und Nebel, skandierten meine Kindheit.

Die Lichtkegel der Tischlampen in der Leningrader Saltykow-Schtschedrin-Bibliothek, immer eins mit dem Buch.

Die Badezimmerlampe der Nachbarin – wie gelbes Gewölk. Davor das filigrane Geäst der Thuja. Und Nacht.

»Ein schwaches Scheinchen« (Nico Bleutge) klingt gut für das Tüpfelchen Licht, das vom weißen Klee ausgeht. Und wer will, kann (wie Robert Hass) Pfirsiche mit dem Sonnenaufgang, Pflaumen mit dem Sonnenuntergang vergleichen.

Der Lichthunger der Mittel- und Nordeuropäer. Der Süden sucht Schatten. Auch in Japan sucht man eilig Schutz unter Sonnenhüten und -schirmen.

»Licht ist Zeit, die über sich nachdenkt«, schrieb Octavio Paz. Während die Künstlerin Inge Dick mit einer Polaroidkamera festhielt, was das Licht und eine weiße Wand von morgens bis abends miteinander anstellen. (Ein Reigen von Farbschattierungen.)

Licht reimt auf Sicht und auf nicht. Erzeugt sinnliche Eindrücke und ist selbst nicht zu fassen. (Es sei denn physikalisch, als

Teilchen und Welle.) Noch weiß ich, wie ich an einem Märztag im obersten Stockwerk eines Hotels im nordschwedischen
Umeå saß, gebadet in Licht und unfähig, dies in irgendeiner
Form auszudrücken. Erst nach und nach formten sich Worte,
bis (viel später) dieses Gedicht entstand:

Das Licht gebiert den Turm,
den Wald, die Glocke,
den Horizont mit Fluss und
Vogelscharen, den Kran, der
Platten hisst wie Spielzeugwaren,
das Volkshaus, Universität
und Fahnen. Den Wind, der
durch die Birkenalleen zieht,
das Himmelsblau, die Raben,
die Passanten mit und ohne
Zuversicht, den Kinderwagen.
An diesem Märztag, zehn Uhr
zwanzig. Schau, vergiss das
Fragen.

Daran halte ich mich, an das Schauen. Es vollzieht sich im
Moment und speichert zig Bilder, die in den Fundus der Erinnerung eingehen. Auch dort ist Licht, immer ist Licht. Das
Gedächtnis schürft nicht im Dunkeln, es ist ein Fotoarchiv sui
generis. Abrufbar.

Leere

Nein, ich fürchte sie nicht, leide nicht an einem Horror vacui.
Nein, ich mag die Lücken, Pausen, Abwesenheiten. Gehören
sie doch zu einem Ganzen.
Ob Schweigen, weißes Blatt oder die lange Weile einer leeren
Zeit: sie halten Möglichkeiten bereit. Nichts ist nicht nichts.
Es birgt Aktivität.
Am schönsten hat es Laotse in seinem »Taoteking« (Erstes
Buch, Kapitel 11) ausgedrückt:

»dreißig speichen umringen die nabe
wo nichts ist
liegt der nutzen des rads

aus ton formt der töpfer den topf
wo er hohl ist
liegt der nutzen des topfs

tür und fenster höhlen die wände
wo es leer bleibt
liegt der nutzen des hauses

so bringt seiendes gewinn
doch nichtseiendes nutzen«

Ich weiß, es gibt auch das Gefühl der Leere nach dem Verlust
eines geliebten Menschen (»gehöhltes Herz«, »entleerte Zimmer«), da will keine Beschönigung helfen. Schmerz und noch-

mals Schmerz. Und weit und breit nichts, was die Lücke füllen könnte. Aber – höre ich den weisen Chinesen sagen – auch dies gehört zur Dialektik des Lebens. Stell dir vor, es gäbe nur Fülle. Vorstellen kann ich mir dies in der Tat nicht. Obwohl das Nicht-Geschehene Möglichkeiten nicht ausschließt.

Meer

Deine Sehnsucht nach dem Meer drückt sich im Buchtitel deiner Erinnerungspassagen aus: »Mehr Meer«. Aber sagtest du nicht, dass das Meer dir auch Angst macht?

Und wie. Ich liebe das Meer vom Ufer aus, auf dem Meer werde ich sofort seekrank. Außerdem gilt meine Liebe dem Mittelmeer und der Adria. Atlantik, Pazifik und andere Ozeane mit starken Gezeiten sind mir unheimlich. Mein Kindheitsmeer war die Bucht von Triest, der Golfo. Zwar konnte das Meer bei starker Bora auch hier toben, doch das war die Ausnahme. Meistens gab es sich zahm, war »weich wie Seide« und »lau wie Limonade«, wie ich einmal geschrieben habe. Vor allem in den Sommermonaten konnte man wunderbar baden. Und fast jeden Tag aßen wir frischen Fisch.

Später machten wir Badeurlaube in Grado, Riccione, Forte dei Marmi. An diesen flachen, sandigen Stränden war Schwimmen das reinste Vergnügen. Und Muschelnsammeln sowieso.

Von den Meeresstädten ist mir neben Triest Venedig ans Herz gewachsen, die Lagunenstadt. Das Meer wirkt hier ganz unbedrohlich, als Teil einer zauberhaften Kulisse. Doch ein bloßer Spiegel, in dem sich Himmel und Paläste vervielfältigen, ist es nicht. Wie wir wissen, nagt es beharrlich an den Fundamenten und überschwemmt immer wieder ganze Stadtteile. Das Meer ist und bleibt ein lebendiges, unzähmbares Element.

Hast du negative Erfahrungen mit dem Meer gemacht?

Einmal, in Portugal, wäre ich fast ertrunken. In der kleinen Bucht war ein Warnschild – und kein Mensch. Doch meine Reisegefährten – mein Geigenfreund und dessen Lehrer – überredeten mich. Kaum waren wir im Wasser, zog uns die Strömung mit solcher Wucht hinaus, dass wir einander im Nu aus den Augen verloren. Noch heute ist mir rätselhaft, wie wir es alle drei zurückschafften. Ein Schutzengel muss uns beigestanden haben.

Viele Jahre später, da war ich schon Mutter, hätte eine Überfahrt von Lipsos nach Patmos fast katastrophal geendet. Die Macht des Meers ist ungeheuerlich. Und mittlerweile ist das Mittelmeer zu einem Massengrab geworden. Man denke an all die Flüchtlinge, die aus Libyen in Schlauchbooten Richtung Italien aufbrechen. Ich finde keine Worte.

Hast du Triest und das Meer denn idealisiert?

Ich glaube nicht, obwohl mich schöne Kindheitserinnerungen damit verbinden. Natürlich neigt man dazu, weit zurückliegende Dinge zu verklären. Sie bekommen die Patina des Unwiederbringlichen. Aber ich bin auch später immer wieder nach Triest gefahren, habe mich mit seiner schwierigen Geschichte auseinandergesetzt, zum Beispiel mit der Tatsache, dass es zur Zeit des Zweiten Welkriegs in Triest das einzige KZ auf italienischem Boden gab. In der sogenannten »Risiera« wurden bis zu 5000 Inhaftierte, vor allem slowenische und kroatische Partisanen, liquidiert. Die Zahl der Deportierten, darunter viele Juden, wird auf 7000 bis 20.000 geschätzt. Triest ist eine widersprüchliche Stadt, geprägt von Gegensätzen und unterschiedlichsten Einflüssen. Und widersprüchlich ist auch das Meer.

Märchen

Immer wieder tauchen in deinem Schreiben Märchen auf. Was bedeuten sie dir?

Ohne Märchen hätte ich wohl nie zu schreiben begonnen. Sie waren meine erste Begegnung mit Literatur. Mutter las mir – nicht nur, wenn ich krank war – ungarische Märchen vor, und ich verschlang sie mit dem Ohr und dem Herzen. Es ging ja immer um so viel! Um Glück und Unglück, um Reichtum und Armut, um Geiz und Großzügigkeit, um Liebe und Missliebigkeit, um Mut und Feigheit, um Schläue und Dummheit, um Geschick und Tollpatschigkeit, um Hochmut und Demut, um Stolz und Bescheidenheit, um Grausamkeit und Güte, um Belohnung und Bestrafung, um Leben und Tod, und um Wunder, wenn nichts mehr half. Ich liebte die verstoßenen Königssöhne und Prinzessinnen, die verlachten Dummköpfe und Narren, weil sie das Herz am richtigen Fleck hatten und irgendwann, nach langen, entbehrungsreichen Wegen am Ziel ankamen: am Ort ihrer Träume. Diese Gerechtigkeit des Märchens begeisterte mich, und tut es noch heute. Denn es siegt nicht der egoistische Großkotz, sondern der kleine Jankó oder Iwan, Aschenbrödel oder Schneewittchen. Und in den Tiermärchen nicht der gefürchtete Wolf, sondern das schlaue Schweinchen.

Märchen sind spannend. Kunstvoll arbeiten sie mit Wiederholung und Variation, mit Retardierung und jähen Kehrtwenden, mit dem Paradox und dem Happy End, wobei nicht alles so ausgeht, wie es der einfache Menschenverstand erhofft.

Auch die hübscheste und reizendste Königstochter überlebt nicht alle Intrigen, doch wird sie in ein Bäumchen verwandelt, das zu reden versteht.

Zauber der Märchen, Zauber ihrer Sprache. Schon wenn ich den Eingangssatz eines ungarischen Märchens vernahm, driftete ich in eine andere Welt: »Es war einmal, wo es nicht war, es war einmal ein König ...« Das verneinende »Wo es nicht war« gehörte so fest zum Rhythmus des Anfangs, dass ich mich keine Sekunde fragte, was es bedeutete. Erst seit kurzem weiß ich, dass ähnliche Eingangssätze auch in türkischen und persischen Märchen vorkommen. Orientalische Rhetorik, auf feinste Wirkung bedacht. Auch die Schlussformel der Märchen mochte ich: »Und so lebt er noch heute, wenn er nicht gestorben ist.«

Märchen sind Kunstwerke. Ihre Suggestivkraft verdanken sie nicht nur dem Inhalt, sondern der Form. Und so kommt es, dass sie schön sind, auch wenn sie von Grausamkeit handeln, beruhigend, auch wenn sie von Unheimlichem erzählen. Drei Königssöhne, sieben Zwerge, manche Zahlen wiederholen sich ritualhaft, auf bestimmte Strukturen – zum Beispiel in Kettenmärchen – ist Verlass. Kinder lieben solche Verlässlichkeit. Viele Märchen lernte ich auswendig, mitsamt den Versen, die dazugehörten. Sie begleiten mich bis heute.

Archaik, Witz, Tiefsinn, Leichtsinn: Märchen finden dafür den adäquaten Ausdruck. Und nehmen den Zuhörer (Leser) gleich mit dem ersten Satz an die Hand. Ich gebe ein Beispiel: »Es war einmal, wo es nicht war, es war einmal ein großes Land, in diesem Land war eine Stadt, in dieser Stadt ein Stiefelmacher, dieser Stiefelmacher hatte eine Frau und einen Sohn.« Da zoomt man sich gewissermaßen an die Protagonisten heran, ein wunderbar plausibles Verfahren, das jedem Kind einleuchtet. Als ich mit sieben meine ersten Briefe schrieb, machte ich für den Absender vom umgekehrten Zoom Gebrauch: da stand mein Name, dann die Straße, dann die Stadt, dann das Land, dann Europa, dann Welt.

Aufzählungen, Wiederholungen mit Variationen, ich habe sie in Märchen lieben gelernt. Sowie die Wundervokabel »und«, Motor jeden Erzählens. Ob es um Königstöchter, einen armen Schuster oder einen Däumling geht, um Teufel, Schweinchen oder einen halbgehäuteten Ziegenbock: solange das »und« die Erzählung in Gang hält, ist die Welt in Odnung. Dachte ich damals und denke es nach wie vor. Um leben zu können, muss man sich die Welt erzählen (lassen). Kompakt und rhythmisch und weise und mit Humor. Eben märchenhaft. Ein bisschen Phantastik gehört dazu.

Du assoziierst Märchen mit der Mutter, also auch mit Geborgenheit?

Durchaus. Wenn mir Mutter Märchen vorlas, war ich glücklich und schlief mühelos ein. Dieses doppelte MM (im Ungarischen: »mama«, »mese«) war ein unbedingter Geborgenheitsgarant. Und so wie die Mutter am Anfang meiner Erinnerung steht, verbinde ich auch das Märchen mit etwas Uranfänglichem. Es ist die Urgattung aller Erzählung – mehr beschwörend denn belehrend. Dass es in allen Kulturen der Welt von Universalien spricht, bestätigt meine Annahme.

Das Märchen als ein Topos deines Lebens?

Vielleicht könnte man es so sagen. Denn neben meiner ungebrochenen Liebe zur Gattung Märchen gab es in meiner Biographie etliche märchenhafte Ereignisse. Weggabelungen, wo mein Schicksal eine ganz andere Wendung hätte nehmen können. Lebensgefährliche Situationen, die schließlich gut endeten. Der Stoff, aus dem die Märchen sind, wurzelt tief in der allgemeinmenschlichen Wirklichkeit. Nur bedient sich das Märchen kluger Kunstgriffe, um Wirklichkeit zu überhöhen und zu verfremden, zu verdichten und zu poetisieren. Das gelingt uns mit unserem eigenen Leben nicht, es fehlt die Distanz.

Hast du selber Märchen geschrieben?

Ganz wenige. Und die habe ich meist in Erzählungen versteckt. So gibt es in meiner Erzählung »Nagoya« (aus dem Band »Einsamkeit mit rollendem r«) ein japanisch anmutendes Märchen, das viele für ein echtes japanisches Märchen hielten. Aber ich habe es komplett erfunden.

Mit Märchen lässt sich viel anfangen, auch heute. Der französische Autor Éric Chevillard schreibt alte Märchen um, aus Grimms »Tapferem Schneiderlein« hat er eine romanlange Geschichte gemacht, in der eine Liste mit hundert alternativen Heldentaten vorkommt. Da ist die Rede von »Eine Welle satteln«, »Den See umdrehen«, »Einen Wal hinzufügen«. Der Phantasie sind keine Grenzen gesetzt. Allerdings gelten auch in zeitgenössischen Märchen einige Grundgesetze des Genres: der Held muss viele Hindernisse überwinden, um an sein Ziel zu gelangen; die Tiere sprechen; höhere Mächte greifen ein, wenn die Not groß ist; aus den Letzten werden die Ersten.

Migräne

Hat die Migräne, die dich seit deiner Kindheit begleitet, Einfluss auf dein Schreiben gehabt?

Das ist schwer zu beantworten. Auf mein Leben mit Sicherheit. Die Attacken kamen oft jäh, zwangen mich ins verdunkelte Zimmer, zu absoluter Ruhe. Dauerte ein Anfall mehr als vierundzwanzig Stunden, was häufig vorkam, war ich hinterher völlig geschwächt und brauchte Tage, um mich zu regenerieren. Und kaum fühlte ich mich wieder fit, überfiel mich die Migräne von neuem. Ich konnte kein Vertrauen zu meinem Körper entwickeln, konnte kaum etwas planen, ohne dass mir ein Strich durch die Rechnung gemacht wurde. Immer dieses Misstrauen und Warten auf die verräterischen Anzeichen. Dann der notorische Rückzug in den Schmerz. Einsamkeit, Totstellungsreflex. Ich haderte, haderte oft und bitter. Dass ich nicht wie andere mal über die Stränge hauen konnte, dass der kleinste Übermut mit einem Anfall bestraft wurde, dass ich ein Drittel meines Lebens im Migränedunkel verbringen musste. Warum? In meiner Familie gab es außer mir keine Migräniker, geerbt hatte ich dieses Übel nicht. Vielleicht war es die Folge eines frühen Schlittenunfalls mit Schädelfissur, obwohl die Ärzte es bestritten. Wie auch immer: die Migräne machte mich introvertiert, asketisch und ängstlich, sie bremste meinen Unternehmungsgeist. Die Neugier allerdings konnte sie mir nicht nehmen, dieser Drang erwies sich als stärker.
Der Migräne zum Trotz bin ich viel gereist, aus Wissbegierde und weil die Arbeit es erforderte. Schreiben ohne Entdecker-

freude ist für mich undenkbar. Entdeckungslust aber bedeutet, die eigenen vier Wände ab und an zu verlassen. Nun, einfach war es mit dem Reisen nicht. Manchmal wusste ich nicht, wie ich es schaffe. Wenn der Kopf rasend weh tat und kein Rückzug in Sicht. Übelkeit, Schwindel kamen hinzu, das *trio infernal*. Einmal geschah ein Wunder: schon wollte ich einen Auftritt absagen, als der Anfall plötzlich nachließ. Von sich aus, denn Medikamente nehme ich seit langer Zeit nicht mehr. Der Neurologe, Migräniker und Buchautor Oliver Sacks bestätigte meine Erfahrung, dass Medikamente oft mehr schaden als nützen. Als ich Kind war, verabreichte man mir Saridon und vieles andere, später testete ich Mutterkornpräparate, noch später moderne Migränemittel. Es half alles nichts. Also ließ ich es bleiben, um nicht ein Übel mit einem anderen Übel zu bekämpfen.

Wenn ich im stillen Kämmerlein schreibe – denn schreiben kann ich am besten zu Hause, ohne Musik und Hintergrundgeräusche –, hat dies eine beruhigende Wirkung auf mich. Es handelt sich um eine kontemplative, konzentrierte Tätigkeit, fern von jener Reizüberflutung, die meinen Kopf explodieren lässt.

Ob die Migräne mein Schreiben beeinflusst hat? Dass meine Figuren eher introvertiert sind wie ich, leicht melancholisch und ziemlich sensibel, aber nie schwarzseherisch, ist kaum auf die Migräne zurückzuführen. Auch dass ich dramatische Plots meide, hat eher mit meinem Temperament als mit der Krankheit zu tun. Aber wer weiß, wo die Grenze zwischen Temperament und Konstitution verläuft. Geht man von einer körperlich-seelischen Einheit aus, kann man physische Veranlagung, Gemütsart und Imagination sehr wohl in einen Zusammenhang bringen. Nun, in meinem Schreiben verstehe ich mich auf Innenwelten, auf *camera obscuras*, aber auch auf Momente der Ekstase. Denn nach Migräneanfällen habe ich

Augenblicke einer vollkommenen Luzidität erlebt. Als hätte mich der Schmerz von Grund auf gereinigt, entschlackt, und nun herrscht – trotz tiefer Erschöpfung – Klarheit und Leichtigkeit. Ein schwebend heller Zustand.

Glaubst du, du wärst ohne Migräne jene »Weltforscherin« geworden, die du dir als Kind vorgestellt hast?

Geographiebesessen, wie ich war, träumte ich tatsächlich davon, die ganze Welt zu erforschen. Ich las »Kon-tiki«, »Sieben Jahre in Tibet« und viele weitere Reiseberichte, fasziniert vom Mut und der Ausdauer der Forscher. Nur, abenteuerlich war ich nicht, und es fehlte mir (auch ohne Migräne) an körperlicher Robustheit. Meine Neugier aber war unbezwinglich. Darum reiste ich gern, las ich gern. Und begab mich auch gern in Phantasiewelten. Bevorzugt in meine eigenen. Keine schlechte Voraussetzung fürs Schreiben.

Nicht nur angesichts meiner Migräne bin ich froh, keine »Weltforscherin« geworden zu sein. Meinen Platz am Schreibtisch erlebe ich durchaus als spannend, von hier aus starte ich meine Kopfexpeditionen.

März

Noch braun dieser Frühmärz
noch ein Gespinst kahler Äste
die husten im Wind
Weidenruten geknickte Gräser
nur am Hang am Hang
schlüpft was:
punktierte Blumen
gelb violett
wir sind floral
wir sind
und zieren (ganz undiminutivisch)
den hauchdünnen Tag
Vogelschreie
aus Busch und Böschung
verlorene Schrift des Lichts
langsam
wird Abend
aber kalt

Morandi

Er hat nicht nur Flaschen, Krüge, Schalen und Vasen gemalt, porzellanfarben schimmernd, zu Stilleben arrangiert. Auch Landschaften gibt es von ihm, in ihrer Stummheit beredte »natures mortes«, wie »Paesaggio« von 1961. Da war Giorgio einundsiebzig.

Zwei Häuser oder zwei Scheunen? Die Gebäude geben fast nur ihre Rückseite preis: fensterlose Flächen, die in sich ruhen. Im Hintergrund der Berg mit seiner langen Flanke. Darüber ein zarter Himmel. Das ist alles. Kein Lebewesen, kein Baum, keine Bewegung, nichts. So dass jeder Versuch einer Beschreibung dazu tendiert, vom Fehlen zu sprechen. Ein Bild, das nicht erzählt. Ein Landschaftsbild, das ganz ohne Grün auskommt. Ohne Fluss, Wald, Strand, dramatischen Wolkenhimmel. Dessen stille »Verborgenheit« aber nicht einschläfert, sondern zu Fragen anregt. Nach der Jahreszeit (März oder November?). Der Tageszeit (früher Morgen oder später Nachmittag?). Dem Charakter der Gebäude. Die Gedanken fangen zu spielen an, bringen die Statik zum Vibrieren. Etwa so:

Die Häuser ruhen
mondlos der Frühhimmel
nur der Berg lauscht

Oder:

Am Dorfrand kein Laut
grau die Flanke des Bergs
der Morgen kündigt sich an

Ich bin auf diese haikuhafte Form verfallen, weil mich Morandis Natur-Stilleben in seiner reduzierten Wesentlichkeit an japanische Haikus erinnert. Die Dinge sind da, ohne dass nach einem tieferen Sinn gesucht wird. Sie ruhen in sich, strömen Stille und »Leere« aus. Zu nichts gedrängt, beginnen sie von sich aus zu sprechen, in ihrer Eigen-Sprache, mit ihrem Eigen-Gewicht.

Zum Haiku gehört der Verzicht auf ichhaftes Wollen, auf Dramatik, zugunsten reiner Anschauung. Erst dies ermöglicht, dass die Dinge zu sich kommen. Bei Morandi tun sie genau das: sie enthüllen, wie sie sind, hier und jetzt.

Liegt es an der Komposition, am Verhältnis der Flächen zueinander? Oder an der Farbgebung? Die Farbpalette ist reduziert, beschränkt sich im Wesentlichen auf Grautöne, ein helles Gelb und ein fast durchsichtiges Blau. Wobei die Farben vielfach geschichtet und schattiert sind und einen lebhaften Pinselstrich verraten. Die Trägheit der Flächen gerät so in feine Bewegung. Es ist dies die eigentliche Handschrift des Meisters, dessen Signatur den oberen Himmelsrand säumt.

Zurücknahme der Handschrift, auf dieses Paradox läuft es hinaus. Die Dinge sprechen lassen – in Morandi-Farben. Nur überbietet sich der Künstler diesmal an Diskretion. Kein Weiß, kein Blau, kein Rosa sorgt für Kontraste. Morandi verzichtet auf Effekte, wählt die Palette des Faden.

Ich muss gestehen, dass mich an »Paesaggio« die »Fadheit« anzieht. Jene Fadheit, der der Sinologe François Jullien eine buchlange Eloge gewidmet hat. In unsern Breitengraden ist der Begriff negativ besetzt, meint »öde«, »langweilig«, »unschmackhaft«, »gewürzlos«. In der Ästhetik und Philosophie des alten China rangierte er dagegen hoch. Fadheit wird mit Loslösung assoziiert, mit einem Zustand jenseits der Dialektik von Positiv und Negativ. Gerade weil Fadheit nicht verführen, nicht »ködern«, nicht die Aufmerksamkeit erzwingen will, steht sie für die Möglichkeit schlechthin, für die »gleichgültige Balance zwischen allen Virtualitäten«. Und gerät in die Nachbarschaft von Ruhe, Gleichmut, Leere und Freiheit.

Morandis Bild besitzt die positiven Qualitäten des Faden: Unaufdringlich, unscheinbar, glanzlos, macht es auch den Betrachter ruhig und frei. Ich bin in eine gelassen-schwebende Atmosphäre versetzt, die mir nichts abfordert, außer zu schauen. Zugegeben, da und dort frage ich mich, was jene dunkle oder mausgraue Linie zu bedeuten hat, wie es mit den Lichtverhältnissen bestellt ist. Aber zu deuten gibt es nicht viel. Der Sinn liegt offen da, in der Sinnlichkeit des Dargestellten und seiner Darstellung. Und je länger ich schaue, desto reicher erscheint mir, was ich sehe. Schon glaube ich, hinter den weltabgewandten Gebäuden einen Trampelpfad zu erkennen, die Andeutung begangenen Terrains. Und im kahlen Steinberg eine südländische Kulisse. Worauf ich mich am liebsten in den Himmel vertiefe, diesen großen, blassen, wunderbar transparenten Himmel, der ein besonderes Licht verheißt. Nennen wir ihn, seiner Zartheit wegen, Äther.

Wenn ich Andeutung, Verheißung sage, spreche ich von Möglichkeiten. Das Fade hält sie optimal bereit. Auch in Richtung Transzendenz. Denn für Giorgio Morandi war die Malerei eine »cosa mentale«, eine »geistige Angelegenheit«.

Malewitsch

Kasimir Malewitschs »Schwarzes Quadrat auf weißem Grund« (1915) war ein Erweckungserlebnis, es initiierte mich in die gegenstandslose Malerei. Ich wähle bewusst religiös konnotierte Begriffe. Du siehst etwas – und bist gleichsam verwandelt. In deinen Grundfesten erschüttert. Auf neuem, unbekanntem Terrain. Ein schwarzes Quadrat, na und? Aber dieses Schwarz vibriert in seiner Vieldeutigkeit. Für Malewitsch selbst war es eine Ikone, und wie ein Heiligenbild hängte er es in der legendären futuristischen Ausstellung »0,10« just dorthin, wo Ikonen in russischen Bauernhäusern hängen: ins Eck, in den »krasnyj ugolok«.

Statt Gold also – Schwarz. Statt der Muttergottes mit Kind – Schwarz. Statt der Heiligen – Schwarz. Schwarz im Quadrat, darum herum Weiß, das reicht. Um alles und nichts zu bedeuten. Oder ein Maximum an Energie. Malewitschs Suprematismus (wie er seine Malrichtung und dazugehörige Philosophie nannte) befasst sich nicht mit Motiven, Farben und Pinselführung, sondern mit den geometrischen Grundformen Kreis, Rechteck und Quadrat und mit »Erregung«, Rhythmus und »dynamischem Schweigen«, die in einen kosmischen Zusammenhang gestellt werden. Alles was nach Zweck und Nützlichkeit aussieht, wird verworfen, vor allem der »Futtertrog-Realismus«.

Aber Malewitsch begann anders. Malte impressionistisch anmutende Landschaften und kubistisch inspirierte »Toiletten-Schatullen«, »Engländer«, »Holzfäller« und Bauern. Bis er um 1913 zur Gegenstandslosigkeit fand. Oder fand sie ihn? Hatte er sein ureigenes Erweckungserlebnis? Mitten im Krieg rang er sich zu einer glühenden Askese durch, schuf mit seinen Bildern gleichsam zeitlose »Kontemplationsobjekte« (Werner Haftmann). Von den Revolutionswächtern waren diese nicht zu vereinnahmen, und Malewitsch selbst ließ sich vom Großen Oktober nicht instrumentalisieren. Zwar lehrte er an mehreren staatlichen Kunstinstitutionen, doch mit seinen visionären Entwürfen entzog er sich sowohl sozialistischer Doktrin wie dem Postulat praktischer Nutzanwendung. Ein Mystiker in feindlichem Umfeld.

Ende der zwanziger Jahre kehrte Malewitsch zur figurativen Malerei zurück, malte Bauern und Bäuerinnen wie in seinen Anfängen. Doch diesmal aus traurigem Anlass – und mit suprematistischen Mitteln. Durch die staatlich verordnete Zwangskollektivierung hatte Stalin die russischen Bauern (vor allem die Kulaken genannten Großbauern) in den Ruin getrieben, Hunderttausende starben den Hungertod. Für Malewitsch ein Menetekel. Er war auf dem Dorf aufgewachsen, fühlte sich der Bauernschaft verbunden. Über seine malerischen Anfänge notierte er in seiner Autobiographie: »Ich blieb auf Seiten der bäuerlichen Kunst und begann, Bilder im primitiven Stil zu malen. (…) In der ersten Periode habe ich die Ikonenmalerei imitiert.« Jetzt, Ende der zwanziger und Anfang der dreißiger Jahre, malte er seine Bauern mit leeren Gesichtern, umrahmt von Kopftuch oder Bart, gekleidet in geometrisch-suprematistische Gewänder. Als Namenlose schauen sie einen blicklos-zeitlos an, mahnende Ikonen einer andern, den ungläubigen Zeitläuften entgegenstehenden Sakralität, Märtyrer einer auf Abwege geratenen Gegenwart.

Mein Lieblingsbild hat weniger schmerzlichen Charakter. Es heißt »Zur Ernte (Marfa und Wanka)«. Wir sehen Mutter und Kind von hinten, in ihren schildähnlichen schwarz-weißen Kleidern – die Mutter groß, das Söhnchen klein. Da stehen sie oder stapfen langsam in ihren bäuerlichen Bastschuhen, Seite an Seite. Sie hat keine Hand frei für den Kleinen. In der Linken trägt sie das Bündel mit dem Feldproviant, in der Rechten einen Krug Wasser. Ein Monument matriarchalischer Fürsorge. Die Rollen sind solid verteilt, auch wenn der Kleine wie eine Miniatur der Mutter aussieht. Ihr winziges Ebenbild. Sie schleppt, er trottet nebenher. Und das ist gut so. Rührend der Anblick dieser Rücken, des ungleichen Paars.

Malewitsch psychologisiert nicht, so wenig wie die Volkskunst und Ikonenmalerei. Er dringt – durch die bloße Reduktion auf Volumen und Proportionen – zu einer Wesenhaftigkeit vor. Marfa und Wanka werden in ihrer gedrungenen Archaik zum Urbild von Mutter und Kind. Ohne Umschweife, mit geballter Kraft.

Dagegen wirken die Schnitterinnen im Hintergrund, die das Getreide zu Garben bündeln und ohne männliche Hilfe im Ernteeinsatz stehen, fast staffageartig. Aufgerichtet oder gebückt setzen sie Bewegungsakzente in die waagrecht gestaffelten Farbstreifen des Horizonts.

Dominant bleibt die Vertikale von Mutter und Kind. Der Feld-Zug stummen Einverständnisses. Er suggeriert, dass wenigstens etwas in dieser Welt in Ordnung ist und auf stabilen Füßen steht. Selbst wenn Wanka ab und zu aufmucken sollte. Das Bild hängt bei mir als Plakat an einer Tür, das Original kann man im Russischen Museum in St. Petersburg besichtigen, zusammen mit vielen weiteren Werken Malewitschs. Zu sowjetischen Zeiten war dem nicht so. Als ich 1969/1970 in Leningrad studierte, war Malewitsch ins Depot verbannt. Kein schwarzes Quadrat, kein weißes, kein rotes, nichts Suprematistisches, nichts Kubistisches, gar nichts. Die russische Avantgarde, offiziell des »Formalismus« bezichtigt, schien nicht zu existieren, jedenfalls nicht für den Museumsbesucher. Heute brüstet man sich gerade mit ihr. In den einschlägigen Sälen herrscht Gedränge.

Kein Gedränge herrschte, als ich mit dem Dichter Gennadij Ajgi nach Nemtschinowka fuhr, um Malewitschs Grab zu besuchen. Es ist lange her. Wir fuhren aus Moskau hinaus, dann zwischen Wäldern und Datschensiedlungen etwa 20 Kilometer in westlicher Richtung. Die Siedlung wirkte mittelgroß, doch riesig das Feld, an dessen einem, bewaldeten Rand völlig einsam das Grabmal steht. Ein rekonstruiertes Grabmal, denn das von Nikolaj Suetin entworfene Grab – ein weißer Kubus mit einem schwarzen Quadrat an der Vorderseite – wurde im Zweiten Weltkrieg zerstört, ob durch Kriegseinwirkung oder auf Befehl der Partei, ist unbekannt. Es muss sich unweit von hier befunden haben. Das neue Grabmal ist ein Betonkubus, darin ein eingelassenes rotes Quadrat. (Kein Name, keine Lebensdaten.) Der Kubus lagert auf einem unregelmäßig geschnittenen Viereckstück, ebenfalls aus Beton. Ein Grabmal als Zeichen der Erinnerung, denn begraben ist Malewitsch hier nicht. Ein leeres Grab, ein Kenotaph. Trotzdem berührend. Ajgi schwieg, oder vielleicht rezitierte er heimlich sein an Malewitsch gerichtetes Gedicht: »... und der kreis vollendet sich: wie vom himmel gesehen ist die arbeit um wie vom himmel gesehen zu werden.«

Zurück im Dorf stießen wir auf ein verwunschenes Holzhaus, lasen: »In diesem Haus lebte der Künstler Kasimir Malewitsch (1879–1935).« Und wie aus einem Mund: Wenn wir ihn nur gekannt hätten!

Name

Du scheinst dir oft Gedanken über Namen und über Namensgebung zu machen. Warum?

Als ich im Wohntrakt der Konservenfabrik von Rimavská Sobota zur Welt kam, soll der Arzt gesagt haben: »Hier ist sie, die kleine Ilma!« Die große Ilma war meine Mutter, die noch größere (ältere) meine Großmutter. Ein Arzt also entschied über mein Namensschicksal, und dass ich *the third in the row* wurde. Eigentlich sollte ich Katharina heißen. Diese Idee griff ich später auf, um mein Anderssein gegenüber Mutter zu behaupten. Nennt mich Katja, sagte ich zur gesamten Verwandtschaft meines Mannes. So heiße ich dort noch immer.

Doch Namen haften tiefer, als man denkt. Und kaum ging es ans Publizieren, mochte ich mich von meinem angestammten Namen nicht mehr trennen, trotz wiederkehrender Verwechslungen mit Frau Maman.

Ilma also, steh dazu, mach dein Eigenes damit. Und freu dich, dass dich deine russischen Freunde Ilmanka oder Ilmuschka nennen, solche Kosenamen hat Mutter nie gehört. Auch nicht das slowenische Ilmica, es war nur mir, der Kleinsten unter den dreien, vorbehalten.

Natürlich stiftet der Name ein Stück weit Identität. Natürlich sind wir sensibilisiert auf seine Laute, wenden sofort den Kopf, wenn wir ihn zu hören glauben. Natürlich geben wir Auskunft, wenn ihn jemand exotisch findet. Nach seinem Ursprung befragt, antworte ich: Finnisch-ugrisch. Hat etymologisch mit Luft zu tun. Doch kommt Ilma auch als Kunstname im Märchendrama »Csongor und Tünde« des ungarischen Romantikers Vörösmarty vor, wo eine hässliche Fee diesen Namen trägt.

Mir soll alles recht sein. Auch wenn Araber und Japaner ihre eigenen Bedeutungen aus diesem Lautgespinst herauslesen. Und Trägerinnen dieses Namens mir Briefe oder Mails schreiben mit dem Tenor: Welcome to the club! Zahlreich sind wir ja nicht. Und so erzählen wir einander wie heimlich Verbündete unsere Geschichten. Sie spielen an vielen Orten.

Apropos Geschichten. Es kostet mich Zeit und Nachdenken, wie ich meine Helden nennen will. Nicht unbedingt ausgefallen müssen die Namen sein, aber passend, was ihre Ausstrahlung und ihren Sound betrifft, zumal ich Eigennamen oft zum Titel mache. Marja, Sam, Steve, Jim, Lou, Katica, Nives, Andrei, Ada, Ady, Wanda, Johann, Wladimir, Maurice. Es gibt eine Rosa Aghios und einen Pittermann, einen Pletnjow und einen Korsch. (Manchmal verzichte ich auf Vornamen, beschränke mich auf Familiennamen.) Wo Russisches anklingt, wird es in der Erzählung »eingelöst«, das heißt durch die Story weitergesponnen. In »Wladimir« spiegelt sich, mehrfach gebrochen, die Liebesgeschichte zwischen Wladimir Majakowskij und Lilja Brik, in »Andrei« vermische ich in äußerster Abbreviatur die Lebensgeschichten des russischen Schriftstellers Andrej Sinjawskij und des schweizerischen Künstlers und Palindromisten André Thomkins. Andere Figuren wiederum sind reine Erfindung. Aber bevor sie Gestalt annehmen, taufe ich sie mit einem Namen. Das ist der Anfang. Ich erschaffe sie gewissermaßen aus ihrem Namen.

Was gibt den Ausschlag?

Klang und Färbung. Manche Namen kämen für mich nie in Frage. Zum Beispiel Willi, Susi, Hedwig, Sieglinde, Ortrud,

Moosbacher, Hämmerli, Rüesch oder Brunnschweiler. Es geht nicht um Abwertung, nur verbinden sich für mich gewisse Namen mit einer Aura, die ich nicht gebrauchen kann. Nicht in meinen Kontexten. Der Ton stimmt nicht.

Kann man nicht auch eine andere Option wählen, nämlich auf Namen verzichten?

Durchaus. Der Held meines Erstlings »Die Insel« bleibt praktisch bis zuletzt namenlos. Nur an einer – eher unscheinbaren – Stelle wird sein Name verraten: Bruno. Das fällt aber kaum ins Gewicht. Wird von ihm in der dritten Person erzählt, ist er schlicht »er«, taucht er als Ich-Erzähler auf, heißt es »ich«. Mit ihren Namen präsent sind Freund Jorgos und die abwesende Ex-Frau Ann.

In meinen kürzeren Erzählungen »Die Chinesin«, »Der Schwede«, »Der König der Einsamkeit« (aus dem Band »Miramar«) habe ich die Hauptfiguren namenlos belassen. Das wirkt leicht geheimnisvoll. Durch den Namen werden Figuren ja charakterisiert, rücken psychologisch näher, während ein Attribut wie »die Chinesin« keine individuelle Aussage über eine Figur macht. Diese bleibt typisiert.

Auch bei Peter Handke gibt es »Die Obstdiebin« oder den »Chinesen des Schmerzes«, vor allem aber sind es Märchen, die solche Vorgehensweise lieben. Da ist vom König die Rede, von drei Söhnen, von sieben Zwergen, doch sie tragen keine Namen. Denn Märchen tendieren stark zum Gleichnishaften. Das tun sie freilich auch dort, wo symbolische Namen vorkommen: »Schneewittchen«, »Aschenbrödel«, »Rübezahl«, die das Aussehen oder Los der Figuren ausdrücken. Hier ist »nomen« wirklich »omen«, auf archaische Art.

Kürzlich habe ich ein Dramolett für vier Personen geschrieben, das auf einer Donaubrücke spielt. Die Personen sind »Der

Brückenbettler«, »Der Brückendichter«, »Der Brückenmusiker« und »Das Brückenmädchen«. Namen haben sie keine, nicht über die Berufsbezeichnung hinaus. Und sie agieren sozusagen typisch, aber mit Schalk und Poesie. Eine Viererkonstellation, die mitunter zum musikalischen Quartett wird, zum Stimmenballett. Ich mag es, dem Realismus auf solche Weise ein Schnippchen zu schlagen.

Neun

Zur Zahl Neun scheinst du eine besondere Beziehung zu haben, jedenfalls hast du einen Gedichtband mit neunzig Neunzeilern veröffentlicht. Wie kam es dazu?

Zunächst hat das nichts mit Zahlensymbolik zu tun. Neun Musen, neun Engelschöre, die neunköpfige Hydra, das ist gut und recht, doch hat es mich ebensowenig beeinflusst wie der Glaube der Kelten, dass die Neun – als Quadratzahl der »göttlichen« Drei – für das ganze Universum stehe. Zu den Neunzeilern kam ich durch Zufall. Wie das Leben so spielt, habe ich eines Tages drei Gedichte geschrieben – eine absolute Seltenheit für mich, die ich langsam arbeite. Und als ich mir die Gedichte genauer ansah, stellte ich fest, dass sie alle aus neun Zeilen bestehen. Da war die Form geboren. Eine kurze Form, doch lang genug, um vieles auszudrücken. In den folgenden Monaten experimentierte ich damit, gliederte die neun Zeilen mal in regelmäßige Dreiergruppen (3 + 3 + 3), mal in 4 + 1 + 4. Dass die Neun ungerade ist, gefiel mir in mancherlei Hinsicht: Reime gehen nicht auf, immer bleibt etwas übrig.

Die Form erwies sich als wunderbar bespielbar. Sonst hätte ich nicht so lange an ihr festgehalten. Im Laufe der Zeit entstanden rund 150 Neunzeiler. Neunzig davon habe ich ausgewählt und zu einem Band komponiert: Liebesgedichte, Widmungsgedichte, Kindheitsgedichte, Naturgedichte, lyrische Momentaufnahmen. Die thematische Vielfalt ist groß, doch dank der Form haben alle Neunzeiler »dasselbe spezifische Gewicht«, wie es Peter Bichsel einmal so schön ausgedrückt hat.

Du hast dich durch die Form also nicht eingeengt gefühlt?

Ganz im Gegenteil. Im Rahmen einer Form, einer bestimmten Vorgabe, kommt meine Phantasie erst recht in Gang. Das »anything goes« setzt keine Energien frei, es fehlt an Reibung. Nach den Neunzeilern habe ich eine Zeitlang Elfzeiler geschrieben. Die Differenz von zwei Zeilen hat zu anderen Resultaten geführt. Die Gedichte wurden kompakter, mitunter auch erzählerischer. Eine interessante Erfahrung.

Wenn wir schon bei der Form sind: Extrem strenge Gedichtformen habe ich mir nie auferlegt. Vor dem Zwang des Anagramms, bei dem das durch den Titel vorgegebene Buchstabenset in jeder Zeile vorkommen muss, hüte ich mich, das könnte mich wirklich in den Wahnsinn treiben. (Eine der bekanntesten Anagrammatikerinnen des zwanzigsten Jahrhunderts, Unica Zürn, hat im Wahnsinn geendet.) Doch habe ich viele Akronyme geschrieben, Gedichte, bei denen die Buchstaben des Titelworts jeweils als Anfangsbuchstaben der Wörter in jeder Zeile wiederkehren. Das lässt deutlich mehr Spielraum. Erstaunlich ist jedenfalls, wie zum Beispiel Namensakronyme zum Porträt des Namensträgers werden können, als steckte der Mensch in seinem Namen. Ich habe etliche Akronyme zu Geburtstagen von Kollegen oder Freunden geschrieben, eines auf Peter Handke, ein anderes auf Friederike (Mayröcker). Und wie ich meine, sind daraus echte Hommagen geworden, die viel über die jeweiligen Personen und meine Beziehung zu ihnen verraten.

Zurück zu den Zahlen. Dein Erinnerungsbuch »Mehr Meer« besteht aus 69 Kapiteln, auch hier steckt eine Neun drin. Hast du diese Zahl bewusst gewählt oder verdankt sie sich dem Zufall?

Vielleicht einem höheren Zufall. Ursprünglich hatte ich 71 Kapitel, eine Primzahl. Dann habe ich, in Absprache mit dem

Lektor, zwei Kapitel gestrichen. Blieben noch 69. Eine besondere Zahl, denn stellt man sie auf den Kopf, kommt dasselbe heraus. So etwas mag ich.

Hast du eine Lieblingszahl?

Schwer zu sagen. Mit der Neun habe ich mich gut befreundet, und ich denke – auf Lebenszeit.

Nu

Ich weiß nicht, woher dieses rätselhafte kurze Wort stammt, weiß nur, dass es allein nicht existiert, nur in der Verbindung »im Nu«. Auch dieser Ausdruck ist kurz, so kurz wie das, was er bedeutet: im Flug, ganz schnell. »Im Nu« ist eine Atemlänge, ein Hauch, etwas, was sich nicht festhalten lässt.

In seiner »Reise nach Armenien« hat Ossip Mandelstam den Zauber des Flüchtigen gepriesen, all das, was sich dem »festen Willen« und der »Hand der Bolschewikenpartei« entzog: »Doch mein Auge, versessen auf alles Seltsame, Flüchtige und schnell Verfließende, hat auf der Reise nur das lichtbringende Zittern der Zufälligkeiten, das Pflanzenornament der Wirklichkeit eingefangen.«

Ist es nicht das, was letztlich zählt? Das Bewegte, Vergehende, Verfließende, weil es dem Leben und seinen Gesetzen entspricht? The shape of water, the shape of breath, höchstens »im Nu« zu begreifen. Denn begriffen, sind sie schon vorbei.

Wo es um »Nu« geht, hört die Gier auf. Das Besitzen- und Bewahrenwollen. Ein Impuls, ein Gedanken- oder Wahrnehmungsblitz ist alles, was »im Nu« zu haben ist. Und dafür taugen nicht einmal Schmetterlingsnetze.

Japanische Haikus haben immer wieder versucht, etwas von diesem »Nu« einzufangen, in gebotener Kürze und Lakonie. So der Meister Matsuo Bashō:

»Am Wegrand
Eibischblüten! … schon sind sie weg
vom Pferd gefressen«

Oder:

»Der Ruf des Kuckucks
verliert sich ins Weite – dort
eine ferne Insel«

Wenige Silben reichen, um den Hauch einer Impression wiederzugeben, einen ebenso flüchtigen wie einprägsamen Moment. Ja, Flüchtigkeit und Einprägsamkeit schließen sich nicht aus. Auch in Sekundenschnelle kann Wichtiges geschehen. Das »Nu« als Erinnerungsatom. Mit meinen Worten:

Im Strauch der Vogel
zwitschert klein und unbeschwert
jäh springt die Katze

Schon wieder einsam?
Die Glocke schrillt – der Freund küsst
meine Trauer weg

So könnte ich fortfahren, die »Nu's« sind Legion. Vielleicht machen sie unser Leben aus? Bis es »im Nu« zu Ende ist, nach dem universellen Gesetz der Vergänglichkeit.

Oh!

Ein Lieblingswort, weil Ausdruck des Staunens. Rund, rund wie der Kindermund, der es bei jeder Gelegenheit wiederholte. Wenn die Wogen ans Felsufer schlugen und hochspritzten, beim Anblick eines lustigen Karussells oder des funkelnden Weihnachtsbaums, im Zoo vor dem Elefantenbaby oder im Mailänder Dom, der unendlich in die Höhe ragte, oder wenn die Schneeflocken so dicht fielen, dass man sie – den Kopf im Nacken – auf der Zunge zergehen lassen konnte. Ich war ein Oh!-Kind, ein Oh, schau!-Kind, nimmermüde beim Entdecken und Bestaunen der Welt. Und bin es im tiefsten Inneren noch immer. Keine Routine konnte mir diesen Grundimpuls austreiben. Denn wäre es mit dem Staunen vorbei, wäre es auch um meine Vitalität und Kreativität geschehen.

Freilich formt mein Mund das klangvoll schöne Oh! seltener, doch noch oft genug. Anlass können die ersten Frühlingsblumen sein, eine unverhoffte Begegnung, es braucht nichts Sensationelles, nicht den Kick eines Superlativs. Meine Antennen fürs Staunen sind fein justiert, empfänglich auch für unspektakuläre Dinge. Gut so.

Doch gibt es ein Oh!, das nicht Staunen, sondern Bedauern ausdrückt. Als Kind blieb es mir weitgehend erspart, heute nicht mehr. Krankheiten, Todesfälle häufen sich in meinem Umfeld. Das mitfühlend-emphatische Oh! kommt von Herzen, ein Laut, der keine Umstände macht, sondern direkt ins Innere des Gegenübers zielt.

Und wenn wir schon bei der Emphase sind, dann fallen mir die vielen »O«s der Litaneien und Gebete ein. Die Interjektion steht hier nicht selbständig da, verzichtet im Deutschen also auf das »h« und das Ausrufezeichen, sie dient zur Anrufung, zur feierlichen Anrede Gottes, Mariä und der Heiligen, oder im Lobgesang der Osternacht zur Apostrophierung des österlichen Wunders: »O wunderbare Herablassung Deiner Güte zu uns! O unerfassliche Huld Deiner Liebe: den Knecht zu erlösen, gabst Du den Sohn dahin! O Adamssünde, preiswert auch du, weil, dich zu tilgen, Christus den Tod erlitt! O glückliche Schuld, die einen Erlöser verdiente, so groß, so erhaben! O wahrhaft selige Nacht, du allein durftest Zeit und Stunde kennen, da Christus von den Toten erstand! …«

Das »O« wird zum betörenden Sound: Atemholen und Anpreisung zugleich.

Auch Oden und Hymnen machen von ihm Gebrauch, um neben Gottheiten weltliche Herrscher zu besingen. Und im zeitgenössischen Kontext zeigen sich (ironische) Schwundstufen des Loblieds etwa im Buchtitel »Oh Wildnis, oh Schutz vor ihr« von Elfriede Jelinek. (Ganz unorthodox verwendet die Autorin hier »oh« statt »o«.)

Das lautmalerische Ausrufewort hat es jedenfalls mit Empfindung zu tun und verlangt – so es ein lebendiges Gegenüber gibt – nach einer entsprechenden Reaktion. Meine Liebe zu ihm ist die des Gefühls, das kurz und bündig und ohne Umschweife zum Ausdruck kommt. Oh! dringt nicht nur aus der Kehle, sondern gleichsam aus den Eingeweiden. Den Umweg über den Verstand kann es sich sparen. Und auch zum x-ten Mal klingt es wie zum ersten Mal.

Osten

Mein Kompass zeigt nach Osten, habe ich einmal geschrieben. Es ist die Richtung meiner Herkunft, wobei die Imagination (die Sehnsucht) weiter als bis Osteuropa reicht, über die Karpaten hinaus bis zum Ural und noch weiter ins tiefe Eurasien. Ja, bis zu jenem Punkt, wo die Reise nach Osten im Westen ankommt. Nur habe ich das nie ausprobiert.

Mit zehn war mein größter Wunsch, über den Eisernen Vorhang nach Ungarn zu schielen, dieses lockende, mir unzugängliche Territorium. Hier begann die Pannonische Ebene, die irgendwo in jene Steppengebiete mündete, aus denen die Hunnen unter König Attila geritten kamen. Jene Steppen regten meine Phantasie erst recht an. Gehörten sie zu Europa oder schon zu Asien? Lagen sie gar an der legendären Seidenstraße, die sich bis ins ferne China erstreckte? Ländernamen wie Aserbaidschan, Turkmenistan, Tadschikistan, Usbekistan, Kirgistan, Kasachstan weckten meinen Abenteuergeist. Aber auch Sibirien, Jakutien, Mordwinien, Tschuwaschien, Baschkirien begannen in meinem Kopf zu wabern, sobald ich mit dem Finger über die Doppelseite des Atlanten fuhr. Riesige, unfassbar riesige Gebiete. Und dann die Mongolei, die ich mir (nicht ganz zu Unrecht) als das leerste Land der Welt vorstellte, bevölkert vor allem von Schafen und Pferden. Da wollte ich unbedingt hin, zwischen die sanften grünen Hügel, über die sich ein endloser Himmel wölbte. Endstation Sehnsucht.

Daraus ist nichts geworden.

Osteuropa habe ich kreuz und quer bereist, in Zügen und Bussen, mit der Transsibirischen bin ich (zu Breschnews Zeiten) bis zur ersten Station, Jaroslawl, gefahren, doch nie weiter. Dem tatarischen Kasan stattete ich – auf den Spuren Rilkes – 2016 einen dreitägigen Besuch ab, doch die Zeit erlaubte es nicht, die Reise ostwärts fortzusetzen. Um zu erleben, wie sich Zeit und Raum allmählich auflösen. Andrzej Stasiuk, der es bis in die Mongolei und die Wüste Gobi geschafft hat, berichtet in »Der Osten« von dieser fundamentalen Erfahrung: »Die Landschaft erscheint auf so natürliche Weise, als hätte ich sie von Geburt an unter den Lidern. Vielleicht, weil es um den Raum geht, der dort in nahezu reinem Zustand auftritt.«

Reisen braucht Zeit. Und es tut weh. Denn reibungsfrei sind nur Kopfreisen im bequemen Sessel. Soll ich von Kasan erzählen, wo neben Tataren und Russen Vertreter vieler weiterer Ethnien (wie Tschuwaschen und Mari) leben, von seinen Moscheen, seinem Kreml, seinem Wolgahafen? Von den Teigtaschen und Süßigkeiten, seiner Universität, wo Tolstoj und Lenin studierten und der Mathematiker Nikolaj Lobatschewskij und der Neurologe Wladimir Bechterew lehrten? Der architektonische Mix erzählt Geschichte auf seine Weise: klassizistische Bauten aus dem 19. Jahrhundert, Konstruktivismus der 1920er und 1930er Jahre, Sozrealismus, orientalisierende Neubauten im Disney-Land-Stil, und »Cottages« genannte Baumarkt-»Villen«, die die tatarischen Holzhäuser verdrängen. Wo sind wir? Am Wolgaknie, im tiefen Russland, und im Herzen Tatarstans, das durch Ölvorkommen und Bodenschätze zu Reichtum gelangt ist. Die 2005 eingeweihte Kul-Scharif-Moschee mit ihren vier hohen Minaretten, ihren Marmorsäulen, kostbaren Teppichen und Lüstern sieht wie die kleine Schwester der Scheich-Zayed-Moschee von Abu Dhabi aus. Doch hat man sie angeblich mit eigenen Geldern finanziert. Ohne Frage ist sie das neue Wahrzeichen der Stadt.

Von Kasan aus sind es nur wenige Stunden nach Jelabuga, wo Marina Zwetajewa sich am 31. August 1941 das Leben nahm, und eine halbe Tagesreise ins tschuwaschische Tscheboksary, wo der Lyriker Gennadij Ajgi aufwuchs. Ich möchte ausschwärmen, in die Wälder, in die Steppen. Doch Moskau ruft. Immer ruft etwas, meist die Pflicht. Und so fliege ich, statt nach Osten, in die Abendsonne, unter mir eine tellerflache Landschaft aus Wasser, Wald und Wiese, mit vereinzelten plissierten Schatten.

Wie war es damals, als die Reise nach Usbekistan ging? Eine kleine Ewigkeit ist es her. Ich studierte Slawistik und buchte beim Zürcher Studentenreisebüro, das mit dem sowjetischen Intourist kooperierte. Moskau – Taschkent – Samarkand – Buchara – Tbilissi – Kiew. Am meisten lockten Samarkand und Buchara, die uralten Städte der Seidenstraße, in denen meine (von Hauffs Märchen genährte) Orient-Sehnsucht ihre ideale Verkörperung sah. Aber es hat nicht sollen sein. Im backofenheißen, faden Taschkent eröffnete man uns, wir könnten diese Städte »aus technischen Gründen« nicht besuchen. Punktum. Das kafkaeske Dunkel sowjetischer Bürokratie hatte schicksalhaft zugeschlagen.

Es dauerte Jahrzehnte, bis ich meine Frustration loswurde, indem ich nach Iran reiste. Die Moscheen von Isfahan und Yazd mit ihren Lehmziegelminaretten und blau-türkisen Fayencen sprachen dieselbe Sprache. Sie leuchteten betörend. Ihre Kuppeln waren wie das Himmelsgewölbe, ihre Höfe mit den Wasserbecken vollendet still, im Unterschied zum betriebsamen Basar und den grünen Parks, wo fröhlich gepicknickt wurde. Ich begriff den Zusammenhang von Wüste und Paradiesgarten. Denn nur in Wüstengebieten kann die Oase zum Inbegriff paradiesischer Glückseligkeit werden: Wasser, Grün, Bäume, Früchte. Was will man mehr.

Bittermandel Pistazie Quitte
Granatapfel Orange Zitrone

Kaki ein Saum von Zypressen
Rosen Mimosen
der Garten: das Paradies

Idealisiere ich? Nein, den Garten gibt es, in Schirāz und anderswo. Nur gibt es daneben einen Abgrund von Tristesse, Hässlichkeit, Unterdrückung und Unrast. Nicht nur im Iran. Andrzej Stasiuk meint in diesem Osten Erde und Luft beben zu spüren. Frieden werde es nie geben, »weil in den Adern dieser Landstriche, in ihren unterirdischen Flüssen eine Droge steckt, die den Wahnsinn anfacht, und einem schwindlig wird von den gigantischen Ausmaßen des Raums und von der Illusion, dass man ihn beherrschen und verwandeln könne. Dschingis Khan, Tamerlan, Peter der Große, Stalin, Hitler, Kapitalismus, Globalisierung ziehen heran wie meteorologische Phänomene.«
Stasiuk hat einen Teil des eurasischen Raums unter die Füße und Räder genommen, ich nur einen Bruchteil. Meiner kindlichen Abenteuerlust zum Trotz war ich nie mit Rucksack und Zelt unterwegs, habe ernsthafte Strapazen und Risiken gemieden. Umso glücklicher schätze ich mich, Sanaa gesehen zu haben mit seinen märchenhaften Lehmhäusern und alten kamelgetriebenen Sesampressen, das Tiflis der sechziger Jahre, den Sinai im Jahre 1979 (ein Wanderparadies ohne islamistische Bedrohung). Liebend gern hätte ich Damaskus und Aleppo gesehen, den Van-See im armenischen Osten der Türkei und vieles mehr. Es dürfte zu spät sein.
Dafür gibt es anderes. Wie in meiner Kindheit, als ich stundenlang über den Atlas gebeugt saß, studiere ich Eurasiens Karte, nur diesmal aus der Luft. Flüge nach Japan und China bieten dieses einmalige Schauspiel. Ich sitze am Fenster und schaue. Schaue.
Zürich – Tokyo, Oktober 2016. Schon über Moskau ist es stockfinster, was sich an kleineren oder größeren Lichterket-

ten zeigt, lässt sich schwer verorten. Und irgendwann herrscht Nachtruhe, die Blenden werden heruntergezogen. Im Halbschlaf werfe ich ab und zu einen Blick auf den Bildschirm, um unsere Position zu erfahren. Namen wie Jekaterinburg, Omsk, Krasnojarsk wecken vielfache Assoziationen. Dostojewskij war in Omsk zur Zwangsarbeit, weil er politisch unliebsame Meinungen vertreten hatte. Einen Monat lang dauerte die Reise von St. Petersburg in dieses ferne Sibirien, während unser Airbus 900 Kilometer pro Stunde zurücklegt und der eurasische Kontinent unter mir weggleitet.

Um 6 Uhr heller Morgen. Ich ziehe die Blende hoch und sehe eine Landschaft in Gelb, Braun, Grau, Violett, mit Erhebungen und Senken, mit Dünen und Furchen, mit Rillen, Adern, Mäandern und Schattenwürfen. Sehe sie wie einen Teppich ausgebreitet, jungfräulich in diesem Frühlicht. Siedlungen keine. Natur im Urzustand. Wäre dies mein Traum von Osten?

Später, als wir uns Japan nähern, wie eine Offenbarung über einem dünnen Wolkenband: der Fuji, eine leuchtende Spitze. Ich sehe ihn zum ersten Mal und verstehe sofort, was es mit seiner Erhabenheit auf sich hat.

Im Gewusel Tokyos ist es vorbei mit kontemplativer »Ostalgie«. Die Realität zeigt sich widerständig, verlangt äußerste Konzentration. Auf Schritt und Tritt meldet sich der Selbsterhaltungstrieb, leicht könnte man vom Moloch verschlungen oder aufgesogen werden. Doch Oasen gibt es auch hier: kleine (oder größere) Parks mit Shinto-Schreinen, und Gassen, die tagsüber wie ausgestorben wirken. Hier entkommt man dem pulsierenden Menschenstrom, wird auf sich zurückgeworfen und anders achtsam. Jedes Detail prägt sich ein. Ein Gullydeckel mit Wappen, ein an eine Hauswand geschmiegter Kakibaum, eine winzige Jizō-Figur mit rotem Lätzchen. Wir kommunizieren Aug in Aug, teilen denselben Ausschnitt von Raum.

Auf dem Rückflug nach Zürich – diesmal bei Tag – wieder das unfassliche Verwirrspiel der Dimensionen. Unter mir liegen Meere und Ströme und Bergketten, als schaute ich auf einen Atlas. Nur dass sich die Szenerie dauernd verändert, Zeit und Raum ineinander greifen, in einer gleitenden Folge. Kaum haben wir Hokkaido überflogen, tut sich die tiefblaue Japanische See auf, und bald schon erreichen wir die gebirgige Küste östlich von Chabarowsk. Die Sicht ist glasklar. Bergkette um Bergkette, und plötzlich das schillernde Band des Amur, mit einem feinen Geäder von Nebenflüssen. Linien, Falten, Punkte, die Distanz verschiebt alles ins Zweidimensionale, wäre nicht das bezaubernde Spiel von Licht und Schatten, das modelliert und Plastizität erzeugt. Von Krasnojarsk-na-Amure halten wir Kurs auf Nordwest. Die Bergmassive nehmen kein Ende, kaum verschwindet eines, folgt das nächste, dazwischen Ebenen, durchzogen von Flüssen. Sehe ich richtig: eine Stadt und ein Netz von Straßen? Oder täuscht der Anschein? Könnte es sein, dass Tausende Meter unter mir gerade jetzt jemand zum Himmel blickt und sich unsere Pupillen einen Sekundenbruchteil lang auf einer hypothetischen Vertikalen begegnen? Der Gedanke macht mich schwindeln.

Beschneite Gipfel der Stanowoj-Berge, wir halten auf die Lena zu. Einiges weiter östlich die Lagerwelt an der Kolyma, von Warlam Schalamow so unerbittlich beschrieben, und Magadan, wo noch in den 1970er Jahren sowjetische Dissidenten wie Andrej Amalrik Zwangsarbeit leisteten. In diesem endlosen Norden, der fast nur aus Tundra besteht, einer Kältesteppe, deren Permafrostböden berüchtigt sind, hat Stalin große Teile des Lagerarchipels errichten lassen. Ich schaue und sehe eine endlose Fläche, mit hellen, gefrorenen Wasseradern, die gleichsam Deltas bilden. Bei Norilsk überfliegen wir den Jenissej. Gulag-Territorium auch hier. Elftausend Meter unter mir reihen sich die Schauplätze eines beispiellosen Terrors, an den Zeugenberichte, Archivmaterialien und Gedenkstätten erinnern, ohne das Ausmaß des realen Grauens wirklich fassbar zu machen. Es übersteigt jede Vorstellungskraft.

»Mein« Osten ist auch dies: ein mit Straflagern überzogener Kontinent. Und so starre ich gebannt in die weiße Weite, als könnte sie mir etwas über den Kältepol menschlicher Barbarei verraten.

Die Japanerin neben mir sieht sich Filme an, eingehüllt in den Kokon einer buntseichten Unterhaltungswelt. Für mich, die Geographie- und Ostbesessene, ist Schauen ein Muss. (Hätte ich in früheren Zeiten eine Pilgerin abgegeben? Eine wagemutige Reisende, die Entbehrungen auf sich nimmt? Oder eine Nomadin, unterwegs mit Familie, Herde und Zelt? Müßige Frage. Verlass ist nur auf meine Wissbegierde und mein durchlässig-empfängliches Naturell.)

Wir fliegen lange, durchqueren mehrere Zeitzonen, im Rücken den Wind aus dem Weltall. »Man verharrt in einem Augenblick, in einem großen, ruhigen, ausgedehnten Jetzt, das so groß ist wie Sibirien«, schreibt Olga Tokarczuk in ihrem Roman »Unrast«. Und fügt hinzu: »In dieser Zeit müsste man seine Lebensbeichte ablegen. Die Zeit vergeht im Innern des Flugzeugs, aber verrinnt nicht außerhalb von ihm.«

Ich beichte niemanden, ermahne nur meinen inneren Kompass, sich mit der Himmelsrichtung West zu arrangieren. Es ist ja auch in Ordnung, die Gulag-Zone irgendwann zu verlassen, jenes Russland, das sich zwischen Europa und Asien nicht zu entscheiden vermag. Richtet es sich nach Westen aus, hat es Phantomschmerzen, richtet es sich nach Osten aus, erst recht. Vielleicht ist es schlicht zu groß, um sich zu finden. Und lässt sich darum nur von harter Hand regieren.

Auch als wir schon über Finnland sind, kann ich meinen Blick vom gescheckten Unten nicht abwenden. Über Danzig werden die Farben aschfahl, dann verschlucken Wolken die Sicht.

Sind wir schon im Westen angekommen? Wo verlaufen die Grenzen? Meine Ostomanie will sich nicht auf Längengrade festlegen. Sie tickt anders.

Provence

Eine erste Erinnerung, mit vierzehn: tief unten in einer Karstschlucht die romanische Abtei Sénanque, hell hingebreitet zwischen blauvioletten Lavendelfeldern. Die Schotterstraße kurvt sich steil hinab, wir sind fast die einzigen Besucher. In der schmucklosen Zisterzienserkirche ist es kühl, der Kreuzgang duftet nach Kräutern. Und Stille, durchbrochen von wenigen Vogelschreien.

Hier konstituierte sich mein Provence-Alphabet: Düfte, Farben, Schwalben- und Zikadenklänge, dazu der Stein, jener poröse Kalkstein, durch den alles Wasser hinabsickert und unterirdische Ströme bildet. Grün schießt es bei Fontaine-de-Vaucluse aus dem Fels, schon Petrarca hatte seine Freude daran.

Seit über fünfzig Jahren bin ich mit diesem Landstrich verbunden, habe seine Veränderungen verfolgt. Nach Sénanque fahren heute massenhaft Touristenbusse. Allein für die chinesischen Besucher wurde ein spezieller Empfangsraum eingerichtet, mit Broschüren über den Zisterzienserorden und Bibeln in chinesischer Sprache. Der Klostershop bietet außer Büchern CDs, Honig, Kräuter und Lavendelseifen an. Besichtigen kann man die Abtei nur im Rahmen von Führungen, so groß ist der Besucherandrang. Mönche aber gibt es nicht einmal mehr ein Dutzend. Sie leben ihr Klosterleben, feiern ihre Gottesdienste, zu denen Gläubige und Interessierte geladen sind. Rummelig geht es hier nicht zu. Die abendliche Komplet gleicht einem Atemholen.

Venasque heißt mein Provence-Ort, nur wenige Kilometer von Sénanque entfernt. Der Zufall hat ihn mir geschenkt. Mit zwanzig lief ich seine Gassen ab und steckte den Kopf ins merowingische Baptisterium, ein eiliger Gast auf der Durchreise. Jahre später lockte er zum Bleiben. Und ich blieb. In einem alten, auf den Resten der Stadtmauer errichteten Haus, mit Blick auf den Mont Ventoux.

Die helle Kuppe des Bergs schimmert wie ewiger Schnee, doch das täuscht. Schnee liegt nur selten, es ist der weißliche Kalkstein, der blendet. Eine unwirtliche Geröllwüste, wilden Winden ausgesetzt. Nicht einmal niedriges Gestrüpp kann sich hier halten. Die Zedernwälder schmiegen sich nur bis zur mittleren Höhe an die Hänge. Dann folgt Stein, in karger Kahlheit.

Mein Windberg, mein Hausberg. Mein Wolkenfänger, der spektakulärste Schauspiele inszeniert, mit Blitzkaskaden, barocken Illuminationen und opernreifem Donner. Um sich nach all dem Übermut zu räkeln wie eine träge Odaliske.

Ich schau ihn an, ich besteige ihn nicht. Aus der Distanz beobachte ich seine vielfältigen Metamorphosen. Ein Aussichtsberg, gewiss. Berühmt für die Sternschnuppen, die im August auf ihn niedergehen. Doch was soll der Gipfel-Tumult mit Restaurants und riesigen Parkplätzen. Er leistet nur der Entzauberung des Zauberhaften Vorschub.

Venasque – das sind sarazenische Stadttore, enge Gassen auf dem schmalen Felsgrat, ein Hauptplatz mit Brunnen, eine mittelalterliche Festungskirche und dahinter die Taufkapelle, deren römisch-merowingische Marmorsäulen ein Achteck bilden. Venasque – das sind Einheimische und Zugezogene, Russen, Belgier, Kanadier, Amerikaner, Bäcker und Töpfer, Wirte und Ladenbesitzer, Bildhauer und Bauern. Die Bauern wohnen außerhalb, bewirtschaften Kirschplantagen und Olivenhaine, Weinberge und Lavendelfelder. Auf dem kargen Plateau überlassen sie die Natur sich selbst. Hier wachsen Steineichen, Ginster, Disteln und Kräuter aller Art, bedürfnislos, sonst könnten sie nicht überleben.

Venasque – das ist der Mistral, der an allem rüttelt und schüttelt, erbarmungslos auch in der Nacht, bis er sich nach Stunden oder Tagen beruhigt. Dann wird die Stille mild, die Siestazeit ein unbemerktes Hineingleiten in den Schlaf. Langsamkeit macht sich breit, Langsamkeit hier und dort. Eine liegende Gabel erscheint als »Erfüllung der Melancholie« (René Char).

Venasque – das ist die morgendliche Baguette, schneeweißer Ziegenkäse und schwarzbittere Oliven, ein leichter Rotwein, auf der Terrasse getrunken, wenn die trägmachende Hitze abgeklungen ist. Machmal setzen sich Freunde dazu, besprechen die Welt. Alain, der Vater der schönen Elodie (»ma mélodie«), Juri, der sein Leben in Gedichten Revue passieren lässt. Begonnen hat es vor der Oktoberrevolution in St. Petersburg, führte ihn später in die Emigration, rettete ihn während des Zweiten Weltkriegs vor der Judenverfolgung, schenkte ihm Frau und Familie und – als Parfumfabrikanten – ein nicht unansehnliches Vermögen. Mit dem er sich nicht nur ein Haus in Paris, sondern auch eines in Venasque kaufte. Doch seine Liebe gilt der Poesie. »Verweile dich nicht in der Wagenspur des Erreichten«, zitiert er René Char, und fährt mit Rilke fort: »Ich lebe mein Leben in wachsenden Ringen, / die sich über die Dinge ziehn, / Ich werde den letzten vielleicht nicht vollbringen, / aber versuchen will ich ihn.«

Wir reden, die Schwalben kreisen über den Dächern, der Ventoux vertieft seine Schatten.

Venasque – das ist Schreiben zwischen dicken Mauern, von Hand, als wäre die Zeit stehengeblieben, und das Knallen der Boule-Kugeln hinter dem Stadttor. Ein heftiges Geräusch, das Kinder und Tauben aufschreckt.

In Venasque bekam mein Sohn die ersten Zähnchen und las mit zwölf Stendhal und Gombrowicz. Niemand durfte ihn bei der Lektüre stören, und nur ungern ließ er sich zu Rossinis »Barbiere« ins römische Theater von Vaison-la-Romaine locken. Da sitzen wir erwartungsfroh, als nach der Ouvertüre ein sintflutartiges Gewitter niedergeht, das Musiker und Publikum sekundenschnell verscheucht. Fliegende Fräcke, gebadete Instrumente, ein Rennen und Fluchen, während der Regen tost. Tobend tost aus geöffneten Himmelsschleusen. Kein Schirm, kein Scheibenwischer kommt ihm bei. Mein Sohn triumphierend: Wären wir doch zu Hause geblieben!

Aber auch sie gehören zum Provence-Alphabet: die Wolkenbrüche, die Unwetter nach staubtrockenen Sommern, große Naturspektakel mit überschwemmten Straßen und gekappten Leitungen. Im Haus ist es zappenduster, jetzt müssen Kerzen her, nicht nur gegen die Angst.

Reizklima, Wetterumschwünge, der Süden hat seine Tücken und ordentlich Biss. Lieblichkeit kennt er kaum, es sei denn man schlägt Pinienhaine und Zypressenalleen dem Amönen zu.

Venasque liegt am Rande des karstigen Plateau de Vaucluse, Stunden vom Meer entfernt. Zypressen zieren nur den Friedhof, Platanen und Pinien sind selten. Aber es duftet zu allen Tages- und Nachtzeiten, und kleine Feigenbäume lehnen sich an die Natursteinmauern. Über den Stein huschen Eidechsen, Falter taumeln im Licht. Und dieses Licht ist wie eine exaltierende Materie, für Auge, Zunge und Haut. Ich atme, ich koste, ich fühle es.

So auch im nahegelegenen Saint-Didier, wenn am Markttag die Stände unter dem hohen Dach der Platanen aufgereiht sind, gesprenkelt von Licht und Schatten. Das Spiel setzt sich auf den Tischen und Korbstühlen der Cafés fort. Auf den Tischen Wasserkaraffen und Pastis. Man trinkt ihn schon vormittags, als Apéritif und Gute-Laune-Macher, derweil die Einkäufe in der Tasche ruhen. Ein Ritual: besorg, was du brauchst, dann tausch dich beim Pastis aus. Um halb eins leert sich der Markt, strebt alles nach Hause.

Ich bereite Fisch und Gemüse zu, in Olivenöl gewendet. Der Schlaf kommt nach dem Appetit, wenn das Licht auf den Fliesen des Schlafzimmers ein tanzendes Rechteck bildet.

Aber Venasque kann auch anders sein. Nicht im Sommer, sondern im Vorfrühling. Aprikosen- und Mandelbäume blühen schon, doch im Haus hält sich noch die Kälte des Winters. Klammes Bettzeug, selbst die Küche ein unwirtlicher Ort. Lüften, lüften, ja, heizen, und abends im Mantel etwas zu Papier bringen, mit steifen Fingern. Teile meines Erstlings »Die Insel« habe ich so geschrieben, am Küchentisch. Und nachts den Orion gesucht, am sternklaren Himmel.

Und ich erinnere mich an Ausflüge zu Cézannes Montagne Sainte-Victoire, um den Berg in Blau-Grün-Ocker naturgemäß zu bestaunen, und in Van Goghs Saint-Rémy, das in Wirklichkeit zahm und ungekringelt ist. Was ist wahr, die Vision oder das ihr zugrunde liegende Modell? Der obsessive Zugriff oder das erschöpfte Sichtbare?

Die Jahre vergehen. Der Efeu im Hof wuchert. Juri lebt nicht mehr, und die Frageform der Schatten wird in meinem Gedächtnis länger und länger. Noch binde ich Thymian- und Rosmarinsträuße, kaufe Lavendelhonig beim Bauern in Murs. Doch etwas fehlt. Das Glücksgelächter, als wir noch viele waren?

Pantoffeln

Die friulanischen aus dem
vollgestopften Laden in Venedig
samten und seidig
von orientalischem Zuschnitt
vorne spitz hinten offen
du gehst wie auf Pfötchen
pantofolinisch
denkst mitunter an Haremsdamen
(die wandelnde Anmut)
auch wenn der Alltag taftlos
aus Filzstift und Notizblättern
besteht
aber das Eilen ist reizvoll
ein Gleiten
in schwarzen Pantoffelbooten
durchmisst du das Haus
das Lagune ist und Labor
mit trinkbaren
hingeweinten Kammern
und viel Schlaf

Publikum

Empfindest du dich eher als introvertiert oder extravertiert oder als beides?

Mal als das eine, mal als das andere. Als kleines Kind muss ich extrem gesellig gewesen sein, vage erinnere ich mich daran, wie ich in der Triester Straßenbahn auf Wildfremde zuging und ihnen etwas vorsang. Ohne Scheu, mit keckem Selbstbewusstsein. Das hat sich mit der Zeit geändert. Anfang der Pubertät wurde ich nachdenklich, ernst, verschlossen, als hätte mich ein Innerlichkeitsschub ergriffen. Ich entdeckte die Religion, die Bibel, las Kierkegaard, Dostojewskij und Martin Buber, schrieb Tagebuch und vertraute mich nur wenigen an. Ein Prozess der Reifung, der Latenz. Als ich zu studieren begann, und vor allem während der Studienjahre in Paris und Leningrad, öffnete ich mich wieder mehr dem Außen. Meine angeborene Neugier und Kontaktfreude kamen zum Tragen.

Von Natur aus bin ich an vielem interessiert, stelle Fragen, reise gern, das ist meine extravertierte Seite. Die introvertierte versucht das Aufgenommene zu verarbeiten und in etwas Eigenes umzuwandeln. Schreiben ist für mich eine introvertierte Tätigkeit, ohne Konzentration, Alleinsein und Zeit nicht zu haben. Nach Phasen intensiver Arbeit aber brauche ich die Anregungen einer Großstadt wie Berlin, den Austausch mit Freunden, das Untertauchen in der Menge. Wenn ich es recht bedenke, bin ich zu Hause introvertiert, auf Reisen aber »outgoing«. Dieser Wechsel schafft das nötige Gleichgewicht.

Wie geht es dir, wenn du dich – zum Beispiel beim Vorlesen – mit einem Publikum konfrontiert siehst?

In der Rolle der Vorlesenden fühle ich mich ganz wohl, bin auf Kommunikation eingestellt und darum auskunftsfreudig. Als Pianistin wäre ich mit Auftritten nicht klar gekommen. Die wenigen Male, wo ich öffentlich gespielt habe, verging ich fast vor Lampenfieber. Ein falscher Ton – und die Sache ist im Eimer, diesem Druck war ich nicht gewachsen. Auch als Schauspieler ist man extrem gefordert. Zu meinen klassischen Albträumen gehört, dass ich auf der Bühne stehe und den Text vergessen habe. Ein Horror. Als Autorin, die aus ihren eigenen Werken liest, darf ich mich auch mal versprechen, darf etwas frei kommentieren oder improvisieren. Die Urheberschaft liegt bei mir, ich bin keinen Zwängen unterworfen. Und Diskussionen machen mir keine Angst.

Interessieren dich denn die Fragen des Publikums?

Ich nehme sie ernst. Auch wenn es immer wieder passiert, dass manche Leser in Fallen tappen, indem sie die Ich-Figur automatisch mit dem Autor gleichsetzen und überzeugt sind, man schreibe gezielt für ein Publikum. Wenn ich beides kategorisch verneine, sehe ich viele erstaunte Gesichter. Offenheit aber muss sein. Denn nur so kommt es zu einer echten Begegnung, an der mir durchaus gelegen ist. Wann, wenn nicht bei Lesungen, bin ich mit Zuhörern konfrontiert, erfahre ihre spontanen Eindrücke als Feedback? Schreiben ist ein einsames Geschäft, bei dem der Gedanke an Leser in weiter Ferne liegt. Und dann, plötzlich, sind sie da, wollen hören und erfahren und fragen, und ich setze mich ihnen aus. Ein realer Dialog unterscheidet sich von einem imaginierten. Außerdem erzählen mir die Leute oft unglaubliche Geschichten, ihre eigenen. Vor allem mein

Erinnerungsbuch »Mehr Meer« hat vielen die Zunge gelöst. Das habe ich sowohl mündlich erlebt wie in Briefen.

Die Wirkung von Büchern ist unkalkulierbar. Zum Glück, möchte ich sagen, sonst wäre das Schreiben kein Abenteuer. »Mehr Meer« ist mittlerweile in 13 Sprachen übersetzt, selbst ins Japanische, doch weiß ich nur wenig über die Wege, die es in diesen Ländern geht, über die Reaktionen seiner Leser und Leserinnen. Und wenn mich dann doch eine Nachricht erreicht, bin ich gerührt, als handelte es sich um eine Flaschenpost.

Im deutschsprachigen Raum mit seiner Tradition der öffentlichen Lesungen kommen Autor und Publikum häufig zusammen. Dennoch ist es ein winziger Prozentsatz, dem ich live begegne. Er entschädigt mich für die langen Durststrecken des Schreibens, und ich geize nicht mit Zugaben.

Gibt es Situationen, wo du dir wünschen würdest, du wärst extravertierter oder introvertierter?

Ich glaube, dass sich das von alleine einpendelt. Die Erfordernis schafft die richtige Reaktion. Was ich mir im Hinblick auf Lesungen wünschte, wäre eine stabilere Stimme. Eine Stimme, die nicht brüchig wird oder absackt. Das hat mit Atemtechnik zu tun. Vielleicht sollte ich ein paar Lektionen nehmen oder mir selber Übungen beibringen. Auch mein Enkelchen verdient eine Babuschka, die lange vorlesen kann.

Prinzessin, Prinz

Ein beleidigter Liebhaber zieh mich einmal des Prinzessinnen-Syndroms. Das sollte wohl heißen, ich verhielte mich wie ein verwöhntes Gör, dazu überheblich und hochnäsig. Was für eine Anschuldigung, wo ich doch schon mit zehn in einem Schulaufsatz frank und frei schrieb: »Ich möchte keine Prinzessin sein. Prinzessinnen sind unglücklich. Ich möchte am Meer leben und den Schiffen zusehen.«

Märchenprinzen und -prinzessinnen hatten keine Anziehungskraft auf mich. Auch Paläste, Pracht und Prunk ließen mich seltsam kalt. Ich verband damit stolze Abgehobenheit und den Eiseshauch der Einsamkeit.

So ist es geblieben. Erdnähe ziehe ich himmelstrebenden Glitzer-und-Glamour-Bauten vor, ein altes Bauernhaus mit Patina allen Zimmerfluchten der Welt. Barfuß über den Holzfußboden eines Zen-Tempels zu gehen, wo Licht und Schatten stille Muster bilden, macht mich glücklich. Hier reimt sich der Himmel auf nichts oder sich selbst. Vergiss Hierarchien, Wünsche, Luftschlösser.

Vielleicht heißt die Formel: kunstvolle Schlichtheit, anspruchsvolle Natürlichkeit. Verbunden mit der ethischen Forderung, sich nicht zu überheben. Mein Ehrgeiz war zeitlebens, anders zu sein, aber nicht besser, möglichst unauffällig mein Eigenes durchzusetzen, aber nicht auf Kosten von wem auch immer. Früh genug lernte ich, meine Möglichkeiten realistisch einzuschätzen. Ich übernahm mich nicht. Und träumte keine Celebrity-Träume. Nur frei wollte ich sein im Selbst-Ausdruck. Was den Rest anging: am liebsten unspektakulär, ja asketisch.

Einen Prinzen aber habe ich geliebt. Saint-Exupérys »Kleinen Prinzen«, und wie. Seine ruhige, klare Stimme ist nie verstummt. »Zeichne mir ein Schaf ...« »Einmal habe ich die Sonne vierundvierzig Mal untergehen sehen!« Dieser Prinz fragt und staunt, staunt und fragt. Wozu Blumen Dornen brauchen, woher die Berge, Städte, Flüsse und Wüsten kommen, was »zähmen« heißt, und warum einem König alles gehorchen und einem Eitlen alles applaudieren muss. Ein hartnäckiger Frager ist der Kleine, lässt niemals locker. Offenmütig buchstabiert er das Alphabet der Dinge, bis ihm und uns die Augen aufgehen.

Mir sind sie auf- und mitunter auch übergegangen, vor allem als der Prinz den Fuchs zum Freund macht. Nur mit dem Herzen sehe man gut, sagt der Fuchs, der sich hat zähmen lassen, zum Abschied. Und dass sie füreinander nun einzigartig und verantwortlich seien. Der kornfarbene Schopf des Kleinen – ein helles Erkennungsmerkmal.

Ob sentimental oder nicht sentimental, was soll's, diese poetische Elementarsprache rührt an große Themen, berührt. Welche Royals welche Prinzen und Prinzessinnen generieren, geht dagegen sanft an mir vorbei. Es gibt sie, die lebenden Könige, Königinnen und deren Nachkommen, sie üben sich in Volksnähe, ohne Traditionen und Rituale aufzugeben. Sie sind vermögend, elegant, mitunter unkonventionell und ein Magnet für die Medien. Der Kleine Prinz aber, was sagte er zum Schluss: »Lass mich einen Schritt alleine tun.« Und: »Du weißt ... meine Blume ... ich bin verantwortlich für sie! Sie ist so schwach! Und so naiv. Ihre vier Dornen reichen nicht, sie vor der Welt zu schützen ...« Und geht.

Ein ephemerer Prinz ohne Palast und Macht. Er singt mir in den Ohren. Springt. Und singt weiter.

Plausch

Da sitzen sie auf der Bank neben dem Dorfbrunnen, die drei älteren Frauen, und vergessen beim Reden die Zeit. Zu bereden gibt es vieles, obwohl das Dorf klein ist und ihr Alter fortgeschritten. Die eine fängt mit den Pusteln an, worauf die andere zu ihrer Gicht kommt und die dritte den jungen Arzt lobt, der im Ospedale gerade aushilft. Madonna, queste malattie, sie geben keine Ruh! Zwar versucht man rüstig zu sein, doch das täuscht. Wenigstens tun beim Sitzen die Beine nicht weh, und Reden verdrängt das Unwohlsein. Der Brunnen plätschert zum Plausch, der Garten nebenan schießt ins Kraut, man müsste schneiden, jäten, mähen, nur bitte wann. Morgen ist auch ein Tag. Morgen, sagt die eine, kocht sie Rindsrouladen, gleich mehrere, denn aufgewärmt schmecken sie noch besser. Die anderen beiden nicken, schlucken den Speichel hinunter. Kurze Pause. Dann erzählt die eine von der kleinen Enkelin, die bald zu Besuch kommt. Ein Wildfang, ruhig nur, wenn sie zeichnet. Ich leg ihr Papier und Farbstifte hin, dann legt sie los. Incredibile. Sei froh, meint die andere, mein Enkel kann überhaupt nicht stillsitzen. Wie er es in der Schule aushält, weiß ich nicht. Soll er zu den Kühen und Schafen, da hat er Auslauf, sagt die dritte. Mit den Kindern hat man seine liebe Müh. Dann hecheln sie sie alle durch, den Ernesto und Alberto und Giovanni, die Lucia, Erna und Franca, bis sie in sinnloses Gelächter ausbrechen, vermutlich aus Hilflosigkeit. Als sie sich fangen, fällt der einen ein, dass abends ein Film kommt, über unseren Segantini. Den wollen sie sich ansehen, auch wenn ein Krimi spannender wäre. Zuletzt reden sie von der Nussernte, die diesmal üppig ist, nicht wie im vorigen Jahr. Nun, die Bäume sind keine Maschinen, Gott sei Dank. Dann schlägt die Kirchturmuhr sechs. A domani, a domani! Und das Trio trollt sich heimwärts.

Altweibertratsch des Südens, lebenserhaltend, ob von Geburten oder Toden, Krankheiten oder Ernten, Kochrezepten oder Fernsehprogrammen die Rede ist. Ob die Bänke in Bondo, Dubrovnik oder Chora stehen. (Die Männer des Südens plauschen meist am Kaffeehaustisch.)

Aus meiner Triestiner Kindheit kenne ich den Plausch beim Corso, das legere Gespräch beim Flaniergang durch die Viale Venti Settembre oder auf der meernahen Piazza dell' Unità. Dass es zur Psychohygiene dient, konnte ich damals noch nicht wissen. Nahm es als wohltuend hin und freute mich auf ein Eis. Heute weiß ich mehr, gehöre bald selber auf eine Altweiberbank. Irgendwo in Europas Süden.

Pappeln

Liegt nicht schon im Wort ein leichtes Zittern, als regte sich etwas im Wind? Pappeln lieben die Nähe zum Wasser, ziehen sich aber auch in Zeilen durch Tiefland, säumen Straßen wie hohe Wächter. Die Pappeln an den französischen Routes Nationales, wehe, man weicht ihnen nicht aus. Die schnurgeraden Pappelalleen in der ungarischen Tiefebene, über die Attila József schrieb: »Auf der Landstraße wandern schon die Pappeln / Aus, grau und ohne einen Laut.« In der Tat: Wer bewegt sich da, sie oder wir? Ist ihre geschlossene Reihe nicht ein langsam-stetiges Defilee? Im Glast des Sommers verschwimmt, was verwurzelt ist, was nicht, und wenn jäher Wind ins Blätterwerk wischt, bebt das Laub und verkehrt sich in schimmerndes Silber. Nichts von Graugrün, vergiss es. Ein helles Spektakel zu den Tönen einer imaginären Äolsharfe.

Vor vielen Jahren notierte ich: »Pappeln Pappeln / ich sehe eure / hohe Schneise / im Ostwind / und streune euch / nach / nichtgrün.« Sie üben einen Sog aus, die Pappelreihen, als riefen sie: Gehen, weitergehen! Aber frag nicht, wie weit der Weg ist. Fragen verbietet sich, es zählt nur der Rhythmus der Fortbewegung, mit offenem Ausgang.

Im Burgenland bin ich dem Ruf der Pappeln stunden-, ja tagelang gefolgt, von Ortschaft zu Ortschaft, mit dem russischen Soldatenlied »Poljuschko-polje« im Mund. Es war ein sorglosglückliches Gehen, ungetrübt von Autokolonnen und Wolkenbrüchen. Nur der Wind spielte manchmal im Laub.

Der Wind liebt nicht nur das Pappellaub, mehr noch den Pappelflaum, den er überallhin bläst. Auf Windschutzscheiben,

Tische, Gehsteige und Hüte, auf Mülltonnen, Bänke, Passanten und Straßen, wo dieser helle, wollige Säume bildet, wie eine Liebkosung. So war es Ende Mai 2016 in Moskau. Der Pappelflaum flog durch die Stadt, flog und flog, von keiner choreographierenden Hand gelenkt. Flog auch da, wo keine Bäume zu sehen waren, überwand alle Hindernisse, ein pausenloses, lautloses Gewölk. Ich stand da und sah dem Naturschauspiel zu, das die Metropole einhüllte. Klaubte mir Flaum aus dem Haar. Vergeblich. Jetzt hatten die Pappeln das Sagen, und ihre Reserven schienen riesig. Ganze Armeen mussten es sein, gewachsen im grünen, wasserreichen Moskauer Umland, die ihre Samen über die Stadt verstreuten. Ein zartes, sinnloses Geschenk. Und gerade darum so anrührend.

Poetik

Wäre es dir möglich, deine Poetik zu formulieren?

Wenn ich es versuche, möchte ich das Wort Poetik in Po-ethik umwandeln, wie es Danilo Kiš getan hat, denn ästhetische Positionen lassen sich von ethischen nicht trennen. Das Gute, Wahre und Schöne: sie bilden für mich eine unverbrüchliche Einheit. Was aber nicht heißt, dass mein Schreiben explizite Ziele verfolgt, geschweige denn einem »sozialen Auftrag« gehorcht. Die Dringlichkeit, die ich mir auferlege, muss man sich als inneren Imperativ vorstellen, als eine Stimme, die pocht und nicht aufgibt, bis jenes Bestimmte gesagt ist. Und nicht irgendwie gesagt, sondern auf ganz bestimmte, der Sache angemessene Weise gesagt. Da kommt einiges zusammen.

Ohne dass sich Dringlichkeit einstellt, gibt es für mich kein Schreiben. Natürlich folge ich nicht einem wie auch immer gearteten Diktat, von romantischen Einflüsterungen kann keine Rede sein. Doch muss ein Stoff sich aufdrängen, mich umtreiben, damit ein Anfang gemacht ist. Spüre ich diese Energie, bahnt sich das Schreiben seinen Weg. Falls dies zu unpersönlich klingt: Viele Prozesse laufen halbbewusst ab, so dass man von einer gewissen Eigendynamik des Schreibens sprechen kann. Daneben aber gibt es, strikt handwerklich, viele bewusste Entscheidungen zu treffen: zur Form, Sprache usw.

Da ich Großformen wie den Roman oder das Versepos nicht beherrsche, muss ich mit kleineren Formen operieren. Die Einschränkung hat auch ihr Gutes, da sie mich zwingt, diese kleinen Formen – vor allem Gedicht und Erzählung – zu

verfeinern und gegebenenfalls zu kombinieren. Mein Erinnerungsbuch »Mehr Meer« ist zwar umfangreich, setzt sich aber
aus 69 kürzeren Kapiteln zusammen, die Gedicht, Prosa, Essay
und Dramolett zu einem hybriden Ganzen vereinen. Nur so
war es mir möglich, dieses Buch zu schreiben.

Wenn wir schon beim Begriff des Hybriden sind: collagieren-
de Verfahren interessieren mich. Verfahren, die Brüche und
Schnitte aufzeigen, die es erlauben, fremde Textpartikel (Zitate) zu integrieren, und die statt eines konventionell-linearen
Erzählens eine sprunghaft-überraschende Narration erzeugen.
Da ich von der Lyrik herkomme, die nach Brodsky »die Kunst
des Unvorhersagbaren« ist, reizt mich der jähe Perspektiven-
wechsel, das unkalkulierbare Wort. »Gebrochener Tau«, nur
um ein Beispiel zu nennen. Da reibt sich etwas. Reibung und
Widerstand erhöhen die Intensität eines Textes. Immer arbeite
ich an – und mit – einer poetischen Sprache, die unabgenutzt,
frisch, lakonisch und musikalisch klingen soll. Dazu gehört:
zeigen, nicht erklären, suggerieren, nicht behaupten. Lieber
lasse ich Leerstellen, als etwas belehrend zuzukleistern. Lieber
stelle ich Fragen, als mich allwissend aufzuspielen. Denn auch
für die Phantasie des Lesers soll es Freiräume geben, das ist mir
wichtig.

Spektakulär geht es in meinen Büchern nicht zu: es wird nicht
gemordet und im großen Stil gestorben, Spannung entsteht im
Zwischenmenschlichen, in der Liebe. Auch von Abschied und
Einsamkeit verstehe ich etwas.

Worauf es mir ankommt: den Leser zu sensibilieren. In seiner
Wahrnehmung der Welt, zu der neben Menschen auch Dinge
und die Natur zählen, und in seiner Wahrnehmung der Sprache, die mehr ist als nur ein zweckmäßiges Kommunikations-
mittel. Ich sage Sensibilisierung, weil das heutige Lebenstem-
po, die sozialen Medien und vieles mehr zu einer Vergröbe-
rung unserer Umgangsformen und Ausdrucksweisen geführt

haben. Veränderungen müssen im Kleinen beginnen. Freilich mache ich mir keine Illusionen, mit meinem Schreiben viel bewirken zu können. Aber gar nichts zu tun, wäre schlimmer und unethischer. Zumal ich es tun muss. Womit wir wieder bei dieser wunderbar rätselhaften Dringlichkeit sind.

Missionarischer Eifer wäre dir demnach völlig fremd?

Im herkömmlichen Sinne schon. Was soll ich denn predigen? Will ich mich politisch äußern – wie es mir zur Zeit des Jugoslawienkriegs ein echtes Anliegen war –, tue ich das bei Podiumsdiskussionen, in Zeitungsartikeln oder Essays. Nicht in meinen literarischen Texten. Was Literatur betrifft, geht es mir um Wahrnehmungs- und Sprachsensibilität, um Formbewusstsein und Stil, da bin ich streng, engagiert und leidenschaftlich. Meine Literaturstudenten wissen, wie akribisch ich ihre Texte analysiere, weil im Umgang mit der Sprache Ethos steckt. Schludrigkeit ist mehr als eine Nichtbeherrschung grammatischer Regeln. Außerdem beeinträchtigt sie die Aussagekraft eines Textes.

Bohrend bin ich auch bei der Frage, wie junge Literaturschaffende zu ihren Stoffen kommen. Brennt ihnen das Thema auf den Nägeln oder sind sie fremdgeleitet – durch Agenturen, Literaturratgeber usw.? Es macht einen Unterschied, ob jemand »nach Rezept« einen Bestseller schreiben will oder tiefere Motive hat. Nichts gegen Erfolg, doch Po-ethik meint etwas anderes. Mit Marina Zwetajewa gesprochen: dass »die Sache geschrieben sein will«, ohne Wenn und Aber, ohne Kalkül.

Palatschinken, Pasta

Nie habe ich ein Gedicht über Gaumenfreuden geschrieben, nie – wie Danilo Kiš im Roman »Sanduhr« – eine Paella Valenciana beschrieben, so dass das Gericht einen ebenso physischen wie metaphysischen Zauber entfaltet, nie – wie Oskar Pastior in »1940 / 1941« – Speisen (Gurkensalat, Most, Ochsen) mit Zeitgeschehen gekreuzt, um jeden Ansatz von Idylle zu verscheuchen. Bewundert habe ich die schwelgerisch-barocke Kulinarik des (literarischen) Gourmets und Gourmands Péter Esterházy, ebenso die schlanken Hommagen an Austern und Aprikosen von Francis Ponge. Margret Kreidls Listen österreichischer Spezialitäten – »Apfelschlankerl, Butterwandel, Dukatenwuchtel, Klachelsuppe, Ofentommerl, Tuschbohnen, Zettelnudeln« – haben das Zeug zur Poesie, auch wenn sie für Nicht-Austriaken kryptisch bleiben.

Manche Namen haben es in sich. Sind Ribisel wirklich Johannisbeeren, Marillen wirklich Aprikosen, und Palatschinken wirklich Pfannkuchen? Mein kakanisch geschultes Ohr verweigert die schnöde Gleichung. Zu verschieden die Echoräume und Assoziationen.

Palatschinken heißen auf Ungarisch »palacsinta« und sind goldgelb und hauchdünn. Meine Mutter buk jeweils zwanzig bis dreißig, denn jedes Familienmitglied verschlang mindestens fünf. Wenn sie gut drauf war, wendete sie sie nicht mit der Schaufel, sondern in der Luft, was eine rasche, geschickte Bewegung erforderte. Hopp hoch, nun dreh dich, und fall präzis zurück in die Pfanne.

Zart mussten sie sein, auf der Zunge zergehen. Ledrige Palatschinken kamen nicht auf den Tisch. Dazu gab es Himbeer- oder Marillenmarmelade, Säuerliches schmeckte am besten. Selber zog ich Marillen vor.

Francis Ponge bezeichnet die Aprikose als »umgekehrten Engelspopo« und meint, sie sei »wie zwei aneinandergeklebte Löffel Marmelade«. Somit für Marmeladisches geradezu prädestiniert. Dieses wiederum, so behaupte ich, ist prädestiniert, eine zarte Palatschinke zu füllen.

Nur keine Schokolade, Sahne, Nüsse und derlei Ausgefallenes. Das lenkt von Geschmack und Konsistenz der Palatschinke ab. Sie braucht nur einen Hauch Marillensüsse (-säure), und ist vollkommen. Hefe gehört übrigens nicht in den Teig.

Russische Bliny können ähnlich schmecken, sind aber oft kleiner und dicker. Die französischen Crêpes umgekehrt riesig, und nie von der Zartheit einer echten Palatschinke. Mein Gaumen singt ihr ein Loblied.

In meiner Kindheitsstadt Triest, die nicht nur architektonisch, sondern auch kulinarisch österreichisch-ungarische, slawische und italienische Einflüsse verband, koexistierte die Palatschinke mit der Pasta.

Pasta? Ein zugegeben weiter Begriff. Für Spaghetti mit Sugo Bolognese, mit Tomatensauce, Muscheln, Krabben, Lachs, Pilzen, Artischocken, Knoblauch oder alla Carbonara, für Tagliatelle, Papardelle, Farfalle, Linguine und zig andere Nudelsorten, die mit verschiedenen Zutaten, Saucen und viel Parmesan einen ersten Gang bildeten. Auch Ravioli, gefüllt mit Zitrone und Ricotta, mit Kürbisblüte, Basilikum, Spargel oder anderen Köstlichkeiten, kamen in Frage, oder eine Lasagne, knusprig frisch aus dem Ofen serviert.

Seit je gehört Pasta zu meiner Grundnahrung. Dass sie glücklich macht (wie Ernährungswissenschaftler behaupten), kann ich bestätigen. Vor allem schmeckt sie in allen erdenklichen Kombinationen. Einfache Pastagerichte bereite ich selbst zu, so die bekömmlichen Spaghetti mit Salbei (con burro e salvia). Spaghetti bianchi alle Vongole dagegen spare ich mir immer für Venedig auf. In der Trattoria »Corte Sconta« sind sie unübertrefflich. Und hausgemachte Ravioli mit Pilzen oder Bresaola gibt es in der »Lanterna Verde« in Villa di Chiavenna. Dazu einen Rotwein vom Feinsten.

Dass der Italiener Pasta als ersten Gang betrachtet, dem weitere folgen, setzt sie keineswegs herab. Allerdings hat sie es bisher kaum in die Literatur geschafft. Einer Nobilitierung steht die Karikierung entgegen: Für Cartoonisten sind Spaghetti-Esser, die sich im Nudelgewirr verheddern, ein beliebtes Sujet.

Wann also kommt die Stunde der Pasta-Sänger? Der wunderbare Pastior wäre dafür schon aus lautlichen Gründen prädestiniert gewesen, nur ist er tot. Ebenso Robert Gernhardt und andere dichtende Feinschmecker. Ich begnüge mich mit einem unüppigen Haiku:

Im Nudelgestrüpp
ein Artischockenherz. Schau:
schlägt es, schlägt es nicht?

Querfeldein

Der Wildfang nimmt nicht die Wege, sondern quert Felder und Wiesen aufs Geratewohl. Auch den grün-grünen Rasen im Park, der vor lauter Gepflegtheit nicht betreten sein will. Rein – und rennen nach Herzenslust, unbekümmert um Grenzen, Vorschriften, Pfade.

Der eine sagt: ich kürze ab, der andere: komm zwischen die Stoppeln, komm schon! Beide wollen das Ungezähmte und etwas Ungehorsam. Verlockende Spiele.

Ich bin oft in die Felder gerannt, weil sie so groß waren. Weil der Himmel über ihnen sich so riesig wölbte. Ein blaues Zelt über einem braunen oder grünen Tuch. Dann streckte ich die Arme in die Luft und stellte mir vor, ich könnte ewig so weiter gehen. Durch Feld und Wald, über Stock und Stein. Schließlich wollte ich ja Weltforscherin werden.

Das gute alte Fernweh und heimliche Ausreißerträume. Frühlingsluft und Kniesockenglück. Doch immer brachte mich etwas zur Räson: ein wunder Zeh, die Angst vor Gewittern. Und was, wenn eine wildgewordene Kuh auf mich losgeht? Wenn ich mich in einem Dorngestrüpp verfange? Gefahren lauerten überall, links und rechts, vorne und hinten. Und nicht in jedem Feld blühte brandroter Klatschmohn.

Dennoch langweilten die Wege, zog es mich unwiderstehlich querfeldein. Als läge in diesem »Quer« meine große Freiheit.

Noch immer fasziniert die Vokabel, denn sie verfügt über den Schwung des Ausscherens. Der Übertretung ad hoc. Nicht hier lang, sondern quer. Auf meine eigene Verantwortung, versteht sich. Das Querfeldeine lässt sich nicht planen, es ereignet sich.

Antrieb und ungestümes Losgehen fallen ineins. Unideologisch, das Ganze, weder Vorsatz noch Grundsatz.

Querfeldein ist spontane Abweichung, weil hier (angenommmen) mehr wächst und blüht, mehr herumschwirrt und überrascht, weil ich wie durch Koloriertes galoppiere, um auch mal zu stolpern oder hinzufallen.

Auf einen Toten in einem Kornfeld bin ich noch nie gestoßen. Das kenne ich nur aus Marguerite Duras' Roman »Im Sommer abends um halb elf«. Wo Maria den Mörder Paestra nachts in einem Kornfeld versteckt, um ihn anderntags tot in seinem Kornbett wiederzufinden, die Pistole neben sich. Eine Frage der Zeit, bis auch die Schnitter ihn entdecken werden, und nach ihnen die spanische Polizei.

Querfeldein birgt Unvorhergesehenes, und sei es die Begegnung mit Hase und Reh. Wohlan, Freunde! Das nächste Mal zeigt sich vielleicht ein Vogel mit blauer Kopfbedeckung. Und der Wald, der tiefe Wald, wartet auf seine Ballade.

Quartett

Die Streichquartette kamen aus aller Welt, ich hörte sie in der Kleinen Tonhalle in Zürich, mein Vater hatte ein Abonnement für Kammermusik. Sie trugen Namen wie Amadeus, Juillard und Végh und bestanden aus meisterhaften Musikern, wie etwa dem Geiger Sándor Végh, dem Gründer und temperamentvollen Leiter des gleichnamigen Quartetts. Erstklassige Interpreten, gewiss. Doch mehr noch interessierte mich, was sie spielten. Mozart, die späten Beethoven-Quartette, Schubert, Schumann, Bartók.

Regelmäßig vergaß ich alles um mich herum – und mich selbst. Vater saß rechts von mir, ich trug Lackschuhe, der Saal war brechend voll, aber was soll's. Sie spielten Beethovens op. 127, »Dem Fürsten Nicolaus von Galitzin gewidmet«, mir kam es wie »von jenseits« vor. Unadressiert, ohne Rücksicht auf Hörgewohnheiten, grandios erratisch. Verwegen, abgründig, erhaben, all of it. Es machte schaudern. Und tut es noch immer. Nach zigmaligem Hören, mit und ohne Partitur, im Konzertsaal oder zu Hause.

Damals folgte auf den »Schock« von op. 127 nach kurzer Pause op. 135, mit seinem herzerweichenden »Lento assai, cantante e tranquillo«, dem Beethoven unter dem Titel »Der schwer gefasste Entschluss« ein »Grave« hinzufügte: »Muss es sein? Es muss sein! Es muss sein!« Geradezu physisch begriff ich, dass es um ein Äußerstes ging, eine Unabwendbarkeit ohne Grund und Ziel. Frag nicht, hör zu. Gib dich überwältigt.

Und als ob das nicht reichte, gab es zum Abschluss noch die Große Fuge op. 133, die alle Maßstäbe sprengt, alle Extreme ausreizt. Und einen sprachlos zurücklässt.

Ich weiß noch, wie sehr mich der Applaus störte, vor allem aber der Smalltalk mit Bekannten an der Garderobe. Wo das einzig Angemessene Schweigen gewesen wäre. Vater und ich hielten uns daran.

Kammermusikkonzerte waren ein Ritual und Momente echter Freude. Doch nicht alles blieb gleichermaßen haften. Die späten Beethoven-Quartette erlebte ich als Offenbarung, neben Bach gehören sie zu meinem musikalischen Fundus.

Und da waren, nicht zu vergessen, die Bartók-Matineen mit dem Végh-Quartett, alle sechs Streichquartette, eines expressiver als das andere. Konzerte am Sonntagvormittag sind meine Sache nicht. Allein, Bartók warf alles über den Haufen. Müdigkeit, Missmut hatten nichts mehr zu suchen, die Musik riss mit. Sándor Végh riss sie buchstäblich vom Stuhl: manchmal spielte er halb stehend. Und ich konnte sehen, wie der Schweiß von seinem Gesicht auf die Geige rann.

Was heißt schon Musikgenuss. Als wäre Musik bekömmliche Unterhaltung, wo sie doch fordert und aufs Tutti geht. Diese Musik. Die sich B. und B. schwer abgerungen haben. Natürlich spüre ich ihre sinnliche Kraft, selbst der Körper geht mit. Aber da ist mehr. Ein transzendenter Hallraum, der an andere Dimensionen rührt.

Quartette, Quartette. Mitunter ein Klaviertrio oder Klavierquintett. Doch nur das Streichquartett verschmilzt zu *einem* Klangkörper und erlaubt jene Geschmeidigkeit, die alle Hürden und Grenzen zu überwinden scheint.

Im Laufe der Jahre kamen Janáček und Alban Berg, Anton von Webern und Schostakowitsch hinzu, die Liste der Quartette, die mich begleiten, reißt nicht ab. Und längst haben sich auch literarische Quartette etabliert, fröhliche Palaverrunden zu viert. Nun, eines kann die Musik definitiv nicht: palavern. Sie hat Besseres zu tun.

Religion

Religion, so kann man deinem Buch »Mehr Meer« entnehmen, ist wichtig für dich. Hältst du dich für einen gläubigen Menschen?

Ich bin ein suchender Mensch, und meine Suche gilt dem Guten, Wahren und Schönen – und der Geborgenheit. Das Wort Religion kommt vom lateinischen »religio«, Bindung. Obwohl innerlich sehr freiheitsliebend, weiß ich um mein Bedürfnis nach Bindung und Halt. Doch an wen soll ich mich binden? Diese Frage beschäftigte mich schon sehr früh. In meiner zugigen Kindheit lernte ich viele Orte, Menschen und Sprachen kennen, vielleicht zu viele für mein zartes Alter. Darin lag Bereicherung, aber auch Verunsicherung. Jedenfalls war ich auf den Schutz und die Zuwendung meiner Eltern angewiesen, denn sie waren das einzige Verlässliche in meinem Leben. Und sie enttäuschten mich nicht. Erst später, in Zürich, als mein Bruder schwer erkrankte, musste ich lernen zu teilen. Vor allem die Liebe der Mutter gehörte nun mehr dem kleinen Patienten. Das schmerzte und machte mich nachdenklich und verschlossen. Zwar verstand ich ihr Verhalten, doch mein Herz rebellierte. Und sehnte sich nach zuverlässigem Halt. Im Grunde wollte ich eine Liebesgarantie! Und als hätte ich schon mit zehn geahnt, dass es sie nicht geben kann, suchte ich weiter. Bis ich im polnischen Priester Janusz B. jenem Menschen begegnete, der mich sachte und weise zum Glauben führte.

Was praktizierten deine Eltern, falls überhaupt, und wie haben sie über Religion gesprochen?

Meine Mutter war eine moderate Katholikin. Mehr aus Gewohnheit denn aus Überzeugung ging sie ab und zu in die Kirche und nahm auch mich mit. Mein Vater, der in jungen Jahren schlechte Erfahrungen mit dem slowenischen Klerus gemacht hatte, war an Kirchlichem nicht interessiert. Statt Gottesdienste zu besuchen, hörte er sich zu Hause lieber ein Streichquartett von Mozart an, das war seine Art des Umgangs mit Transzendenz. Ich ging in den Religionsunterricht, zur Ersten Kommunion und zur Firmung, doch mein Erweckungserlebnis hatte ich später – an Ostern 1959 –, und es veränderte mich stark. Vorausgegangen waren ihm viele Gespräche mit Janusz B., intensive Bibellektüren, Besuche von Synagogen und orthodoxen Gottesdiensten. Was mir der Pole beibrachte (und vorlebte), war eine ungewöhnliche, weil ungewöhnlich weite Religiosität, die allem Dogmatischen abschwor. Stattdessen sensibilisierte sie für die Schönheit der Psalmen (in Martin Bubers deutscher Übersetzung) und den Reichtum der Liturgie – nicht nur der katholischen, auch der orthodoxen. Und so erschloss sich mir das Numinose in Gesang und Gebet, im Bibelwort und in langen Litaneien, im Glanz der Ikonen und der symbolischen Handlung der Eucharistie. Offenbarte sich, beglückte und verzückte.

Ich verspürte einen Hang zur Ekstase. Herbeibefehlen ließ sie sich freilich nicht. Wenn schon, stellte sich das Außer-sich-Sein von alleine her. Vergessen die Enge des Selbst, des Alltags, plötzlich wurde der Atem weit. In den Schriften christlicher, später auch islamischer Mystiker stieß ich auf erstaunliche Erfahrungen, und Gershom Scholems Buch über die Kabbala faszinierte mich.

Bis heute sehe ich mich als eine halb-häretische Katholikin, die sich mehr für Sufismus und Chassidismus als für das Papsttum interessiert. Kirchliche Macht ist mir zutiefst suspekt, auch ihre pompösen Symbole – der Petersdom in Rom, die Alexander-Newskij-Kathedrale in Moskau – wecken in mir keine religiösen Gefühle. Während mich eine einsam in der Landschaft stehende romanische Kapelle rühren kann.

Zu meinen Lieblingsheiligen gehört Franziskus von Assisi, der allem Reichtum und Prunk entsagte, um mit den Vögeln zu sprechen und Bruder Sonne zu preisen. Giotto hat es wunderbar ins Bild gesetzt.

Nun, zu meiner religiösen Biographie ließe sich sagen, dass ich mit vierzehn überlegte, Nonne zu werden, vor einem streng klösterlichen Leben aber doch zurückschreckte; dass ich lange davon träumte, als Mann verkleidet die Athos-Klöster zu besuchen; dass mir christliche Sekten, die zum Fundamentalismus neigen, unheimlich sind, nicht aber die griechisch-katholische Kirche, der mehrere meiner mütterlichen Vorfahren angehörten, einer davon ein Bischof; dass ich in der protestantischen Kirche von Bondo einen Protestanten geheiratet habe, ohne kirchlichen Segen; dass ich heute nurmehr selten in Gottesdienste gehe, weil sie mir zu »mechanisch« scheinen. Aber das ist wohl mein Problem.

Ich unterhalte mich mit IHM, ja. Schlage dann und wann aus Dankbarkeit das Kreuz. Bete das Vaterunser. Doch verstehen tue ich wenig. Weder die unbefleckte Empfängnis Mariä, noch Christi Auferstehung, noch seine Himmelfahrt, noch die pfingstliche Herabkunft des Heiligen Geistes, noch die Heilige Dreifaltigkeit. Mysterium bleibt Mysterium. Und auf ewig erschütternd die Klage Jesu am Kreuz: »Mein Gott, mein Gott, warum hast du mich verlassen?« Nennen wir diesen Kreuzestod ein Skandalon, wie so vieles in der Heiligen Schrift.

Glaube ich oder suche ich oder glaube ich, indem ich suche? Ich suche immer. Beim Anhören von Monteverdis »Vespro della Beata Vergine«, vor den Apsismosaiken von Santa Prassede in Rom, auf dem jüdischen Friedhof von Czernowitz, in der Beg-Moschee in Sarajevo, bei der Lektüre von Dostojewskijs

»Brüder Karamasow«, auf der Straße und in einsamen Nachtstunden. Ich bin hungrig nach dem, was mich übersteigt.
Denn der Mensch lebt nicht vom Brot allein.

»Gott ist die Liebe«, könnte ein Credo sein. Ein Credo mit
etlichen Fragezeichen. Da der Zustand der Welt es ständig
dementiert. Iwan Karamasow nahm vor allem am Leiden unschuldiger Kinder Anstoß und gab seine Eintrittskarte in unsere so geartete Schöpfung zurück. Eine andere Haltung wäre
die des »quia absurdum«. Unkämpferisch, wie ich bin, neige
ich zu letzterem: an die Liebe Gottes zu glauben, auch wenn
sie absurd erscheint.

Denn nicht nur die Liebe, schon der Glaube an sie stärkt. Und
wärmt.

Reim

Was reimt sich auf Reim? Keim, Leim, Heim. Doch wenn man es ungenau nimmt, auch Nein, Stein oder Bein. Das Ohr liebt den Gleichklang, schon das Kinderohr reagiert auf Lied- und Gedichtreime. Wie Kitt verbinden sie, was bedeutungsmäßig oft gar nicht zusammengehört.

Der Reim, heißt es, mache es sich zu leicht. Vielzitiertes Beispiel: Herz und Schmerz. Aber wer sagt, dass man auf das Erstbeste verfallen muss, wo die Sprengkraft des Reims doch darin bestehen kann, weit Auseinanderliegendes, ja Unverträgliches aufeinander zu beziehen und auch aus Unreinem Klangfülle zu erzeugen. Herz könnte auch auf Erz, Nerz oder Sterz reimen, oder – warum nicht? – auf »pervers«. Das Glatte und Gefällige hat in der Tat ausgedient, wer heute noch reimt, muss sich etwas einfallen lassen. Abseits der ausgetretenen Pfade.

Da bietet sich der unreine Reim an, der Binnenreim (nur weg von den klappernden Endreimen) und der unvollständige Reim: die Assonanz. Probate Mittel, ein Gedicht klanglich zu unterfüttern, zu formen und zu straffen. Soweit, so gut. Doch schadet es nicht, die subtile Reimkunst eines Goethe zu studieren. Mein liebstes Beispiel, »Ein Gleiches«, zeigt, wie zeitlos-unabgegriffen auch ältere Lyrik sein kann:

»Über allen Gipfeln
Ist Ruh,
In allen Wipfeln
Spürest du
Kaum einen Hauch;

Die Vögelein schweigen im Walde.
Warte nur, balde
Ruhest du auch.«

Wenige Zeilen, wenige Worte, und die Message vollkommen verkörpert in der Form. Ein Gedicht wie ein Hauch, doch dieses Luftig-Leichte prägt sich für immer ein. Warum? Goethe verzichtet auf ein festes Versmaß, die acht Zeilen sind unterschiedlich lang, und auch die Reimmuster variieren. Auf die Kreuzreime in der esten Hälfte folgt ein umarmender Reim in der zweiten. Beweglichkeit zeigt sich auch im Wechsel von weiblichen und männlichen Reimen, und – last but not least – tragen vier Enjambements, nämlich Zeilensprünge, dazu bei, dass das Gedicht einen natürlichen Rhythmus bekommt.

Kein metrisches Korsett, nichts Klapperndes (obwohl es sich um Endreime handelt), ein fluktuierendes Sprechen, unterbrochen von Pausen, die aber nur in vier Fällen am Zeilenende stehen. So atmet dieses kleine Gebilde ruhig, wie es seinem Inhalt entspricht.

Sein Zauber aber ist den Klängen geschuldet, den Lautwiederholungen, Reimen und Assonanzen, die das Gedicht musikalisch kitten.

Ich behaupte, Gedichte entstehen übers Ohr. Als erstes stellt sich ein Rhythmus ein, zunächst wortlos, dann gefüllt mit Worten, die in einen Klangaustausch treten. Der Klang ist obsessiv, er ist es, der Gedanken generiert, bis sich – fortschreitend – Sagen und Singen nicht mehr auseinander dividieren lassen. Wobei die Resultate dieser Interaktion tausenderlei Gestalt annehmen können.

Ein Jahrhundert nach Goethe lieferte der russische Avantgardedichter Wladimir Majakowskij seine eigene Vision vom Ende, die freilich mit Grabesruhe nichts gemein hat:

»He, du! Himmel!
Lüfte den Hut!
Ich komme!
Schweigende, dumpfe Kälte.
Sein Riesenohr auf den Pfoten, ruht
das von Sternenmilben wimmelnde Weltall.«

So endet das Poem »Wolke in Hosen« (1915), mit herrisch-
provokativer Geste, die erst vor dem als Riesenhund imaginierten Weltall verstummt.
Majakowskij liebte Metaphern, drastische Bilder, grelle Über-
treibungen, er reimte »Hundegebell« auf »Bordell«, »Garten
Eden« auf »Boulevardmädel«, »Kakophonie« auf »Notre-Dame
de Paris«. Seine Gedichte trug er am liebsten selber vor, mit
sonorer Stimme und so, dass die schockierend-blasphemischen
Reime saßen. Revolution war angesagt, er machte sich mit allen Mitteln seiner stupenden Begabung zu ihrem Sprachrohr.
Wieweit es zum Kerngeschäft der Lyrik gehört, rebellisch zu
sein, weiß ich nicht. Doch selbst wenn, muss sich dies nicht
zwangsläufig im Fortissimo von Parolen und im Bruch mit
sämtlichen Traditionen äußern, da reicht auch subtile Subver-
sion.
Nobert Hummelt gehört zu den stillen Poeten von heute. Er
scheut keine Anklänge an die deutsche Romantik, bringt es
aber auf leise und unbeirrte Weise fertig, einen ganz eigenen
Ton zu schaffen. Nicht zuletzt durch die Handhabung von
Reimen und Assonanzen, wie im Gedicht »Enzian« aus dem
Band »Zeichen im Schnee« (2001):

»es steigt der fahrweg nur so peu
à peu wo wir so halb im wald
schon gehn vor uns ein schwalben-
paar taucht vor dem regen her

von dem sie wissen u. sie wissen
mehr als du u. ich je voneinander
sehn … es stößt der rotschwanz sich
vom ahornstamm u. landet sicher
auf dem zaunpfahl an u. ist schon
bald im feuchten gras entschlüpft«

Unspektakulär der Inhalt, doch getragen von einer melodiö-
sen Struktur, die – scheinbar paradox – Parlando und Reim
verbindet. Bezeichnenderweise gibt es keine Endreime, nur
Binnenreime (»halb«, »wald«, »gehn«, »sehn«, »her«, »mehr«,
»ahornstamm«, »an«), außerdem etliche Assonanzen, wobei
die klangähnlichen Wörter sich nicht immer in unmittelbarer
Nähe voneinander befinden. Der Klangteppich ist locker ge-
woben, die Korrespondenzen sind schön verteilt, doch so, dass
das Ohr sich erinnern kann. Und es registriert: musikalischen
Zusammenhalt. Nur die letzte Zeile schert akustisch aus, »entschlüpft«. So muss es sein.
Musikalität schließt Reibung nicht aus, was gerade der Reim
beweist, wenn er klanglich ähnliche, aber semantisch unterschiedliche Wörter zusammenzwingt. Spiel- und Überra-
schungsfaktor Reim, unverzichtbar, und komme er als Schüt-
tel-, Stab- oder rührender Reim daher. Auch ich mache von
ihm vielfachen Gebrauch. Zum Beispiel so:

Bevor der Schnee kommt,
bin ich weiß vor Verheißung.
Starre aufs Astwerk, den grauen See,
die Matrize des Tags,
kaue Lakritze und lese die
Bekenntnisse eines Lemuren.
Es dauert. Sie sagen: heute,
sagen: morgen, aber er zaudert.

Lauert auf die Nacht wie ein
Dieb und fällt in die Saat.
Dann bin ich hellwach.

Ruhe

Verschwistert mit Stille, Unaufgeregtheit und Frieden erscheint sie wünschenswert, ob als Bettruhe, Nachtruhe, Seelenruhe, Gemütsruhe, Waffenruhe oder Grabesruhe. Nun, die ewige Ruhe mag noch etwas warten, wir nehmen vorerst mit anderen ihrer Spielarten vorlieb.

Mit der Naturstille à la Goethe (»Über allen Gipfeln ist Ruh ...«), der Siestaruhe im heißen Süden (Jalousien zu und abgetaucht in den Halbschlaf), der Ruhe, die die Nachtstunden zählt und alle Lämmer, und jener, die beim Fließgeräusch des Radiators zu sich selbst kommt.

Ru-he.

Ruft wer?

Reklamiert ein Lärmgeschädigter?

Keine Kinderschar zu hören. Keine Motorsäge. Nicht einmal der Flugzeughimmel brummt. Ein prophylaktischer Ruf, weil es gleich losgehen kann. Mit Nachbars Rasenmäher oder dem Lockvogel vom obersten Stock. Die Gefährdungen sind viel zahlreicher als die Garantien.

Marc Aurel meinte stoisch, Seelenruhe finde man nur in sich selbst, im Training der Gelassenheit, unabhängig von äußerem Tumult und Störungen aller Art. »Es gibt für den Menschen keine geräuschlosere und ungestörtere Zufluchtsstätte als seine eigene Seele, zumal wenn er in sich selbst solche Eigenschaften hat, bei deren Betrachtung er sogleich vollkommene Ruhe genießt, und diese Ruhe ist meiner Meinung nach nichts anderes als ein gutes Gewissen. Halte recht oft solche stille Einkehr und erneuere so dich selbst.«

171

Kein Leichtes, das mit dem guten Gewissen. Und wie soll die stille Einkehr gelingen, wenn man sich im Warten verzehrt, Pendenzen untröstlich sind, die Gedanken von Empathie zu Empedokles eilen und weiter zu Empirie. Wenn rundum Hektik tobt, der Rock rockt und schwierige Entscheidungen anstehen. Wie?

Ich suggeriere mir: Gemach! Calm down! Betrachte lange ein Rosenblatt. Lange heißt auch langsam, mit fokussierter Aufmerksamkeit. Für das Rot finde ich keinen Namen, es hat einen Stich ins Violette. Eine Gartenrose mit eigenem Lidschlag. Ich wiederhole: Eine Gartenrose mit eigenem Lidschlag.

Vielleicht fängt sie so an, die Ruhe.

Das Warten ist vergessen.

Das Unerledigte ist vergessen.

Das Denken kreist um einen Satz.

Der Puls geht langsamer.

Keine Vögelein in der Birke. Und selbst wenn …

Keine Musica.

Kein Platzregen.

Keine News.

Eine gute Idee, sagt eine innere Stimme.

Ich horche.

Eine gute Idee.

Bleib, bleib, sagt sie. Bleib.

Wo soll ich bleiben?

Da, wo du bist.

Aha.

Dann darf ich raten, ob ich eine Zeitinsel bin, eine Höhle oder traurig.

All of it.

Von mir aus.

All of it, wiederholt die Stimme.

Ein winziges Insekt kriecht über das Rosenblatt.

Bei Francis Ponge lese ich: »Die Ruhe erscheint mir als das einzig Wünschenswerte, in einer Welt, die zu verrucht ist, um sich selbst befreien zu können, wie die Zeitungen schreiben.« Das war 1926 und ist heute nicht viel anders.

Ruhe bewahren. Kühlen Kopf bewahren. Und Würde.

Rot

Die Kathedrale hat gerade den Ansturm der Menge überstanden. Patriarchenbesuch in Minsk. Jetzt ist es still. Vereinzelte Betende kommen, gehen, stehen, zünden Kerzen an. Ich sitze im Gestühl, neben einem Mütterchen. Schaue. Und gebe mich der Ruhe hin.

Da kreuzt eine junge Frau meinen Blick, einen Säugling auf dem Arm. Fast anzüglich durchquert sie den Raum, in enger kurzer Jacke und roten Stiefeletten. Ein bisschen Dirne, ein bisschen Jungfrau. Während das Kind für ihr Muttersein bürgt. Stolz trägt sie es zur Schau, zusammen mit den Schuhen. Nur, wo bleibt der Mann?

Eine verlassene Schöne. Gott steh ihr bei. Das Kindchen so klein, so zart. Schaut. Und sie dreht sich und dreht sich, auf den Fersen um.

Rot ist die Farbe des Feuers.

Rot ist die Farbe des Lebens.

Rot ist die Farbe der Freude.

Rot ist rot ist rot ist Rose.

Rot ist die Farbe des Triumphs.

Rot rostet nicht.

Rot ist der Vogelbeerbaum.

Rot ist roh, vielleicht.

Rot ist Blut.

Rot ist verrucht.

Rot ist Gefahr.

Alarmiert tanzt die Frau durch die Kirche. Das Alabasterköpfchen des Kinds tanzt mit. Sucht sie etwas? Sucht sie den

Popen, um ihre Beichte abzulegen? Wie sie das Messer gezückt und … Nein, so sieht sie nicht aus. Das Unschuldskindchen im Arm.

Sonja, Sonetschka aus »Schuld und Sühne«, zur Mutter bekehrt. Nur die koketten Kokotten-Schuhe verraten die Andere, Frühere. Oder Künftige?

Dann verschwindet sie schnell. Durch die Tür, die in die Unterkirche führt. Ich ihr nach. Ein Priester hantiert mit dem Weihwasserwedel. Sie spricht ihn an. Er lächelt. Jetzt begreife ich, dass eine Taufe bevorsteht. Das Kindchen soll in den Kreis der Christen aufgenommen werden.

Keck dreht sich die junge Mutter vor der Ikonostase. Und plötzlich steht neben ihr ein Mann, beugt sich zum Kind. Ein freundliches Gesicht. Das Messer kannst du begraben …

Die Taufvorbereitungen mag ich mir nicht ansehen. Nicht den Stillstand der roten Schuhe.

Ade, meine Schöne. Sonetschka aus Minsk.

Und wie heißt das Kind? Afrossinja oder Anastassija? Ein Mädchen doch.

Reisender nach innen: Ales Rasanaŭ.

Hager, das Gesicht markant, mit forschendem Blick und einem einnehmenden Lächeln, wortkarg, doch wenn er spricht, wiegt jedes Wort Gold.

Rasanaŭ stammt aus der weißrussischen Provinz, ist Schriftsteller, Denker, ein Kenner der Veden – und mein heimlicher Guru. Nein, nicht einer von jener berüchtigten Sorte. Er versammelt keine Schüler um sich, predigt nicht, meidet Auftritte. Er gehört zu den Stillsten der Stillen. Aber glücklich, wen seine Worte erreichen.

Als ich ihn auf einem Literaturfestival in Slowenien kennenlernte, bemerkte er zwischen den Steineichen des Karsts, nicht der Winkel von 180° sei entscheidend, sondern der von 90°. Abweichung statt Gegenteil. Von da an nannte ich ihn den »Neunziggrädigen«.

So schaut er auf die Welt: mit leicht schiefem Kopf wie ein Vogel und Augen, die im Kleinen das Große sehen. Ohne zu urteilen, ohne in Gegensätzen zu denken. Aggressivität kennt er nicht, Kraft schon. Zu dieser Kraft gehört, dass er seine Werke konsequent auf Belorussisch schreibt, auch wenn ihm dies immer wieder Probleme eingebracht hat. Ausdauer statt Frontalattacken. Was zählt, ist das Erzählte.

Das geschieht in Poemen und »Versetten«, in haikuartigen Kurzgedichten (»Punktierungen«) und philosophischen Reflexionen (»gnomischen Zeichen«), deren aus Märchen, Anschauung und Lektüre gespeiste Evidenz unmittelbar einleuchtet. Rasanaŭs heiter-ernste Weisheit kennt keine Anmaßung. Sie überzeugt und beglückt.

»Wind:
Der Halm
lehnt sich an den Halm,
doch der – lehnt ab.«

✦

»Die Sonne geht unter:
Mit zwei Augen
schau ich ins dritte.«

✦

»Einen Schritt vor dem Erfolg
halte ich an,
einen Moment vor dem Sieg
fange ich an zu grübeln …
Die Freunde seufzen und gehen fort,
das Leben lächelt und hält an neben mir.«

Das Leben! Für Rasanaū ist es Inbegriff des Werdenden, dem
er bei Mensch und Natur auf der Spur ist. Nur nicht erstarren
in Dogmen, Benchmarks, Saturiertheit, Ideologien. Und wo
Grenzen gesetzt sind, imaginiert er eine Perspektive des Unbekannten, einen kosmischen Kreislauf, in dem aufgehoben ist,
was aufgehoben gehört.
Nein, er beschwert sich nicht. Obwohl beispielsweise die Politik seines Landes Anlass genug böte. Zwar nennt er die Dinge
beim Namen, stellt sie aber in größere Zusammenhänge. Als
sähe er nicht nur, wie das Blatt am See »in sein eigenes Abbild
fällt«, sondern gleichsam von höherer Warte, wie »zerstört werden die Städte, / untergehen die Staaten«, »die Stätten der Bodenschätze sich leeren, / die Flüsse versuchen zurückzufließen«.

Ich höre ihm zu, seine Stimme beruhigt. Auch am Telefon. Gesehen haben wir uns schon lange nicht mehr, zuletzt vor Jahren in Minsk. Da besuchten wir einen Markt und kauften Beeren und winzige Äpfel, die wir einem Maler und seiner Frau brachten. Und am Ende des Tages gingen wir im Halbdunkel über ein Feld, an dessen Rand Gräber standen. Schweigend. Aber dieses Schweigen war beredt. Haben wir auch im ehemaligen Ghetto geschwiegen? In der Gedenkstätte und im kleinen Park mit dem Mahnmal? Ich weiß es nicht mehr.

Früher kreuzten sich unsere Wege öfters in Deutschland und in der Schweiz, wo wir zusammen lasen, ausgedehnte Spaziergänge machten, Suppe löffelten. Das ist vorbei. Rasanaū reist nach innen, hier erschließen sich ihm die eigentlich unbekannten Welten.

Manchmal meldet er sich per Mail: »Heute war ich auf der Buchmesse, habe signiert. Doch der allgemeine Eindruck: die Bücher haben aufgehört, das Notwendige festzuhalten und weiterzugeben. Einerseits ist das Buch zur Ware geworden, anderseits haben sich die Vibrationen der Wirklichkeit verändert: diese entfernt sich, während die Menschheit mit ihrer Bagage immer mehr zurückbleibt.

Widme dich der Wirklichkeit!«

Und: »Du stehst an der Tür. Wir treten ins Morgen ein. Der Sinn ist mit uns: wir erlauben ihm, mit uns zu sein.«

Rituale

Hast du gewisse Tagesrituale?

Rituale klingt zu schön für das, was ich im Alltag erlebe. Ich liebe liturgische Rituale, Festrituale, die Rituale einer japanischen Teezeremonie. Mein Tagesablauf aber ist unspektakulär und nicht streng an Uhrzeiten gebunden. Ich frühstücke eher spät, trinke meinen Tee und esse Joghurt mit Früchten, dazu lese ich die NZZ. Der Vormittag vergeht dann meistens mit Telefonieren, Briefeschreiben, Beantworten von E-Mails und Einkaufen. Dann gibt es einen leichten Lunch. Anschließend mache ich mich an die Arbeit und arbeite dann in der Regel den ganzen Nachmittag, bis gegen halb acht. Nach dem Abendessen lese ich oder schaue mir eine Sendung auf ARTE oder 3Sat an. Um eins ist dann *bedtime.*
Natürlich gibt es Tage, die anders ablaufen, mit Arzt- und Freundesbesuchen, oder ich gehe abends ins Kino oder Konzert.

Und wie muss man sich dich vorstellen, wenn du konzentriert arbeitest: Sitzt du die ganze Zeit oder stehst du auf und bewegst dich, vor allem wenn du kreativ arbeitest?

Ich bin nicht unruhig, sitze oft lange. Stehe höchstens auf, um mir ein Buch oder eine Tasse Tee zu holen. Das bedeutet Treppengehen, was gut tut. An den Computer setze ich mich immer erst dann, wenn ich die Arbeit vorbereitet habe – Notizen verfasse ich von Hand. Am Computer bin ich ausdauernd und mag keine Ablenkung. Höchst selten, dass ich nach etwas Schokolade greife.

Und was machst du mit dem Telefon? Wird das ausgeschaltet?

Das Telefon klingelt sowieso viel seltener, seit es E-Mails gibt. Einen Anrufbeantworter habe ich nicht, gehe also kurz ran und mache, wenn nötig, einen späteren Termin aus. Eine längere Unterbrechung stört, ich verliere den Faden und die Konzentration. Beim Schreiben ist es ja extrem wichtig, eine Atmosphäre zu schaffen – und abzutauchen. Nur so hört man die innere Stimme und kann der Eigendynamik der Sprache folgen. Ich vertrage auch keine Musik.

Womit belohnst du dich nach einem anstrengenden Arbeitstag?

Gerne mit Lesen. Es gibt Abende, da gehe ich an die Regale und greife mir ein paar Bücher – zur Inspiration. Und bin dann so angeregt und beglückt, dass ich kaum Schlaf finde.

Machst du dir keine Sorgen um deine Augen, wenn du täglich stundenlang vor dem Bildschirm sitzt und danach noch liest?

Natürlich, denn die Augen sind unverzichtbar. Meine Mutter hatte im Alter eine Macula-Degeneration, konnte aber trotzdem bis zuletzt lesen, wofür sie unendlich dankbar war. Ich kann nur hoffen, dass es mir ähnlich ergeht.
In der Regel signalisiert mir meine Nackenmuskulatur, dass genug ist. Die Verspannung löst Kopfschmerzen aus, dann weiß ich, dass ich den Computer ausschalten muss.

Schreibst du manchmal von Hand?

Notizen mache ich immer von Hand, auch Tagebuch schreibe ich mit dem Kugelschreiber. Gelegentlich sogar Gedichte. Wenn die Hand schreibt, schreibt der Körper mit – das ist ein intimer Vorgang.

Sobald ich auf einer Tastatur tippe und das Resultat auf einem Bildschirm sehe, spüre ich Distanz. Der Text schaut mich an, wie losgelöst von mir. Und das ist gut so. Nur möchte ich das andere nicht missen. In meiner Tasche trage ich mindestens fünf Kugelschreiber und fünf Bleistifte herum, dazu ein Notizheft. So bin ich für alle Fälle gerüstet.

Schreiben (Scribo, ergo sum)

Wie bist du zum Schreiben gekommen?

Das fing früh an, aus der Begegnung mit Literatur. Meine Mutter las mir oft vor, Märchen und Gedichte, und ich konnte mich nicht satt hören. Mit sechs las ich selbst, verschlang ein Buch nach dem anderen. Mich faszinierte die Parallelwelt der Bücher und die Macht der Sprache. Und wie von alleine erwachte der Wunsch, schreibend eigene Welten zu erschaffen.

Wurdest du gefördert?

Ich wuchs mit Büchern auf, also in einem literaturaffinen Umfeld. Und hatte schon in der Grundschule Glück mit meinem Lehrer: er ließ uns häufig Aufsätze schreiben und erkannte mein Talent.

Mein erstes Gedicht schrieb ich erst mit vierzehn, auf dem Friedhof von Kilchberg, wenige Meter von Thomas Manns Grab entfernt. Wobei Thomas Mann keine Rolle spielte, sondern der Ort: bei schönem Wetter hat man eine wunderbare Sicht auf die Berge. Außerdem inspirierte mich die Skulptur eines Mannes mit zum Himmel gereckten Armen. Ausdruck einer metaphysischen Sehnsucht, die mich sachte umtrieb.

Aus einem Gedicht wurden dann mehrere, es entstanden Zyklen. Doch behielt ich alles für mich. Auch das Tagebuchschreiben, mit dem ich gleichzeitig begann, blieb mein Privatissimum. Man könnte sagen, dass ich schreibend erwachsen wurde, mich selbst und die Welt entdeckte. Genauer, schreibend – und lesend, denn Bücher waren meine ständigen Gesprächspartner. Shakespeare, Baudelaire, Rimbaud, Gryphius, Hölderlin, Rilke, Celan, Mandelstam, um nur einige Dichter zu nennen.

Die Lyrik hat es mir am meisten angetan, als die klangvollste und knappste literarische Gattung. Mit Gedichten habe ich auch debütiert, zuerst in Zeitschriften, dann im Band »Wie Winter«. Im Grunde kann ich nichts anderes, selbst meine Prosa ist lyrisch.

Was gibt den Ausschlag, ob ein Gedicht oder ein Prosatext entsteht?

Das hat mit dem Thema oder Stoff zu tun. Momentaufnahmen, »Stilleben«, emotionale Flashs gehören ins Gedicht, wird etwas erzählerisch und erfordert einen größeren Raum-Zeit-Horizont, entsteht Prosa. Natürlich können auch Gedichte mitunter narrativ sein und Zyklen bilden, doch das kommt bei mir selten vor. Im Regelfall kündigt sich ein Gedicht durch einen Rhythmus an, dann weiß ich, dass ich scharf nach innen hören muss.

Interessiert dich die Sprache mehr als die Stoffe?

Sie interessiert mich vital, und ich vertraue ihrer Eigendynamik. Für spannende Plots bin ich nicht zuständig, für sprachliche Bewegungen schon. Die Sprache ist für mich nicht nur der Gradmesser, wie Menschen kommunizieren, sondern Indiz für Sensibilität und ein feines Gehör. Außerdem ist sie – Klang, ein wunderbares Klanginstrument.

Siehst du die Verantwortung des Schriftstellers im Bereich der Sprache?

Auf jeden Fall. Wer, wenn nicht der Schriftsteller muss wissen, *wie* er spricht. Wobei die Inhalte selbstverständlich auch zählen. Mein Augenmerk gilt den kleinen Dingen, denn in ihnen spiegeln sich auch die sogenannt großen. Das Augenmerk muss aber präzis sein. Und das Gesagte erst recht.

Bedeutet Schreiben für dich Leben?

Schreiben ist Schreiben, eine Art Parallelexistenz, die meine reale Existenz allerdings bis ins Detail prägt. Mit etwas Übertreibung könnte ich sagen: Scribo, ergo sum. Ich schreibe, also bin ich. Tatsächlich kann ich mir schwer vorstellen, ohne Schreiben leben zu müssen. Was aber nicht heißt, dass Schreiben für alles kompensiert. Es gibt Dinge, die sich durch Schreiben weder lösen noch therapieren lassen. Da muss man andere Ansätze suchen.

Schreiben bedeutet: Arbeit und Kopfzerbrechen, Ausdauer und Einsamkeit, Trost und Glück. In einer Mischung, die keiner Gesetzmäßigkeit unterliegt. Aber ich möchte es nie und nimmer missen.

In »Mehr Meer« verweist du auf die Parallele von Schreiben und Schreien. Wie meinst du das?

Das Schreiben kann Selbstgespräch und Protokoll, Anrufung, aber auch Aufschrei sein. Indem sich tief innen etwas löst und nach außen drängt. Heftig, verzweifelt, fast unkontrolliert. Wie ein Hilferuf oder Protestschrei. Doch ist das Schreiben auch mit dem Schweigen verschwistert, wenn es ins Offene mündet oder mit Aussparungen arbeitet. Im Schweigen findet das Gesagte/Geschriebene seinen Echoraum. Es ist darum falsch, Schweigen als bedrohlich abzutun.

Die Rhythmen, die du als Anfang eines Gedichts bezeichnest, kommen sie aus dem Schweigen?

Genau. Da ist Stille, Windstille, und plötzlich beginnt sich etwas zu regen. Aus dieser rhythmischen Regung formen sich Laute, aus den Lauten nach und nach Wörter. Und diese Wörter ziehen andere an – nach klanglichen oder semantischen Gesichtspunkten. Ein kaum beschreibbarer, ziemlich rascher Vorgang. Letzten Endes unausdeutbar. Lassen wir dem Schreiben einen Gran Geheimnis.

Geheimnis klingt schön. Aber zum Schreiben gehören doch auch Struktur und Konstruktion.

Sicher. Es ist kein Zufall, dass ich mich immer wieder an strengen Gedichtformen versucht habe, an Neunzeilern und Akronymen. Strukturen sind Trigger für die Kreativität. Sosehr der Schreibprozess selbst einem Tasten mit offenem Ausgang gleicht, sosehr brauche ich, um mich auf diesen Vorgang einzulassen, die Idee einer Konstruktion. Vor allem bei längeren Prosatexten. Als ich den Buchessay »Langsamer!« in Angriff nehmen wollte, fehlte mir weniger ein Konzept denn eine Konstruktion. Wie das Material ordnen? Nach langem, fruchtlosen Überlegen schaute ich mir das Wort »Langsamer« an und entdeckte, dass sich aus seinen Buchstaben interessante Kapitelüberschriften bilden ließen. Von »Liebe (Lektüre)« bis »Reise (Ruhe)«. Und liest man das Inhaltsverzeichnis, entsteht ein Akrostichon, das heißt die Anfangsbuchstaben ergeben vertikal das Titelwort »Langsamer«. Das war so schlüssig, dass ich loslegen konnte. Tatsächlich schrieb ich das Büchlein in wenigen Wochen.
Die Konstruktion als Gerüst bildet den unabdingbaren Gegenpol zum Zufälligen, Aleatorischen des Schreibens. Das eine ohne das andere funktioniert nicht.

Und woher kommen die Inspirationen?

Für Gedichte kann alles zur Inspiration werden. Das »Zirpen« eines Heizkörpers, ein Fettauge im Tee, Kinderstimmen im Schulhof, ein trauriger Sonntag. Oder eine Szene, wie ich sie vor einiger Zeit in Wien erlebt habe. Meine Freundin sagte: Lass uns zum persischen Teppichhändler gehen, er ist sehr nett. Wir betraten ein vornehmes Haus in der Wiener Innenstadt, stiegen die Treppe zum ersten Stock hoch, klingelten. Es öffnete ein gut aussehender, lächelnder Mann, begrüßte uns mit höflicher Herzlichkeit und lud uns in die Räume. Riesige Räume, behängt mit exquisiten Teppichen. Ein Teppichreich. Wir schauten, staunten, stellten Fragen. Er antwortete in einem Deutsch mit feinem Akzent. Und offerierte uns nach einer Weile Tee. Der »Teeraum« war schmal und dämmerig, wir saßen in bequemen alten Sesseln und tranken goldbraunen kräftigen Schwarztee aus orientalisch geschwungenen Gläsern. Der Perser sprach langsam, über Schönheit und Handwerk, über Stille und Wüsten, auch über Literatur. Er lese ständig, sagte er. Vor allem nachts, bei Schlaflosigkeit. Und seine Augen leuchteten. Waren wir überhaupt noch in Wien? Ich fühlte mich völlig entrückt. Ohne jede Dramatik entrückt. Und wusste, dass dieser magisch-zeitlose Moment in ein Gedicht münden will. Und wird.
Hier ist es:

Im Teeglas das Licht
im bernsteinfarbenen Tee
das Gesicht Persiens
der Mann wie von weit
murmelt sein Lied
weich und soviel Kaspisches
zwischen den Wänden

bartlose Teppiche Seide
Ergriffenheit
Bräute keine der Mittag
gähnt
nur im Glas ein *halberloschenes*
Herz klitzeklein
späht

Schönheit

Ist Schönheit für dich eine Lebensnotwendigkeit und eine Art Schutz?

Sie ist ein genuines Bedürfnis. Seit ich mich erinnern kann, war ich empfänglich für Schönheit. Für die Blumen im Garten meiner slowenischen Tante oder die prachtvoll gespiegelten Paläste in Venedig, das ich schon mit drei Jahren kennenlernte. Meine Eltern hatten selber einen ausgeprägten Sinn für Schönes und nahmen mich in Museen, Kirchen, an zauberhafte Orte mit. Das war keine Überforderung, sondern eine Schule des Sehens. Ich lernte begierig und genoss das Gesehene. An diese frühe Erfahrung knüpfe ich bis heute an.

Eine fein gearbeitete koreanische Teeschale kann mich ebenso entzücken wie eine minimalistische Zeichnung von Richard Tuttle, wo Strich und Raum sich gegenseitig steigern. Was ist Schönheit? Ich assoziiere sie mit Proportionen, mit Stimmigkeit und einer besonderen Ausstrahlung, die sich bei Gegenständen aus dem Material und dessen Bearbeitung ergibt. Das Naturschöne überzeugt als solches, das Kunstschöne arbeitet sich am Naturschönen ab, indem es eigene Gesetze entwickelt. In der japanischen Ästhetik des Wabi-sabi gilt nicht das als schön, was regelmäßig, symmetrisch und »vollkommen« ist, sondern Schönheit und Harmonie definieren sich durch Abweichung und Unvollkommenheit. Diese Idee ist mir nahe. Vor allem wenn sie, wie bei den Japanern, mit großer Kunstfertigkeit und Liebe zum Objekt einhergeht.

In der Schönheit steckt für mich unbedingt Liebe. Erst daraus ergibt sich jene Evidenz, die Mörike in seinem Gedicht »An eine Lampe« zum Ausdruck gebracht hat: »Was aber schön ist, selig scheint es in ihm selbst.«

Schönheit vermittelt sich meist spontan, ohne dass sie deswegen mit Gefälligkeit oder gar Kitsch zu verwechseln wäre. Sie kann spannungsvoll und gebrochen sein, »unvollkommen« und dennoch beglückend. Was Hässlichkeit nicht zu leisten vermag. Zu Hause, in meinen eigenen vier Wänden, schütze ich mich vor Hässlichkeit und Lieblosigkeit, indem ich meine Umgebung bewusst gestalte. Und im Schreiben kultiviere ich eine Wahrnehmungs- und Sprachsensibilität, um eben jenen Zumutungen Widerstand zu leisten.

Du bringst Hässlichkeit mit Lieblosigkeit in Verbindung.

Sie gehören für mich zusammen. Eine Dutzendarchitektur, wie sie heute weltweit, in erschreckendem Ausmaß aber in China entsteht, ist nicht nur hässlich, sondern lieblos. Hässlich ist auch die Vermüllung, die im Kleinen beginnt: Jugendliche finden es cool, Kippen und Abfall zu ihren Füßen zu entsorgen. Solche Achtlosigkeit nimmt ebenso zu wie die Verrohung der Sitten und der Sprache.

Demgegenüber boomt die Schönheitschirurgie und das Business mit der sogenannten Selbstoptimierung. Wer redet noch von Charakter oder innerer Schönheit? Alles ist Design, folgt oberflächlicher Machbarkeit. Nur damit X. und Y. in einem fremdbestimmten Ranking aufsteigen.

Anders hält es die Kunst. Nachdem sie seit der Moderne allem Schönen abgeschworen hat, um an seiner Stelle das Hässliche und Schreckliche in den Mittelpunkt zu rücken – Rilkes Vers aus der Ersten Duineser Elegie »Denn das Schöne ist nichts als des Schrecklichen Anfang« wirkte wie ein Fanal –, besinnt sie sich seit neustem wieder ernsthaft auf die Möglichkeiten der Schönheit, ohne diese in den Bereich der Seichtheit oder des Beauty-Wahns zu verweisen. Sie dürfte erkannt haben, dass es in ihrer Verantwortung steht, der Schönheit als humanem Bedürfnis Rechnung zu tragen. Je hässlicher die Welt, desto wichtiger wird dieses Anliegen.

Hat Schönheit auch mit Sittlichkeit zu tun?

Im weitesten Sinne schon. Denn das Schöne, Gute und Wahre lassen sich so leicht nicht trennen. Anstand, Rücksichtnahme, Sorgfalt, Achtsamkeit, Würde sind mit Schönheitsempfinden verbunden. Zum Beispiel sagt mir ein innerer Imperativ, ich könne das Bett nicht ungemacht lassen. Natürlich steckt da Erziehung drin, zugleich empfinde ich den Anblick eines ungemachten Bettes als ungepflegt und unschön. Mein Haus versuche ich in jedem Moment so präsentabel wie möglich zu halten: in erster Linie für mich, aber auch für unverhoffte Gäste. Sorgfalt und Pflege sind mir wichtig, das Wort Kultur stammt vom lateinischen »Pflegen«. Schönheit ist ein Teil dieser Kultur, die sich nicht nur auf die Künste, sondern auch auf den Alltag bezieht. Es gibt eine Kultur des Wohnens, des Essens, des Umgangs. Eines bedingt das andere.

Herta Müller schrieb einmal, Schönheit gebe einem Halt, sie behüte oder schone einen, während das Hässliche jede Umgebung abweisend mache, man könne in ihm nicht zu Hause sein. Da gebe ich ihr völlig recht. Nur muss man in Schönheit investieren, damit sie zum Zuhause werden kann.

Und wie ergeht es dir auf deinen Reisen in Länder, wo Schönheitsempfindlichkeit es schwer hat?

Vorweg: Ich bin keine Schönheitsfanatikerin und weiß nur allzu gut, dass die Welt nicht perfekt ist. In einem der schönsten – und kulturell reichsten – Länder, Italien, herrscht eine brutale Mafia, die Politik ist chaotisch, die Gesellschaft zersplittert und teilweise bitterarm. In Rom haben es engagierte Bürger übernommen, kaputte Straßen zu reparieren, weil der Staat nichts unternimmt. Wertvolle Bauwerke werden aus Geldmangel dem Zerfall preisgegeben. Traurige Aussichten.

Auf meinen Reisen nach Osteuropa und in den Nahen Osten war ich mit viel Chaotischem und Hässlichem konfrontiert. Doch bin ich Menschen begegnet, deren Offenheit und Lebendigkeit mich begeistert und die negativen Eindrücke gemildert hat. Während meines Studiums in Leningrad erlebte ich den sowjetischen Mief, verfallende Gebäude, stinkende Hinterhöfe und Treppenhäuser, doch kaum gingen die Wohnungstüren meiner Freunde auf, betrat ich ein anderes Reich, mit Büchern, Bildern und alten Teppichen, mit liebevoll gedeckten Tischen, an denen wir uns stundenlang angeregt austauschten. Öffentliche Verwahrlosung stand in scharfem Kontrast zu gepflegter Privatsphäre. Auch in den Kirchen glänzte alles, vom säuberlich gefegten Boden bis zu den goldenen Ikonen, und die Gesänge waren engelsgleich.

Teheran, das ich zweimal besucht habe, ist ein Moloch, der im Süden an die Wüste, im Norden an hohe Berge grenzt, und der nicht nur an seiner Hässlichkeit, sondern am Verkehr zu ersticken droht. Man verbringt Stunden im Stau, muss ansehen, wie Menschen halsbrecherisch die Straße überqueren, oder riskiert es selbst – mit ungewissem Ausgang. Aber da und dort gibt es zauberhafte Parks, grüne Oasen, wo die einen spazieren, die anderen picknicken, unglaublich schön und friedlich. Einmal habe ich in der Abenddämmerung einen Park neben einem Kulturhaus aufgesucht. Auf den Bänken saßen Liebespaare, ein Musiker spielte auf der iranischen Harfe, der ganze Wahnsinn der hektischen Großstadt schien vergessen.

Vergessen war er auch in einem Basar hoch im Norden der Stadt. Die Waren appetitlich ausgelegt, duftend und bunt, die Käufer ruhig, die Stimmung heiter. In der angrenzenden Moschee rief man zum Abendgebet. Und das Licht kurz vor Sonnenuntergang spielte in allen Farben. Später fuhr ich zu einem bekannten Dichter, der im obersten Stockwerk eines gepflegten Hochhauses lebt, mit Blick auf das berüchtigte Evin-Gefängnis, in dem er jahrelang eingesessen hatte. Doch die Wohnung war komfortabel und geschmackvoll und das von der Hausherrin zubereitete Essen eine Gaumenfreude. Die persische Gastfreundschaft ist unübertrefflich. Und nie werde ich vergessen, wie die weiblichen Gäste, kaum hatten sie die Wohnung betreten, mit einer einzigen eleganten Geste das Kopftuch abstreiften, um sich in ihrer ganzen Haarpracht zu zeigen. Was im öffentlichen Raum verboten ist, wird privat gefeiert. Hier gibt es Tanz, pulsierende Freude, Alkohol. Viel Poesie und freundschaftlich offene Gespräche.

Schönheit liegt auch in Begegnungen, in einer Berührung, einem Blickwechsel. Gerade im Iran lachte mich manches Augenpaar an. Es waren junge Frauen mit tiefdunklen Augen unter stark gewölbten Brauen, die mich keck ansahen und schauend grüßten. Ich grüßte zurück. Einige sprachen mich an, wollten wissen, woher ich käme. Studentinnen im Tschador, die neugierig ihr Englisch erprobten.

Apropos Iran: Erstaunlich, was hier unter der Verschönerung von Plätzen und Verkehrskreiseln verstanden wird. Man stellt riesige künstliche Schwäne auf, kombiniert Plakate mit monumentalen Blumenbuketts, lauter Geschmacklosigkeiten. Doch über nichts lässt sich bekanntlich heftiger streiten als über Geschmacksfragen.

Hast du dich über Schönheit schon gestritten?

Wenn, dann ungern. Denn es ist zuviel Subjektivität im Spiel. Außerdem geht es um Kontexte und Atmosphäre. Was letzteres betrifft, bin ich sehr sensibel. Orte haben einen Geist, eine Ausstrahlung. Ich spüre sie unmittelbar, als wäre ich durchlässig. Mehr als einmal habe ich Hotelzimmer gewechselt, weil ich sie physisch nicht ertrug. Und gab es keinen Ausweg, nahm ich sofort Veränderungen vor: versprühte mein Parfum, stellte Ansichtskarten und Bücher auf, breitete ein Kleid übers Bett, um den Raum »umzustimmen«. Ein Notbehelf, aber er funktioniert. Funktioniert wie der Überlebenstrieb.

Du wehrst dich also gegen eklatante Hässlichkeit?

Ich wehre mich gegen einen »genius«, der mich abstößt. Das kann eine muffige Einrichtung, ein Geruch, aber auch der Geist der Bewohner sein. Sofort verkrampft sich mein Magen, und ich möchte fluchtartig weg. Was freilich nicht immer möglich ist. Bleiben Durchhalteparolen oder die erwähnten »Eingriffe«. Sowie der altbewährte Satz: Make the best of it. Zugegeben, ich kann mein Unwohlsein in bestimmten Situationen schlecht kaschieren. Meine Begeisterung aber noch weniger. Gefällt mir etwas, bin ich extrem offen, ja überschwenglich. Schon als Kind soll ich laut gerufen haben: Schaut, wie schön! Egal, ob sich meine Begeisterung auf ein Bild oder das Meer bezog, ich gab ihr Ausdruck. Und tue es noch immer. Im Grunde bin ich täglich voller Staunen über Dinge, die im Kleinen und Unscheinbaren Schönheit offenbaren.
Dazu fällt mir der österreichische Dichter Peter Waterhouse ein, dessen emphatischer Blick selbst Tankstellen und Bogenlampen eine Schönheitsfähigkeit zuspricht:
»Die Bogenlampen die Ausfahrtstraße entlang sind auch einschaltbar mit dem Wort Schönheit. Von dem Wort werden sie nicht schön, aber werden etwas heller oder blitzen auf; auch die Blumen umher stehen jetzt etwas höher und verkehrsgeeigneter oder verkehrssicherer. Mit solchem Wort auch ist

der Verkehr zu verlangsamen und beruhigen. Aber wirklich geschieht nichts. Einige Samenkörner sind ausgestreut. Samenkörner ausstreuen ist natürlich. Die Bogenlampe rostet auf der Wetterseite, zittert im Wind, aus dem Grund trinkt sie eine Art Fließwasser, neben einer Strickwarenfabrikation. Die Lampe wird genutzt wie ein Forstbaum. Man kann die Bogenlampen schützen. Dahinter der Sportplatz ist baumleer, aber lampenbeleuchtet. Zart, noch nicht unterstützt von der Sprache, berührt die Natur die Bogenlampe und die Bogenlampe die Natur.«

Das Zitat stammt aus dem Band »Blumen«, der deutsch-japanisch in der Tokyo-Edition des Wiener Folio Verlags erschienen ist. Nicht zufällig, denn Waterhouse's Denken berührt sich mit der philosophischen Ästhetik des Wabi-sabi, darin das Naturschöne und das Kunstschöne keinem Vollkommenheitsanspruch zu genügen haben.

Aber gibt es nicht auch Schönheit, die unbestritten ist?

Zweifellos. Setzt man Schönheit zum Beispiel in Kontrast zu Zerstörung, behauptet sie sich souverän. Roger Willemsen, der mehrmals im kriegsversehrten Afghanistan war, schrieb 2013 in seinem Buch »Es war einmal oder nicht«: »Man kann sich in westlichen Gesellschaften oft nicht recht vorstellen, wie wichtig die Schönheit der Kunst ist, wie tief sie reicht (…). Die Feier des Schönen ist, wo Kriege, Besatzer, religiöse Autoritäten so lange die Kunst regulierten, Teil eines Aufbruchs.« Vor dem Hintergrund von Kulturverachtung und -vernichtung wird Kunst nicht nur als Wert, sondern als Inbegriff des Schönen empfunden. Hier hören Relativierungen auf.

Oder mit dem Chinesen Lian Yang gesprochen: »Das Schöne hat keine Richtung.«

Schnee

Es ist Hochsommer und ich schreibe über Schnee. Kein Weiß ringsum, vielmehr sattes Grün – in glastiger Hitze. Doch brauche ich nur die Augen zu schließen und ich sehe es flocken: leicht, lautlos, in ebenmäßiger Bewegung. Der Schnee legt sich demokratisch auf alles, ob Straße, Strauch oder Auto, barmherzig verdeckt er das Hässliche, hüllt Stacheldrahtzäune ebenso ein wie Mülldeponien und Elendsbehausungen. Eine weiße Fracht, glitzernd in der Sonne. Als Kinder warfen wir uns rücklings in den Schnee, bewegten die Arme, und fertig war der Engel. Oder wir ließen die Flocken genüsslich auf der Zunge zergehen.

Schnee, ein himmlisches Nass. Gemacht zum Formen von Schneebällen und Schneemännern, zum Rodeln und Ski fahren. Wie elegant lässt sich darauf gleiten, Gefahren mit einkalkuliert. Schlittenunfälle haben meinem Kopf arg zugesetzt. Seither begnüge ich mich mit imaginären Fahrten, hangabwärts, in steilen Kurven.

Am liebsten sehe ich dem Treiben der Flocken zu: wie sie fallen oder tanzen, zerstieben oder pudrige Fäden (ja Fahnen) bilden, wie sie bei Wind zum Gestöber werden, bei Sturm zu einer fast undurchdringlichen Wand. Die Bescherung kann heftig sein, und liegt meterhoch Schnee, droht in den Bergen Lawinengefahr.

Seltsam, dass der Instinkt dem Schnee lieber Unschuld als Bedrohung, Leichtigkeit als Schwere zuschreibt. Das reine Weiß verzaubert, obwohl es sich rasch in schmutziges, verharschtes, vereistes verwandeln kann. Schnee – eine Zaubervokabel. In der Tat: das einsilbige Wort mit dem Zischlaut und dem langen, gleitenden »e« scheint ideal zu verkörpern, was es meint. Meine Faszination gilt dem Wort ebenso wie der Sache. Weder das französische »neige« noch das ungarische »hó« – Einsilber auch sie – können mit »Schnee« mithalten, am ehesten noch das ähnlich klingende russische »sneg«.

Oder ist das meine persönliche Einbildung? Bin ich eine Lautfetischistin?

In vielen Gedichten habe ich den Schnee zu fassen versucht – und bin damit keineswegs allein –, das Wort habe ich am eindringlichsten in einem Neunzeiler beschworen, der geht so:

In den Pausen zwischen den Bäumen: Schnee
in den Räumen zwischen den Worten: Schnee
in den Mulden zwischen den Häusern: Schnee
in den Gärten zwischen den Zäunen: Schnee
und kalt
in den Teichen zwischen den Kneipen: Schnee
in den Löchern zwischen den Eichen: Schnee
in den Träumen zwischen den Feldern: Schnee
in den Tellern und Falten: Schnee

Jeder Versuch, dieses Gedicht in eine Sprache zu übersetzen, wo »Schnee« zweisilbig ist, müsste scheitern.

»Schnee« also, mit dem Doppel-e, das diminuendo ausklingt. Zum Schnee gehört wesentlich die Lautlosigkeit, die Stille. Tage- und nächtelang kann es schneien, ohne dass das Ohr das geringste Geräusch wahrnimmt. Regen macht sich bemerkbar, Wind ebenso. Nur der Schnee hält es anders. Prasselt nicht, pfeift nicht, fällt leise vom Himmel. Das macht doppelten Eindruck. Zumal er, einmal gefallen, auch dem Rest der Welt einen Dämpfer verpasst. Da hüllt sich nicht nur alles in jungfräuliches Weiß, da wird es plötzlich so angenehm still, als wäre dieses Weiß aus Watte.

Weich, schalldicht, geräuschabwehrend. Unter seiner Wirkung wird man selber zum »Hauch«, zur »Daune«, zum »Schweigen der Nacht unter Wieseln«, wie ich einmal geschrieben habe.

Der Schnee als sanfter Verwandler. Auch dazu ist er gut, jenseits von Wintersport und von Gefährdungen, auf die sich nicht zuletzt die Literatur kapriziert hat. (Schneestürme bei Puschkin, Stifter, Gunnar Gunnarson und vielen andern.) Wo er sich undramatisch gibt, ist er mir am liebsten. Denn er lehrt mich schauen und lauschen. Mit seinen vielen Nuancen von Weiß und von flockiger Stille.

Robert Walser, der Schneefreund, der 1956 während eines Spaziergangs durch die verschneite Appenzeller Landschaft an Herzversagen starb, notierte liebevoll-treffend: »Das Schneien hat alles Geräusch, allen Lärm, alle Töne und Schälle eingeschneit. (…) Was kantig und spitzig war, besitzt jetzt eine weiße Kappe und ist somit abgerundet.«

Gleichmut und Sanftmut des Schnees. In dessen pappiger Masse man jedoch im Handumdrehen versinken, in dessen chaotisch-wimmelnden Wirbeln man vom Weg abkommen und den Kältetod finden kann.

Nein, harmlos ist er nicht, der Schnee. Und reimt sich nicht von ungefähr auf Weh. Das er verursacht oder lindert, je nachdem. Aber seiner weißen Verführung kann man schwer widerstehen. Jede Flocke ein Wunder aus Kristallen. Die Summe: »reine Erhabenheit«.

Als ich noch an Frau Holles Kissen glaubte und eifrig die Schneekugel schüttelte, war meine Faszination nicht geringer. Doch ein Guckloch zur Transzendenz sah ich im Schnee nicht. Sann weder über den ewigen Schnee noch über klirrende Fragen nach. Tue es heute. Sage mit Robert Walser: »Der Schnee fällt nicht hinauf« und ergänze im gleichen Atemzug: Aber er zeigt über sich hinaus.

Und grüße, en passant, den scheuen Schneehasen.

Schlaf

Wir verschlafen unser halbes Leben und können nicht anders. Weil der Körper, weil die Zellen, weil alles in uns Ruhe und Regeneration braucht. Meinen winzigen Enkel sehe ich im Schlaf wachsen und beobachte seine Gesichtszüge, die unter einer fernen Traumregie mal zucken, mal ein seliges Lächeln zeigen. Goldener Schlaf, fällt mir dazu ein. (Und lautmalerisch: holder Knabe.)

Nie habe ich mit Schlaf gegeizt, ihn immer als Wohltat geschätzt. Und lässt er mich einmal im Stich, versuche ich ihn zu locken auf freundlichste Art. Wir sind Verbündete, und Mittler brauchen (wollen) wir keine.

Die Horizontale des Betts. Die Erschlaffung der Glieder (des Geistes). Der somnambule Zustand, der das Außen nur noch schemenhaft wahrnimmt. Das Wegdriften, das keine Erinnerungsspuren zurücklässt. Dann, irgendwann, die Vehemenz der Träume: farbiges Kino von einer so sonderlichen Dramaturgie, dass ich sie mir bewusst nie ausdenken könnte. Diese Träume (selten Albträume) machen den Schlaf so unendlich überraschend und schöpferisch. Was immer ich mir von ihnen merken kann, schreibe ich auf. Eschersche Architekturen voll rennender Wesen; tiefblaue Bergseen, in denen ich wohliguterinisch schwimme; ausgereifte Disputationen in wievielen Sprachen?; einen missglückten Bühnenauftritt, der in verzweifelter Improvisation endet; Liebesanfänge, die sich ins Unerotische sublimieren und dennoch Glanz ausstrahlen; schamanische Rituale mit Feuern und Federn. Und Landschaften, Landschaften von überirdischer Schönheit.

Vom Träumen bin ich morgens oft wie erschlagen. Reibe mir lange die Augen, um im Hier und Jetzt anzukommen. In der schlechten Alltäglichkeit.

Das Traumleben hat Dynamik und Farbe, Phantasie und Flügel. Und mitunter ein atemberaubendes Tempo. Ich will es nicht deuten, nur auskosten. Immer von neuem. Um der Seele Nahrung zu bieten.

Bekanntlich waren es die Surrealisten, die gegen die Geringschätzung des Schlafs und gegen den *verschämten* Schläfer ins Feld zogen und im Ersten Manifest des Surrealismus provokativ fragten: »Wann werden wir schlafende Logiker, schlafende Philosophen haben? (…) Warum sollte ich vom Traum-Hinweis nicht noch mehr erwarten als von einem täglich wachsenden Bewusstseinsgrad? Kann nicht auch der Traum zur Lösung grundlegender Lebensfragen dienen? (…) Ist der Traum weniger pragmatisch als das übrige Leben? (…) Man erzählt sich, Saint-Pol-Roux habe jeden Tag, bevor er sich schlafen legte, an der Tür seines Landhauses in Camaret ein Schild hängen lassen, auf dem zu lesen war: DER DICHTER ARBEITET.«

Es gibt die wolkenhafte Nadja von Breton und die weißen Schweigeränder von Éluards Liebesgedichten, den »Balkon des Schlafs« bei Michel Leiris und die »Traumwogen« in der *écriture automatique*. Sie haben die Schockwellen der europäischen Katastrophe überlebt, trotz Adornos anders lautender Prophezeiung.

Schlaf. Nicht Rausch, nicht Séance, nicht Hypnose. Schlaf pur, als verlustloses, unzielgerichtetes Verweilen, als Schlaf-Lethe und Schlaf-Erleuchtung. Man mag bisweilen befürchten, aus dem Schlaf und seinem »Schollen-Geträum« (Gennadij Ajgi) nicht mehr zu erwachen, so tief lässt man sich ins Kontrollose fallen. Das braucht Vertrauen, jedesmal von neuem. Fehlt es dem Schlaflosen womöglich an dieser unbedingten Hingabe? (Die Sympathie und Einvernehmen voraussetzt?)

Qual der Insomnie, Folter des aufgezwungenen Schlafentzugs. Ich wüsste keine Strafe, die mich härter treffen könnte. Und zucke beim Gedanken zusammen, der Mensch ohne Schlaf wäre das ideal vermarktbare Wesen.

In der bildenden Kunst sind die Schlafenden Legion. Mit selig entrücktem Gesichtsausdruck, in entspannter, lasziver Pose. Oder keusch gebettet wie Vittorio Carpaccios Heilige Ursula. Aus dem Laken ragt nur ihr Kopf mit dem geflochtenen Haarkranz und die rechte Hand, die sie anmutig ins Gesicht drückt. Kissen, Laken, Nachthemd sind weiß, in der Farbe des Friedens und der Unschuld. Die Schlafende zeigt keine Regung, ihre stumme Selbstvergessenheit wirkt anrührend. Und ein wenig märchenhaft. Obwohl es sich nicht um Schneewittchen handelt, sondern um eine Königstochter, die den Märtyrertod erleiden wird. Ein blondmähniger Engel kündigt es ihr in einem unfrohen Traum an. Wird sie also nicht gleich beunruhigt die Augen aufschlagen? Sich umdrehen? Der Schlaf ist ein fragiles Gebilde. Schlafende sind verwundbar und ausgeliefert. Aber dieser Schlaf hat etwas Kindliches, Beschütztes. Er ist frei von Angst. Weshalb man sich selber unter den luftigen Baldachin wünscht, tief, tief in das blütenweiße Linnen.

Schlaf kann ansteckend sein. Nur so erkläre ich mir die vielen Schlafenden in Zügen und U-Bahnen. Die Japaner sind diesbezüglich Rekordhalter: man sieht sie reihenweise schlafen. Sehr gesittet, ohne den Mund zu öffnen, als würden sie zen-mäßig meditieren. Dieses für seine Scham bekannte Volk empfindet offensichtlich keine Scheu, in der Öffentlichkeit zu schlafen, vor fremden Blicken die Selbstkontrolle aufzugeben. Man schläft gewissermaßen kollektiv, furchtlos und vertrauensvoll. In stiller Eintracht. Als große Schläferin vor dem Herrn fühle ich mich dieser Gemeinschaft spontan verbunden.

Auch kurzer Schlaf ist erholsam, auch solcher im Sitzen. Und erst recht die südländische Siesta. Danach nimmt man den

Rest des Tages mit Frische in Angriff und hält durch bis tief in die Nacht.

Wunderkammern des Schlafs. Irrgärten des Halbschlafs. Und Schlaflieder, die melodisch Mohn in die Ohren träufeln. Jemand singt, die Musikdose spielt verlangsamt Brahms, bis die Töne tropfenweise in Stille münden. Dann ist unwiderruflich Ruhe. Ruhe und gute Nacht.

Im Glücksfall dauert sie acht Stunden. Acht Stunden, die wie eine ferne Reise anmuten. Aus dem Schlafgewölle klaube ich irisierende Fundstücke. Bilder, Wörter, Reminiszenzen. Und rüste mich langsam für den neuen Tag.

Schwarz

Schwarze Sonne
Schwarzes Meer
Schwarzes Quadrat
Schwarzerde
Schwarzwurzel
Schwarzer Peter
Schwarzpappel
Schwarzkümmel
Schwarzes Haar
Schwarzbrot
Schwarzes Loch
Schwarze Madonna

Als Kind empfand ich es als unheimlich: das Schwarz der
Nacht, wenn es uns irgendwo unterwegs überfiel; das schwarz-
rußige Gesicht meiner Urgroßmutter, die Kaminfegerin war;
das Schwarz von Höhlen, die keinen Lichtschimmer verrieten;
den schwarzen Seetang, der auch das Wasser dunkel erscheinen
ließ; den schwarzen Teufel, der mir in Bilderbüchern seine wilden Krallen entgegenstreckte. Später aber störten mich weder
die schwarzen Nonnengewänder noch Priestersoutanen, ich
begann schwarze Kleidung zu lieben – und trage sie bis heute.
Streng und schlicht, nach Bedarf auch elegant, ist sie mir eine
zweite Haut.
Und mit Faszination vertiefe ich mich in Kasimir Malewitschs
»Schwarzes Quadrat«, das alle Deutungen (sakrale mit eingeschlossen) zulässt, und in die Bilder von Ad Reinhardt, die der

Farbe Schwarz die unterschiedlichsten Nuancen abgewinnen. Obwohl Schwarz alles Licht absorbiert, muss es nicht stumpf und tot wirken. Geheimnisvoll aber ist es allemal, als hätte es das Zeug zum Absoluten.

Ist es die Schwarzgalligkeit der Melancholikerin, die mich empfänglich für diese »Unfarbe« und ihre Manifestationen macht? Oder hat die *camera obscura* meiner Migräne mich zur Expertin des Dunklen werden lassen? Jeder Anfall ein Sturz in schmerzende Schwärze, und ist er vorbei, taste ich mich vorsichtig ans Licht. (Hundertfach erprobt, erlitten.)

In meinem Erstling »Die Insel« lasse ich den Protagonisten Bruno über das Wort Schwarz nachdenken, seine Litanei lautet: »Schwarzwurzel, Schwarzmagier, Schwarzhändler, Schwarzbeere, Schwarzkohle, Schwarzbär, Schwarzarbeit, Schwarzwald, Schwarzbubenland.« Zugleich wünscht er sich »Schwarzwind« und eine Verbindung von »Schnürsenkel« und »schwarz«. Dann fällt ihm die Geschichte eines Mädchens ein, das sich in einem Kleiderschrank erschoss. »Nur wollte er sich diese Finsternis nicht vorstellen müssen. Sie hatte ein Loch.« Brunos Gedanken mäandrieren weiter zu Ad Reinhardt (der sich ebenfalls umbrachte) und münden in die Sätze: »Schwärze war rein. War Reinheit schwarz? Wenn Schwärze Absenz war, Nichts.«

Ich mag die Grübelei nicht weiterführen, nicht ins Philosophische, nicht ins Astrophysische, wo Schwarze Löcher immer noch Rätsel aufgeben. Und wer sagt, das unvorstellbare Nichts besitze eine Farbe?

Da schaue ich mir lieber an, was sich dem Auge darbietet: die mit schwarzer Tinte ausgeführte Kalligraphie eines jungen Japaners, Schwarzbeeren in weißer Porzellanschale, den schwarzen Baumwollrock von »Comme des Garçons«. Und streiche mit der Hand über den schwarzen Leineneinband meines Tagebuchs, dem ich nicht nur Helles anvertraue.

Eine Schwarzseherin bin ich nicht. Und fürchte mich nicht vor schwarzen Katzen. Teile die Jahre mit meinem schwarzen Flügel, dessen Lack langsam rissig wird, ohne dass sein Klang an Fülle verliert. Musica vertreibt dunkle Anwandlungen, oder wandelt sie um. Und würden aus meinem Flügel schwarze Blumen sprießen, wäre ich auch darüber nicht unglücklich.

Überhaupt will mir nicht einleuchten, dass Schwarz so oft mit Trauer assoziiert wird (Trauerflor, Trauerfahnen usw.). Zwar gibt es Völker, die weiße Trauerkleidung tragen, doch scheint das die Ausnahme zu sein.

Weder der iranische Tschador noch die in den Golfstaaten getragene Abaja deuten auf Trauer hin. Die schwarzen Tücher und Mäntel der Frauen gehören schlicht zum Straßenbild. Sie wirken ernst und würdevoll, das schon. Wecken biblisch-archaische Reminiszenzen. Doch kein Gefühl von wie auch immer gearteter Trauer.

Zur schwarzen Sonne der Wüstengebiete passt das Schwarz der Kleidung. Und ein schwarzhaariger Junge, der mit seinem Stock eine schwarze Ziege vor sich her treibt. Sie ist störrisch, hält immer wieder nach Fressbarem Ausschau. Findet außer gelben, dörren Halmen aber nichts. Der Junge wird sie melken müssen, die Milch ist kostbar. Doch viel wird es nicht sein. Und er selbst ist hungrig. Möchte ausgiebig essen und zur Schule gehen, statt sich mit dem Tier in der Hitze herumzuplagen. Weiter denkt er nicht. Oder nur beim Einschlafen, wenn Wünsche und Träume sich verknäueln und in einen kurzen, unruhigen Schlaf münden. Noch im Dunkel weckt ihn der Ruf der Mutter. Und ein weiterer, heißer Tag beginnt.

Schatten!, flüstert der Junge. Einen Granatapfel!

Die Ziege heißt Zahra.

Steine (und Sterne)

Ich liege auf einem Stein und schaue zur Milchstraße hoch. Sie ist weiß wie ungefärbte Wolle (Zein-o-Din). Oder hell wie schimmerndes Geschmeide (Sinai).

Handfest die Härte des Steins, während das Oben sich jeder Vorstellungskraft entzieht. Glanz, vermischt mit Angst. »Le silence éternel de ces espaces infinis m'effraie« (Blaise Pascal).

Steinige Gegenden haben mich immer angezogen. Das Karstplateau oberhalb von Triest, mit seinen Spalten und Höhlen, die Provence mit ihrem hellen Kalkstein, so blendend weiß, dass die Kuppe des Mont Ventoux auch im Sommer wie schneebedeckt erscheint. Wie oft habe ich den rosa Widerschein der Abendsonne auf den Dolomiten und Karawanken bestaunt, als hätte der poröse Kalk sich mit Licht vollgesogen. Und bin im Bergell der Allgegenwart von Granit und Gneis begegnet.

Stein suggeriert Beständigkeit und Widerstand. So empfand ich es als Kind, wenn ich Flusskiesel sammelte und diese vom Wasser abgeschliffenen, grauen oder weißen Kleinode fest in der Hand drückte. Über lange, unvorstellbar lange Zeit hatten sie ihre Form angenommen.

Noch immer bringe ich von Reisen Steine mit: flache Strandkiesel oder runde Steine mit seidig glatter Oberfläche, die mich bei bloßer Berührung beruhigen. Sie sind dazu da, angefasst und in der Hand gedreht zu werden. Zum Briefbeschwerer taugt Gröberes.

Am schwarzen Strand von Santorin fand ich interessant geformte schwarze Steine (vulkanischen Ursprungs), in der Geröllwüste des Sinai mehrfarbig gestreifte Steine (mit Einschlüssen von Basalt). Man müsste Geologe sein, um die verschiedenen Gesteinssorten identifizieren zu können. Bei Kunstwerken gelingt es mir zumindest, Marmor von Porphyr (die rührenden vier Tetrachen neben dem Markusdom!), Granit von Speckstein zu unterscheiden. Nur drängt es mich jedesmal kindlich, mit dem Finger über die Haut der Skulpturen, Taufbecken, Sarkophage und Reliefs zu fahren, jede Vertiefung zu erspüren, was sich verbietet. Ein sinnlicher Impuls. Indes käme ich nie auf die Idee, die Hand (oder den Fuß) einer Heiligenstatue zu küssen, wie dies vielerorts geschieht.

Behauen ist der Stein ein anderer. Von Menschenhand bearbeitet und einem besonderen Zweck zugeführt. Ob es sich um Werkzeuge und Zählsteine, um kultische Gegenstände, Grabstelen und die streng angeordneten Megalithen von Stonehenge handelt. Oder um Skulpturen, die sich umstandslos als Kunstwerke verstehen.

Wer hat nicht alles diesen Apoll oder jene Diana besungen, Michelangelos »David«, Rodins oder Brancusis »Kuss«. Vielleicht wäre es an der Zeit, das Naturbelassene zu nobilitieren: die schneeweisen Quader des Laaser Marmors, moosbewachsene Felsblöcke, die wie Kröten aussehen, Kieselsteine, blank poliert und schimmernd in vielen Farben.

Francis Ponge, der sich immer unspektakulärer Themen annahm, hat mit seinem poetischen Essay »Der Kieselstein« einen schönen Anfang gemacht. Dass er dabei bis zur Sintflut ausholt und weite erdgeschichtliche Räume vermisst, zeigt nur, wieviel Respekt er seinem Gegenstand entgegenbringt. Eine der Konklusionen seiner Gedankenreise lautet: »Das große Rad des Steins scheint uns praktisch stillzustehen, und selbst theoretisch vermögen wir nur den Bruchteil einer Phase seines sehr langsamen Zerfalls zu erfassen. – So dass man entgegen der landläufigen Meinung, die ihn im Auge des Menschen zu einem Symbol der Dauer und der Unerschütterlichkeit macht, durchaus sagen kann, dass der Stein, der sich in der Natur nicht erneuert, in Wirklichkeit das einzige ist, was in ihr fortwährend stirbt.«

Stein, Kieselstein, Kies, Sand, Staub – hier geht es um Zerfall und »letzte Stadien«, nicht aber um Erneuerung.

Dass Ponge den Kieselstein in den Fokus rückt, begründet er mit dessen »vollkommener Form«. Einverstanden. Die Schönheit solcher Steine ist bezaubernd, als wilde, ungezähmte, jenseits praktischer Nutzanwendung. Und verdient alle Aufmerksamkeit, auch die literarische.

Seidenstraße

Sie war riesig und weit verzweigt, so dass man besser von Seidenstraßen in der Mehrzahl gesprochen hätte. Aber sie begann und endete – mit Marco Polo – in Venedig.
Venedig zog mich schon als Kind an, sein byzantinischer Markusdom und seine aparten Spitzbogen nährten meine Orientneugier. Die Himmelsrichtung stand jedenfalls fest, sie hieß: Osten.
Auf Venedig, das mich nie losließ, folgten Istanbul, Usbekistan, Iran und im Herbst 2015 China. Immer reiste ich mit dem Flugzeug, obwohl es seit je mein Wunsch gewesen war, wenigstens Teile der Seidenstraße mit dem Zug oder Auto zurückzulegen: die Strecken zwischen Buchara, Samarkand und Chiwa oder zwischen Kashgar und Turfan, durch die Wüste Taklamakan. Im Reisegepäck Marco Polos »Il Milione«, Hermann Vamberys »Mohammed in Asien. Verbotene Reise nach Buchara und Samarkand 1863–1864«, Peter Flemings »Tataren-Nachrichten. Ein Spaziergang von Peking nach Kaschmir«, Robert Burtons »Der Weg nach Oxiana« und Ella K. Maillarts »Turkestan solo«. Während der tausendseitige Bericht »Schnee in Samarkand« des Fotografen Daniel Schwartz, der zwischen 1991 und 2007 auch die abgelegensten Stellen der Seidenstraße bereist hat, zu schwer wiegt.
Träume, nie realisierte Träume. Vielleicht ist es gut so, denn meine mythisch aufgeladenen Vorstellungen der Seidenstraße würden unweigerlich mit einer touristisch geschönten oder beinharten Wirklichkeit kollidieren. Schon im Iran bedurfte es gutwilliger Phantasie, um die Schönheit der Isfahaner

Moscheen von den politischen und lebenspraktischen Verhältnissen loszulösen, die das Regime seinen Bürgern zumutet. Im westchinesischen Xinjiang, wo das muslimische Turkvolk der Uiguren in Umerziehungslagern (sprich: Gefängnissen) einer Zwangs-Sinisierung unterworfen wird und alte Handelszentren wie Khotan und Kashgar nicht nur totalüberwacht, sondern systematisch umgebaut werden, würde womöglich nicht einmal Phantasie helfen. Ich höre Erschreckendes und realisiere, dass es zu spät ist. Hoffnungslos zu spät auch, was Afghanistan betrifft. Die Buddhas von Bamian wurden von den Taliban zerstört. Reste der hellenistisch-buddhistischen Gandhara-Kultur lassen sich am besten in Berliner Museen studieren. Zumal das Reisen am Hindukusch nur Todesmutige locken kann.

Ungefährlich war die Seidenstraße freilich nie. Es brauchte Abenteuergeist und Ausdauer, um den eurasischen Kontinent mit seinen zahllosen Völkern und Völkerschaften, mit seinen Gebirgen, Schluchten und wasserlosen Wüsten auf Pferden oder Kamelen zu durchqueren, und auch die Schiffsrouten hatten ihre Tücken. Doch Handel ist Handel – und man nahm die Risiken in Kauf.

»Auf dem sieben Tage langen Ritt ostwärts, Richtung Catai, kommt man durch viele Städte und Burgflecken, die von Moslems, Heiden und ebenfalls Nestorianern bewohnt sind. Sie weben Goldstoffe, genannt Nascisi und Nac, und Seidenstoffe verschiedenster Art. Genauso wie sie unterschiedliche Sorten Wollgewebe haben, so kennen sie auch unterschiedliche Gold- und Seidengwebe. Das ganze Gebiet gehört dem Großkhan. Unser Weg geht durch die Stadt Sindaciu; hier wird alles mögliche hergestellt, unter anderem auch Ausrüstungsgegenstände für die Kriegführung. Zur Provinz gehört ebenfalls die Bergstadt Ydifu, wo es reiche Silberminen gibt. Die Großwild- und Vogeljagd ist einträglich.« (Marco Polo, 1298/99)

»Bis jetzt war noch gar nicht bekannt, welchen von den drei Wegen unsere Karawane eigentlich einschlagen würde. Die Verheimlichung des Plans ist hier, wo man keinen Augenblick vor einem Überfall sicher ist, äußerst notwendig. Obwohl man uns nichts sagte, war es doch vorauszusehen, dass der Mittelweg gewählt werden würde, da unser Wasser schon zur Neige ging und wir notgedrungen morgen zu einer Zisterne kommen mussten, die nur dann zugänglich ist, wenn Friedensverhältnisse den Jomutschäfern von Atabay bis dahin vorzudringen erlauben.« (Hermann Vambery, 1865)

»Um die Mittagszeit des nächsten Tages verließen wir das dungarische Gebiet. Die Soldaten am westlichsten Grenzposten hielten uns an und waren – wie alle Chinesen, die sich überrascht fühlen – zunächst nervös und ziemlich grob. Aber wir entwaffneten sie, indem wir die Narren spielten. Es dauerte nicht lange, da ließ ich sie in ihrem eigenen Hof antreten und kommandierte sie mit Feldwebelstimme – zu fotografischen Zwecken. Sie waren fast alle mit alten Lee-Enfields bewaffnet (von denen vor einigen Jahren eine große Zahl aus Indien über die Grenze kam). Die Stützgabeln hatten sie mit Blechstreifen von japanischen Zigarettendosen an den Läufen befestigt. Ein russischer Propagandist hätte um diese Waffen ein hübsches Märchen über eine imperialistische Verschwörung spinnen können.« (Peter Fleming, 1936)

Heute propagieren die Chinesen unter ihrem rührigen Staatspräsidenten Xi Jinping eine neue Seidenstraße. Das Megaprojekt »One Belt. One Road« sieht den Ausbau internationaler Verkehrsinfrastrukturen unter chinesischer Führung vor, um den Handel zwischen China und dem Westen zu befördern. Geplant sind eine Land- und eine Seeroute. Die Landroute sollte von Xian über Korgas, Teheran, Istanbul, Moskau nach Duisburg, Rotterdam und Venedig führen, die Seeroute von Guangzhou über Hanoi, Singapur, Kolkata, Colombo, Kenya,

Djibouti, Piräus nach Venedig. Dutzende von Ländern wären involviert. Schon jetzt geht man von schätzungsweise 500 Milliarden Dollar aus, die China in den vergangenen Jahren in das Projekt investierte. Nicht ohne Kalkül. Denn die Investitionen bedeuten Einflussnahme.

Modernste Transportwege (Eisenbahnlinien mit Hochgeschwindigkeitszügen, vielspurige Autobahnen) sowie riesige Containerhäfen sind das Logo der neuen Seidenstraße. Dabei geht es nicht nur um eine massive Erhöhung des Handelsvolumens, sondern um den Export chinesischer Arbeitskräfte.

War die alte Seidenstraße eine zivilisatorische Errungenschaft, die Völker und Kulturen verband und vermischte, regiert heute blanke Ökonomie. Besser wäre es, die vergangenen Mythen gar nicht aufzurufen, denn ihre Entzauberung ist brutal. Brutal wie die Disney-Landisierung Venedigs, das – wird es wirklich Zielpunkt des Belt-and-Road-Projekts – auch noch seinen letzten Glanz einbüßen dürfte.

Niemand verbietet meinem Starrsinn, in alten Bildern und Vorstellungen zu stöbern. Als es an der Riva degli Schiavoni noch preiswerte Zimmer mit Meerblick gab, als ich in einem sowjetischen Propellerflugzeug von Taschkent über den Aralsee und das Kaspische Meer nach Tbilissi flog, so tief, dass ich Kamele (und Kollerdisteln) zu sehen glaubte. In der Salzwüste bei Yazd zogen sie einzeln und sehr mager durch die Landschaft, bei gleißender Hitze. Nachts, als es kühl wurde und ich auf dem Flachdach der aus Lehmziegeln errichteten Karawanserei in den Sternenhimmel schaute, hörte ich von fern ihr einsames Schnauben. Und überlegte, wie es wäre, in diesen Weiten verloren zu gehen. Als Narr oder als trabendes Kamel. Ich überlege es noch heute.

Enigmatische Seidenstraße.

Tomate

Da bin ich
zufällig hier
und die
Zäune blühen
Zeisige schwirren
herum
klitzeklein
und das Glück
hat die Form einer
Tomate
frag nicht
sagt der Mund
sagt die Hand
frag nicht nach
morgen
wenn heute
rot ist
tomatenrot
der Himmel blaut
von allein
die Züge fauchen
ich buddle mich
heim

Träume

Wie verhalten sich deine Nacht- zu deinen Tagträumen?

Ich sehe da keinerlei Beziehung. Nachts ist großes Kino, es passieren die unwahrscheinlichsten Dinge. Tagsüber bin ich beschäftigt, gebe mich keinen Träumereien hin. Es sei denn, dass mich die Poesie in einen somnambulen Zustand versetzt. Doch hat das nichts mit Sehnsüchten, Wünschen usw. zu tun. Eher mit einem schwebenden Denken.

Was schätzt du an deinen Träumen?

Dass sie so phantasievoll sind und unglaubliche Verknüpfungen vornehmen. Unlängst träumte ich, Peter Handke lebe seit sechs Jahren auf einer Flussinsel in der Nähe von Rostow, als sanfter Eremit. Als ich ihn besuchte, war er gerade dabei, sein Bündel zu packen, weil er irgendwo hin musste. Ich begleitete ihn ein Stück weit, dann trennten sich unsere Wege. Im Antiquariat einer Kleinstadt erstand ich winzige russische Gebetbücher mit vielen altertümlichen Illustrationen. An den Rest des Traums kann ich mich nicht mehr erinnern.
Ebenfalls unlängst träumte ich, ein amerikanischer Ex-Freund von mir sei mit einer schweizerischen Literaturwissenschaftlerin namens Wolff liiert. Soweit, so gut. Befremdlich wurde die Sache erst, als ich hörte, wie sie sich von ihm (der keine einzige Fremdsprache spricht) auf Schwyzerdütsch verabschiedete: »Bhüet di«. Das verwendet heute kein Mensch mehr, erst recht nicht gegenüber einem sprachlich unbeleckten Amerikaner.

Träumst du stark verbal?

Durchaus. Komme ich selber im Traum vor, was bei weitem nicht immer der Fall ist, rede ich ziemlich viel. Die Sprachen allerdings variieren, es kann Deutsch, Ungarisch, Englisch oder Russisch sein, je nach Kontext.

Schreibst du Träume auf?

Wenn ich sie grosso modo erinnere und sie mir interessant erscheinen. Dramaturgisch und im Detail.

Auch wenn sie dir Aufschluss über dich geben?

Manchmal. Doch übe ich mich nicht in Traumdeutung und beziehe nicht alles auf mich. Natürlich sind die Träume Produkte meines Hirns, gehen reale Erfahrungen, Tagesreste und das Unbewusste komplexe Verbindungen ein. Aber mein Approach ist: Sieh mal an, was für eine Geschichte! Wie temporeich und spannend!
Im Alltag erlebe ich nichts dergleichen.

Du träumst demnach viel?

Ich habe ein intensives Traumleben. Ob ich damit etwas kompensiere, weiß ich nicht.
Womöglich schon. Denn je ruhiger die Tage, desto unruhiger die Nächte. Das Hirn will Aktivität.

Sind Träume für dein literarisches Schaffen produktiv?

Was ich ins Tagebuch notiere, bleibt meist dort, findet keine Verwendung in meinen Texten. Es sei denn, ein Traum dränge sich wirklich auf. In meiner Erzählung »Die Insel« habe ich eigene Traumfragmente eingearbeitet, zumal die Hauptfigur Träumen eine wichtige Rolle beimisst. Aber ich bin nicht eine Friederike Mayröcker, die selbst nachts ein Papier in Reichweite hat, um sich nichts von den kostbaren Traumschätzen entgehen zu lassen, und die Traumfetzen oder -bilder ganz selbstverständlich in ihre Textcollagen einfügt.

Was mich allerdings brennend interessiert, ist die rätselhafte Logik der Träume. In poetischen Texten mache ich von ihr Gebrauch. Oder besser: gebe ihr Raum. Denn diese »Logik« entwickelt ihre eigene Dynamik, steuert in Richtungen, die unvorhersehbar sind. Poesie beruht ja nicht nur auf Imagination, sondern auf einer spezifischen Art, Dinge miteinander zu verknüpfen. Da sehe ich eine Analogie zum Traum.

Der Traum ist ein häufiges Motiv in der Literatur.

Ja, es wird viel geträumt, nicht nur bei den Romantikern. Der Traum kann Prophetie, Rätsel, Spiegel oder ein Seinszustand der besonderen Art sein. Und er ist nicht nur inhaltlich interessant, sondern auch in seiner »Machart«.

Jorge Luis Borges hat in seinem »Buch der Träume« eine wunderbare Sammlung von Traum-Texten zusammengestellt – von der Bibel über Homer, Platon, Lukrez bis zu Coleridge und Ungaretti, wobei er auch Eigenes beisteuerte. Als Erfinder einer »unendlichen Bibliothek« und phantastischer Geschichten war er von Träumen fasziniert. Allerdings ging er nicht so weit, das Leben selbst für einen Traum zu halten. Doch diese Vorstellung gibt es: wir träumen nicht, wir werden geträumt.

Hast du einen Wunschtraum?

Einen Film zu drehen, der an Handlungsreichtum, Intensität

und Bilderfülle meinen Träumen gleicht. Nur im Film lässt sich das bewegte Bild mit Ton und Musik kombinieren, das reizt mich ungemein. Außerdem liebe ich die Schnittechnik. Es würde bestimmt ein seltsamer Film, voll seltsamer Zufälle und Wendungen, mal temporeich, mal langsam, mit losen Enden. Nach dem Motto: »Wer träumt, muss nichts erklären.« (Margret Kreidl) Einen Plot kann ich aber noch nicht skizzieren.

Theater

Je ritueller und reduzierter, desto mehr sehe ich in ihm das Potential der Katharsis. Denn ich glaube auf archaisch-unverbrüchliche Art, dass Theater den Zuschauer (und den Spieler) verwandeln muss. Vom Unterhaltungstheater verstehe ich nichts. Weiß aber, dass Tschechows sogenannte Komödien gar nicht zum Lachen sind. Absurdität, heißt ihr Motto. Oft genug ist sie tödlich.

Wort, Bild, Bewegung. Bühne und Vorhang. Und mitunter ein zentnerschweres Schweigen. Sieben Stunden dauerte Aischylos' »Orestie«, die Peter Stein an der Berliner Schaubühne realisierte. Jede Figur offenbarte ihre existentielle Nacktheit (Not) und die Wucht des Fatums. Edith Clever spielt die Klytaimnestra, Udo Samel den Orest. Absehbar, dass es keinen Ausweg aus den Verstrickungen gibt. Muttermord, Gattenmord, die Kinder Elektra und Kassandra als Zeugen der Tragödie. Und im Bannkreis sind auch wir, die Zuschauer.

Ein treffender deutscher Ausdruck heißt: an den Lippen von jemandem hängen. Wie oft kommt das vor? Ich erlebte es wiederholt an der Schaubühne. Bei Botho Strauß' »Kalldewey Farce« und Peter Handkes »Die Stunde da wir nichts voneinander wussten«, inszeniert von Luc Bondy, und besonders bei Virginia Woolfs »Orlando«, den Jutta Lampe bravourös anderthalb Stunden lang allein stemmte, mit exakt choreographierten Bewegungen nach Robert Wilsons Diktat. Auch bei Marguerite Duras' »Die Krankheit Tod« führte Wilson Regie. Er unterzog die Vorlage, wo ein Mann und eine Frau zusammenkommen, ohne zueinander zu finden, was sich schon an der Absenz der Pronomen »ich« und »du« zeigt, einer Kür der Distanz. Quälend langsam artikuliert Libgart Schwarz Sätze, die den andern wie von fern erreichen, und er, Peter Fitz, ist in diesem Setting lediglich die Projektion einer Erzählinstanz. »Sie sagt: Hören Sie auf zu lügen. Sie sagt, sie wünsche niemals, nicht um die Welt, etwas von der Weise zu verstehen, in welcher Sie, Sie verstehen (…), mit dieser unheilbaren, Tag um Tag, Nacht um Nacht sich wiederholenden Eintönigkeit, mit dieser Tödlichkeit der Liebesleere.« Entfremdung als Tanz der Worte, Manierismus der Ausweglosigkeit. Die Künstlichkeit und Reduktion dieses Kammerspiels hatte etwas von eisiger Schärfe.

Manchmal hing ich den Schauspielern an den Lippen, obwohl ich kein Wort verstand. So beim »Hamlet« des litauischen Regisseurs Eimuntas Nekrošius, den ich vor vielen Jahren als Gastspiel am Zürcher Theaterspektakel sah, mit dem Rockstar Andrius Mamontovas in der Titelrolle. Ein Wahnsinn, wie Mamontovas gleich zu Beginn in schwerem Pelzmantel auf die Bühne jagte und mit dem Geist des Vaters Zwiesprache hielt. Düsteres nordisches Dekor, Hamlet aber ein elektrisierender, in Raserei verfallener Blondschopf, von schwindelerregend schneller Diktion und Bewegung. Nicht nur mir stockte der Atem, und dies bis zuletzt. (Ganz anders beeindruckte mich Peter Zadeks »Hamlet« mit Angela Winkler – schwarzer Rollkragenpulli, ins Gesicht hängende Haarsträhnen – als Prinz von Dänemark.)

Dem »Onkel Wanja« des flämischen Regisseurs Luk Perceval (ich sah ihn als Gastspiel am Berliner Hebbel-Theater) konnte ich sprachlich nicht folgen, doch die mir bekannte Handlung entfaltete sich mit solcher Plastizität, dass es nichts zu vermissen gab. Kein Bühnenbild, keine Ablenkungen, vorne eine lange Stuhlreihe mit den Protagonisten, die sich abwechselnd erhoben und wieder setzten oder kurz verschwanden. Das

Fehlen von Dekor und Szenenwechseln ließ die Figuren und deren Psychologie ungemein klar hervortreten: durch Worte, Mimik, Gestik, nicht zuletzt durch Schweigen. So »skelettiert« und verwesentlicht habe ich Tschechows Stück nie mehr erlebt: Onkel Wanja, der sich in die dreißig Jahre jüngere Frau seines Schwagers verliebt, natürlich vergeblich, und der am Schluss wieder wodkaselig in der Eintönigkeit des Landlebens versinkt, zusammen mit seiner Nichte Sonja, deren Liebe zum Arzt und »Waldgeist« Astrow ebenfalls unerwidert bleibt. Jeder sehnt sich nach etwas, jeder versucht seinem vergeudeten Leben einen Sinn abzugewinnen. Nur der Arzt hält es mit einem nüchternen Pessimismus und flüchtet in die Natur. Stillstand mit aufflackernden Hoffnungsfunken – so lässt sich dieses resignative Landleben-Spiel umschreiben. Bei Perceval findet es sinnigerweise auf einer Stuhlreihe statt. Das hätte sich auch Beckett nicht besser ausdenken können.

Ach, und Marthaler, der melancholisch musikalische Christoph Marthaler. Seine »Schöne Müllerin« habe ich mir zweimal angesehen, mit Christoph Homburger, der im Liegen oder an eine spröde Wand der Ausstatterin Anna Viebrock gelehnt betörend singt, mit Rosemary Hardy, Graham F. Valentine (Kopfstimme, Komiktalent) und dem ingeniösen Pianisten Markus Hinterhäuser. Schubert, ja, nicht verulkt, aber nach allen Richtungen ausgelotet, mit verrückten akrobatischen Einlagen, Robert-Walser-Zitaten, kleinen Ohrfeigen an den Publikumsgeschmack. Marthaler schockiert nicht, er ist ein sanfter Melancholiker in Moll, der musikalisches Pathos mit Witz unterläuft, dem Schönen und Einmütigen – ach, die summenden Chöre! – aber durchaus Raum gewährt. Seine Liebe zu den Gescheiterten und Einsamen, den Skurrilen und Außenseitern spricht mir ebenso aus der Seele wie seine Distanz zu allem Ideologischen. (An Castorfs Theater hat mich – bei aller Bewunderung für seine großartigen Schauspieler Martin Wuttke,

Sophie Rois, Katja Angerer und viele andere – stets die Ideologielastigkeit, der moralisch erhobene Zeigefinger gestört.)

Theater prägt sich ein, oder nicht. Bewegt, erschüttert, verwandelt, oder nicht. Hunderte von Theaterabenden habe ich vergessen, einige wenige nicht.

Noch sehe ich, wie der maskierte Geist eines männlichen Kriegers mit kurzen, langsamen Schritten über den hölzernen Steg eines Tokyoter Nō-Theaters kommt. Es ist ein lautloses Gleiten, das in frappierendem Kontrast zum wuchtig-skulpturalen Kostüm steht. Als Dekor eine gemalte Kiefer, sonst nichts. Seitlich die Musiker, drei Trommler, und im rechten Winkel die Reihe der Sänger. Während des ganzen Stücks verharren sie auf den Knien, das Gesäß auf die Fersen gestützt. Wilde, kehlige Laute erklingen zu den archaischen Trommeln, während der Tote sein Wiedererscheinen begründet. Seine Geschichte wird lang werden und auf ihrem Höhepunkt in einen rituellen Tanz münden, der die Steigerungen der Leidenschaft durch lautes Fußstampfen begleitet.

Es geht um Katharsis, um die Läuterung vergangener Missetat. Maske, strenge Choreographie, die exakte Partitur von Wort und Musik verleihen dem Nō etwas überpersönlich Sakrales. Noch die kleinste Handbewegung oder Intonation ist codiert, Meisterschaft nur nach langer Übung zu erreichen. Mir bleiben die Nuancen verschlossen, dennoch erlebe ich gleichsam den Archetyp des Theaters: seine Verwandlungskraft. Was zuvor war, gilt nicht mehr. Der langsam abtretende (entgleitende) Geist hat es vorgeführt.

Es gebe viele Nō-Stücke, sagt meine Freundin Naoko, doch im Kern glichen sie sich alle. Mehr als fünf Spieler kommen selten vor. Konstant ist der elaborierte »Minimalismus« des Settings, die präzise Regie der Zeichen: jedes Wort, jeder Ton, jede Bewegung sind abgestimmt, um höchste Wirkung zu erzielen. Das wäre das Gegenteil von »bilderpraller Assoziationsflut«

und »Soundbrei«, wie das zeitgenössische westliche Theater sie – in Imitation des Kinos – feiert. Bernd Noack diagnostiziert eine akute Angst vor dem Wort, ein grassierendes Misstrauen gegenüber der Literatur und ihrer Klarheit. »Das Theater und die Sprache, die Bühne und die Literatur sind zu Feinden geworden.«

Vielleicht ist dies der Grund, weshalb meine stärksten Theatererlebnisse weit zurückliegen oder im fernen Osten stattfanden. Schocktherapien der Beliebigkeit, garniert mit »special effects«, lassen mich kalt.

Tschechow

»Die Sache hatte im Winter begonnen. Es war ein Ball, es dröhnte die Musik, es brannten die Lüster, die Kavaliere langweilten sich nicht, und die jungen Damen genossen das Leben. In den Sälen gab es Tanz, in den Kabinetten Kartenspiel, am Buffet Getränke, in der Bibliothek verzweifelte Liebeserklärungen.«

So beginnt »Eine miese Geschichte«, eine jener zahlreichen Tschechowschen Erzählungen, die meist unglücklich enden. Ljolja Aslowskaja ist allein, »an ihrer Seele kratzten Katzen«. Dann die Hoffnung: ein hübscher junger Mann verfolgt sie mit seinen Blicken. Es ist der Künstler Nogtew. Nach vielem Hin und Her ringt er sich nicht zu einer Liebeserklärung (oder einem Hochzeitsantrag) durch, sondern bittet Ljolja, sein Aktmodell zu werden. Nichts gehe ihm über die Kunst, gesteht er ehrlich. Ljolja quittiert es mit einer klatschenden Ohrfeige. E finita la storia.

Anton Tschechow war Arzt und ein profunder Menschenkenner. Illusionen gab er sich nicht hin. Früh erkrankte er an Tuberkulose, früh sieht man ihn mit müdem Skeptizismus lächeln. Im Auftrag des Zaren fuhr er ins ferne Sachalin, um die Lage der Sträflinge zu untersuchen. Seine Erzählungen schrieb er zuerst unter Pseudonym und zur finanziellen Unterstützung seiner Geschwister. Es wurden immer mehr. Irgendwann kamen Theaterstücke hinzu: »Der Bär«, »Iwanow«, später »Die Möwe«, »Onkel Wanja«, »Drei Schwestern«, »Der Kirschgarten«. In Konstantin Stanislawskij fand Tschechow einen engagierten Regisseur, in der Schauspielerin Olga Knipper die Weggefährtin seiner letzten Jahre, obwohl sie meist getrennt

lebten. Der Tod ereilte ihn am 15. Juli 1904 in Badenweiler.
Tschechow? Es dauerte lange, bis ich ihn entdeckte. Da war
der dramatische Dostojewskij, dem ich schon mit zehn ver-
fiel, da waren Tolstoj und Turgenjew mit ihren gewaltigen
Romanwelten zum Mitfiebern. Tschechow schrieb keine Ro-
mane, höchstens Langerzählungen. Und strebte nie nach dem
Großen und Ganzen. Sein Interesse lag im »mikroskopischen«
Bereich psychischer Regungen, in der reichen und zugleich
ernüchternden Sphäre der Zwischenmenschlichkeit. Hier son-
dierte er mit unerbittlichem Blick und *in medias res*, entlarvte
Fassade und Falsch.
Robert Musil notierte 1922: »Tschechow, das heißt: eine wis-
sende, stille, verzichtende Kunst, keine titanische. Klarer Blick,
Durchschauen, Wehmut, Schluss.«
Spektakulär geht es bei Tschechow kaum je zu, weshalb man
in jungen Jahren dazu neigt, ihn fade zu finden. All diese
zweifelnden, vergeblich sich sehnenden Menschen, die ihre
Träume nie umzusetzen vermögen. Liebesenttäuschungen,
Missverständnisse, der Mief eines Provinzdaseins, das tatenlos
verdämmert. Nur: genau so ist das Leben, so absurd und tragi-
komisch, nimmt man es ernst sowie ernsthaft unter die Lupe.
Besonders nahe kam ich Tschechow, als ich im Auftrag von
Luc Bondy »Die Möwe« übersetzte. Vor mir hatten andere sie
übersetzt, ich wagte einen Neuanfang, indem ich mich vor
allem auf den Rhythmus und die Musikalität der Sätze kon-
zentrierte. Denn da warteten Schauspieler wie Jutta Lampe,
Johanna Wokalek, August Diehl und Gert Voss … Tschechows
Sätze sind musikalisch und völlig unverschnörkelt. Ihre kom-
plexe Lapidarität hat etwas Bestürzendes. Gleich zu Beginn des
Stücks wechseln die Gutsverwalterstochter Mascha und der
Lehrer Medwedenko folgende Worte:
»Mascha: Es geht nicht ums Geld. Auch ein Bettler kann
glücklich sein.

Medwedenko: Theoretisch vielleicht, praktisch aber sieht es so aus: ich, meine Mutter, zwei Schwestern und ein kleiner Bruder, und ein Gehalt von dreiundzwanzig Rubeln. Essen und trinken muss man doch? Tee und Zucker braucht man doch? Und Tabak. Da sieh mal, wie du das hinkriegst.«

Auch in der »Möwe« streiten sich die Idealisten mit den Pragmatikern, die Künstler und Träumer mit den Ärzten und Lehrern, und sie lieben immer den Falschen: Mascha den jungen Schriftsteller Konstantin, der die Schauspielerin Nina liebt, die Trigorin liebt, der mit der Diva Arkadina liiert ist. Keine Symmetrie weit und breit. Die Konsequenz zieht Konstantin, der sich aus Verzweiflung erschießt. Und das Leben geht weiter. Mascha schnupft Tabak, Doktor Dorn trällert vor sich hin, Medwedenko redet über Geld, Nina vergeudet ihr Talent auf einer Provinzbühne, Sorin subsumiert sein missglücktes Schicksal unter dem Titel »Der Mann, der wollte.« Was nur ist aus all dem Wollen geworden? Schwermut, Einsamkeit, Mediokrität.

Nirgends sympathisiert Tschechow mit dem Mittelmaß, doch Extreme wie bei Dostojewskij sind ihm fremd. Fremd sind ihm Hysterie, das Geschwätz über die sogenannten ewigen Fragen, Großmäuligkeit, Ideologie. Er ist ein Meister temperierter Stimmungslagen, schwebender Bezüge, lakonischen Understatements. Dem Pathos zieht er allemal ironisch gebrochene Gelassenheit vor. In der »Möwe« darf man ihn am ehesten hinter der Gestalt Doktor Dorns vermuten – eines Stoikers und Flaneurs, der trotz einiger zynischer Ausrutscher im rechten Moment Gefühl zeigt.

Tschechow moralisiert nicht, verkündet nichts, klagt nur – mit dem augenzwinkernden Lächeln des diskreten Menschenfreunds – über die Trägheit der Russen. Zuviel Gerede statt Glaube und Taten. Dem Pessimismus redet er nicht das Wort. Dem Schauspieler aber rät er: »Das Leiden muss man so darstellen, wie es sich im Leben äußert, d.h. nicht mit Händen und Füßen, sondern im Tonfall, im Blick; nicht mit wildem Gestikulieren, sondern mit Grazie.«

Grazie meint Glaubwürdigkeit. Es gehört zum weisen Charme des Autors Tschechow, dass er diese Begriffe vereint.

Tschechows Texte sind, auch wenn sie von allerlei Ungemach handeln, von einer »graziösen« Schwerelosigkeit und wehmütigen Serenität, was darin liegen mag, dass sie Komik als Kehrseite der Langeweile und Ironie als Gegenpart der Ausweglosigkeit ins Spiel bringen. Jedenfalls erkennen wir uns in Tschechows literarischem Labor mit unmissverständlicher Deutlichkeit – und lachen nachdenklich-befreit. Zumal wir gelernt haben, auf keine Erlösung zu hoffen.

Tagebuch

Keine Tränen: Selbstbeobachtung.

Träume nisten zwischen den Zeilen.

Ich notiere Namen, Begebenheiten, protokolliere, was zu entschwinden droht.

Aha. Am 7.2. am Flughafen Berlin-Tegel zufällig Sibylle Lewitscharoff getroffen, die von einer »Mückenoper« erzählt. Kaum in Zürich, Zufallsbegegnung mit Bruno Ganz bei »Yooji's« an der Bahnhofstraße. Er ist schmal, mit unrasiertem Gesicht und ungebügelter Hose, vagabundenhaft. Als ich »Schaubühne« sage, lachen seine Augen schalkhaft.

Sätze wie: »Mir wächst ein weißer Bart.«

Und plötzlich das Wort »Löffeldichte«. Woher?

Ai Wei Wei's Dokumentarfilm »Human Flow« im Kino Kosmos. Außer mir noch drei Zuschauer, als ginge das Flüchtlingsdrama uns nichts an. It's a shame.

Malewitschs »Schwarzes Quadrat« als Ratespiel auf den Nachrichtenscreens am S-Bahnhof Friedrichstraße (Berlin).

Lese Carson McCullers' »Ballade vom traurigen Café«, deren robuste schwarze Südstaatenprotagonistin Amelia heißt, wie meine Triestiner Kinderfrau.

Wer sagt, die Überwindung von Einsamkeit garantiere Glück?

Auf Eis getanzt – natürlich im Traum.

Sind faltenlose Sätze untiefe Sätze?

Immer den Schrei der ersten Schwalben vermerkt.

Formulieren schärft die Einsicht und entlarvt die Selbsttäuschung.

Nulla dies sine linea. (Bin ich buchhalterisch?)

Ein gewaschener Morgen. Und das Kindchen heißt Theo.

L. sagt am Telefon: Es geht amphitheatralisch zu. Er sagt: Deine Halmschrift erkenne ich sofort! Mit L. bewege ich mich manchmal im Vorhof des Schweigens.

27.7.: Blutmond und ein riesiger, kupferroter Mars. Vom Anblick lenkt nur ein Hund mit grellrotem LED-Halsband ab.

31.8.: Vor exakt 77 Jahren hat Marina Zwetajewa sich umgebracht. Ohne die haltgebenden Hefte wäre sie vielleicht früher gegangen, wer weiß.

Die Freundin bestickt Bilder. Sie ist eine Faden-»Advokatin«.

Yoko hat recht: Tokyo ist eine »Ameisenstadt«, ein Labyrinth aus unzähligen kleinen Gassen. Was glitzert und in die Höhe wächst, ist nicht sein wahres Wesen.

Wie lange liegt er schon zurück, der Gang mit Dragana durch das kriegsversehrte Sarajevo. Auf dem jüdischen Friehof lagen noch Minen, und rote »Rosen« im Straßenpflaster erinnerten an Granatenopfer. Doch die Zeit heilt die Wunden nicht, leider.

Aufzeichnen, was ist. Und die Rückschau: ist sie eine Neurose? Who will carry me?

Der nach Schweiß riechende Spengler mit Namen Oberon. Vielleicht taugt er für eine Humoreske.

Äpfel, Äpfel. Noch nie gab es eine solche Ernte in meinem Garten. Und neben dem roten Haufen riesige Pilze.

Immer häufiger höre ich, man müsse sich neu erfinden. Nach einem Liebesverlust, nach einer Entlassung, nach einer Krise. Klingt so, als ginge das im Handumdrehen. Während man sich doch erst mal finden muss, bevor an ein Erfinden zu denken ist.

Diaristisch aus dem Rahmen fallen. (Oder vielleicht doch nicht.)

Das Buch ist schwarz mit Gummiband. Zwischen die Seiten lege ich Zeitungsausschnitte, Fotos, Todesanzeigen. Gerade leuchtet die Bucht von Triest hervor.

Schreiben als Heimat und gelegentliche Heimtücke.

Von Hand, ja. Mit Kugelschreiber.

Pausen zählen, nicht aber Effekte.

Gibt es »Zünd«-Sätze? Mitunter. Andere sind Erinnerungsstütze.

Auf, auf, zum nächsten Eintrag!

Tod

Spielt der Tod in deinen Werken eine wichtige Rolle?

Im Grunde nein. Ich habe Gedichte über verstorbene Freunde
geschrieben, zum Beispiel über Joseph Brodsky, auch poetische
Nachrufe auf Jan Skácel, Gennadij Ajgi oder Maruša Krese.
Mein Erinnerungsbuch »Mehr Meer« beginnt mit dem Tod
meines Vaters. Dieser Tod ist zum Auslöser nicht nur des ersten
Kapitels, sondern des ganzen Textes geworden. Es ging darum,
dem Verlust etwas Anderes, Schöpferisches entgegenzusetzen.
Der Kontakt hat sich auf eine imaginäre Ebene verlagert.
In »Mehr Meer« erzähle ich viel von Abschieden, Abschieden
von Menschen und von Orten, denn wir sind ständig umgezo-
gen. Über fast allem liegt die Melancholie der Vergänglichkeit.
Ich habe sie früh verinnerlicht. Muss aber hinzufügen, dass
ich aus ihr auch viel Kraft geschöpft habe. Die Melancholie
ist mir zur Freundin geworden und zum Impuls, nach etwas
Transzendentem und Beständigem zu suchen.

Gilt das bis heute?

Ich befinde mich in einer Lebensphase, wo mehr und mehr
Freunde wegsterben und die eigene Endlichkeit stark ins Bewusstsein rückt. Das erfüllt mich mit einer gewissen Beklem-
mung. Zumal unklar ist, wann der Moment des Abschieds
kommt und in welchem Zustand man geht. Stirbt man allein
oder wird einem jemand die Hand halten? Wird es ein sanfter
oder ein qualvoller Tod?

Ich denke viel über mein Leben nach, über das Erreichte und Nicht-Erreichte. Über die Spuren, die dieses Leben womöglich hinterlassen wird. Diese Fragen sind aktuell, während sie es vor zwanzig Jahren nicht waren.

Bist du dir sicher?

Sagen wir so: sie waren nicht unmittelbar präsent. Nicht im Vordergrund. An sich bin ich dem Thema Tod nie ausgewichen, anders als meine Mutter, die das Wort nie in den Mund nahm und immer humorvolle Bücher und Filme bevorzugte, als könnte sie damit die letzten Dinge verdrängen. Das hat lange gut funktioniert. Eigentlich bis zuletzt. Sie ist mit fast siebenundneunzig Jahren sanft entschlafen.

Wie starb dein Vater?

Ganz plötzlich. Einige Tage lang klagte er über Schmerzen, dann fiel er vom Stuhl und war tot. Ich weiß noch, wie ich am späten Nachmittag heimkam, nachdem ich mir Roberto Benignis Holocaust-Film »La vita è bella« angesehen hatte, und mein achtzehnjähriger Sohn mich mit dem Satz empfing: »Apu ist gestorben.« Ein Schock. Die Autopsie ergab, dass er Lymphknotenkrebs hatte. Weder er noch wir wussten etwas davon. Leider konnte ich nicht von ihm Abschied nehmen, der Tod kam zu unerwartet.

Hat dich diese Tatsache gequält?

Nicht gequält, aber traurig gemacht. Zu klären gab es nichts, wir waren in bestem Einvernehmen. Aber ich hätte ihn so gern nochmal spüren lassen, wie sehr ich ihn liebe, wie dankbar ich ihm bin. Als er sich schlecht fühlte, wollte ich ihn besuchen. In seinem Stolz ließ er es nicht zu. Er zeigte sich ungern von einer schwachen, hilfsbedürftigen Seite, gewohnt, immer anderen beizustehen. Und plötzlich war es zu spät.

Zu spät auch, sein Leben aufzuschreiben. Jahrelang hatte ich ihn darum gebeten, er hatte so viel erlebt, war in so schwierigen Situationen gewesen, mehrmals war er dem Tod von der Schippe gesprungen und hatte anderen das Leben gerettet, aber nur er allein kannte alle Details. Und nahm sie nun mit ins Grab. Damit hadere ich bis heute.

Was hat ihn gehindert, es früher zu tun?

Er war immer beschäftigt und vollkommen selbstlos. Die Sache erschien ihm wohl zu wenig wichtig. Für andere tat er alles, die eigenen Bedürfnisse setzte er hintan. Einen Monat vor seinem Tod gestand er mir, dass er ein Konzept für seine Lebensbeschreibung gefunden habe. Das kam definitiv zu spät.

Ist er im Alter noch öfter an die Orte seiner Kindheit zurückgekehrt?

Ja, er fuhr regelmäßig nach Slowenien, besuchte seine Schwestern und deren Familien, unterstützte sie auch materiell. Man liebte »Onkel Rado«, das kann ich bezeugen, weil ich manchmal mitfuhr. Inzwischen sind auch meine Tanten gestorben, doch die Verwandtschaft wächst. Die Namen meiner Cousinen und Cousins und deren Kinder weiß ich noch, die der Enkelkinder schon nicht mehr.

Bist du deinem Vater ähnlich?

In einigen Dingen schon, in anderen gleiche ich meiner Mutter. Die Liebe zur Musik, die Ernsthaftigkeit und das Verantwortungsbewusstsein verbinden mich mit meinem Vater, die

Leidenschaft für Märchen und das Sammeln mit meiner Mutter. Auch bin ich eine Spätaufsteherin wie sie.

Vermisst du deine Eltern?

Jeden Tag. Ich hatte ja das Glück, wunderbare Eltern zu haben. Nun lese ich manchmal Briefe meiner Mutter, schaue mir Fotos an, die sie gemacht hatte, lasse Gegenstände sprechen, die sie umgaben. Von meinem Vater gibt es kaum etwas, allerdings taucht er auf Fotos auf. Und manchmal führe ich Gespräche mit ihm, in der Hoffnung, dass er mich hört.

Neben meinen Eltern vermisse ich auch viele Freunde: Danilo Kiš, Péter Esterházy, Imre Kertész, Gennadij Ajgi, Maruša Krese, Fuad Rifka, Oleg Jurjew, Jürg Laederach und andere mehr. Wenn ich sie lese, werden sie gegenwärtig. Und natürlich habe ich über sie geschrieben, um an sie zu erinnern und sie wiederaufleben zu lassen. Literatur widersetzt sich dem Tod. Dazu fällt mir der Schluss von Danilo Kišs Roman »Sanduhr« ein, wo die Vater-Figur (hinter der sich der in Auschwitz umgekommene Vater des Autors verbirgt) die Hoffnung ausdrückt, das Geschriebene werde überdauern. »Alles, was den Tod überlebt, ist ein kleiner, nichtiger Sieg über die Ewigkeit des Nichts – ein Beweis der Größe des Menschen und der Gnade Jahwes. *Non omnis moriar.*« Aus dem lateinischen Zitat spricht Horaz, mit siegesfroher Gewissheit.

Tränen

Sie zulassen. Sich ausweinen. Das hat nichts Beschämendes.
Das salzige Nass vom Gesicht wischen. Nicht in den Spiegel
schauen.
Weinende Kinder unbedingt trösten.
Mitgefühl zeigen, wenn Kerzen und Steine weinen.
Es gibt ein Märchen, wo sich Tränen in Perlen verwandeln.
Das müssen Tränen der Unschuld sein.
Und der Schmerz? Maria weint neben dem toten Jesus. Picas-
sos traurige Dora Maar sondert riesige Tränen ab. In »Guer-
nica« steht die Verzweiflung allen ins Gesicht geschrieben,
eckig, kantig, auch das Weinen wirkt verzerrt. Still und wie in
Schockstarre weinen die geretteten Bootsflüchtlinge in Gian-
franco Rosis Dokumentarfilm »Fuocoammare«. In ihrem Requiem für den Lebenspartner Ernst Jandl schreibt Friederike
Mayröcker: »lass ein den Segen: die Tränen am Fensterglas /
die leise aufklatschenden Tropfen auf Messer und Blech / Ge-
schirr und Gehörntes, gnadenweise, und gnadenweis / Tag.«
Sanft das lateinische »lacrimae« und das russische »sljosy«, als
hörte man die Tränen fließen.
Manchmal fließen sie von alleine, grundlos. Im Grunde aber
aus jäher Verlorenheit. Weil plötzlich der Boden einzubrechen
scheint und jeden Halt entzieht. Wie heißt das Gefühl nochmal: mutterseelenallein. Ein treffendes Wort.
Wer spricht von Selbstmitleid. Die Sache sitzt tiefer, tief innen,
sie rüttelt an den existentiellen Grundfesten. Du bist nackt
und ausgesetzt, voilà. Und solltest dich am eigenen Schopf aus
dem Sumpf ziehen. Doch spürst du nichts als Ohnmacht.

Und schon kullern sie, die Tränen, mitten in einem versifften Provinzbahnhof. Du weißt nicht, wie dir geschieht, willst es nicht wissen. Es weint aus dir. Anschließend fühlst du dich besser, irgendwie kindlich erleichtert. Und schluckst den letzten Rest des salzigen Geschmacks hinunter.

Was ist mit den tränenlosen Zeiten? Sind es die glücklicheren und ausgewogeneren? Oder spielt hier jemand den Helden? Übrigens gibt es auch Freudentränen, um die Gleichungen ins Wanken zu bringen.

Tränen, kommt, wenn ihr wollt. Die Augen füllen sich, das Nass verschleiert für eine Weile den Blick. Der Kopf driftet hinter einen gnädigen Vorhang. Dann ist wieder gut, vielleicht sogar sehr viel besser. Denn du fühlst dich innerlich wie gewaschen.

Reinigendes Tränenmeer. Nicht nur ein Stoff für Märchen.

Tür

Es war Sommer, sie aßen in einem italienischen Restaurant zu Mittag. Das Kind musste aufs Klo. Im Klo roch es schlecht. Es wollte die Sache schnell hinter sich bringen. Aber es brachte die Tür nicht mehr auf. Der Riegel klemmte. Lange drehte und zog es am metallischen Ding, dann fing es zu schreien an. Schrie aus Leibeskräften, bis jemand kam. Die Türe wurde nach einigem Hin und Her aufgebrochen. Weinend lief das Kind ins Freie.

Das Kind war sechs. Das Kind war ich.

Die Panik des Eingesperrtseins sitzt mir seither in den Knochen. Nur mit Mühe kann ich mich überwinden, WC-Türen zuzuriegeln. Im Zweifelsfall blockiere ich die Tür mit Tasche oder Koffer. Das Trauma darf sich nicht wiederholen.

Natürlich betrete ich auch Aufzüge mit ängstlicher Skepsis. Was, wenn der Lift steckenbleibt? Zweimal habe ich eine Panne erlebt. Zum Glück war ich nicht allein und kam die Rettung rasch, sonst hätte ich um meinen Verstand gebangt.

Beim Fliegen, in globalisierten Zeiten auch für Klaustrophobiker unvermeidlich, freue ich mich immer schon auf die Durchsage des Captains an die Crew: Disarm the slides. Endlich geschafft.

Nie hat mich jemand mutwillig eingesperrt, nie musste ich in einem verschlossenen Raum eine Strafe absitzen. Und doch ist da diese tiefsitzende Angst, nicht ins Freie zu können. Beim bloßen Gedanken stockt mir der Atem, bricht mir kalter Schweiß aus. Eine Urerinnerung an die Nöte der Geburt, die sich in meinem Fall lange hinzog?

Türen sind dazu da, einen Durchgang zwischen Räumen, beziehungsweise zwischen Innen und Außen zu gewährleisten oder temporär zu verunmöglichen. Je nach Bedarf. Wie Flügel öffnen oder schließen sie sich. Eine gute Erfindung.

Türen schützen, gewähren Privatheit. Erlauben Abgrenzung, wo sie benötigt wird. Als ich mit vierzehn zum ersten Mal mein eigenes Zimmer hatte – »a room of one's own«, wie Virginia Woolf nicht zuletzt für schreibende Frauen postulierte –, empfand ich ein unbändiges Freiheitsgefühl. In meinen vier Wänden konnte ich nun tun und lassen, wie mir beliebte, doch die Tür musste zu sein. Störungen waren unerwünscht. Am liebsten hätte ich ein Schild mit der Aufschrift »Vor Eintreten bitte klopfen« angebracht, um Mutters plötzliches Hereinplatzen zu verhindern. Ich war schreckhaft und auf Rücksicht erpicht. Doch niemals wäre ich auf die Idee gekommen, mich einzuschließen. Bloß nicht.

Sicherheitsschlösser machen mir Angst, nicht umgekehrt.

Das Flatternde der Türen, das Kommen und Gehen. Türen aus Holz oder aus Glas, massive, leichte, durchsichtige Türen. Polstertüren, Doppeltüren, Schiebetüren, Schwingtüren, Drehtüren, Flügeltüren. Die romanischen Bronzetüren des Doms von Hildesheim und der Kirche San Zeno in Verona. Eisentüren in Gefängnissen, Fabriken, Garagen.

Glückhaft oder erschreckend der Moment, wenn eine Tür aufgeht. Und dahinter ein liebes Gesicht oder das verkörperte Unheil steht. Umarmen, davonrennen? Dem Ungebetenen die Tür vor der Nase zuschlagen?

Auf Türschwellen entscheidet sich vieles. Und manchmal definitiv. Ob die Tür zum Ort oder zum Nicht-Ort wird, zum Teil eines Zuhauses oder zum Zeichen der Ausgrenzung.

Wer Türen mutwillig zertrümmert, will Krieg.

Türen, Türen. Im konkreten, aber auch im übertragenen Sinn. Es gibt die Tür zum Unbewussten und die Tür zum Paradies, die Tür zum Dialog und die Tür zum Neuanfang. Wie die realen Türen können sie verschlossen sein, einen Spaltbreit offen oder klaffend weit.

Nirgends bin ich so vielen Türen begegnet wie in der arabischen Poesie, meist in metaphorischer Bedeutung. Als stünde die Tür für das Gedicht selbst. Was aber, wenn die konkrete Tür und die sinnbildliche gemeinsam auftreten, wie im ergreifenden Prosagedicht »Ein Quadratmeter im Gefängnis« des Palästinensers Mahmud Darwisch (1941–2008), der sich hier an seine Inhaftierung als Jugendlicher in einem israelischen Gefängnis erinnert?

»Das ist die Tür, dahinter das Paradies des Herzens. Unsere Dinge (alles gehört uns) verschwimmen. Die Tür ist die Tür, Tür der Metapher, Tür der Erzählung. Die Tür verschönert den September. Die Tür führt die Felder zum ersten Weizen zurück. Es gibt keine Tür für die Tür, aber ich kann in mein Äußeres eintreten, wenn ich liebe, was ich sehe und was ich nicht sehe. Kann es sein, dass es auf der Erde Zierde und Schönheit gibt, aber keine Tür für die Tür? Nur mein Inneres erleuchtet die Zelle. (…)«

Nun folgen einige zärtlich-sehnsuchtsvolle Erinnerungen an die Außenwelt:

»… Ich liebe die Krumen des Himmels, die durch die Luke des Gefängnisses rieseln als Rechteck aus Licht, in dem die Pferde und die Kleinigkeiten meiner Mutter schwimmen … der Duft der Kaffeebohne in ihrem Kleid, wenn sie die Tür des Tages für die Hühner öffnete. Ich liebe die Natur zwischen Herbst und Winter, die Söhne unseres Gefängniswärters, die Zeitschriften auf dem fernen Bürgersteig. (…)«

Doch nicht die Nostalgie zählt, sondern die Vorstellungskraft und der innere Widerstand des Inhaftierten:

»Ich habe zwanzig Lieder zum Spott auf den Ort verfasst, an dem wir keinen Ort haben. Meine Freiheit: dass ich bin, wie ihr nicht wollt, dass ich sei. Meine Freiheit: dass ich meine Zelle ausweite. Dass ich den Gesang der Türe fortführe: Die Tür ist die Tür. Für die Tür gibt es keine Tür, aber ich kann in mein Inneres hinaustreten und so weiter und so fort ...«

Durch die Gedankentür, die nicht den Gesetzen konkreter Türen gehorcht, tritt der Dichter mal in sein Äußeres, mal in sein Inneres, und erweitert die Zelle zu einem Raum subjektiver Freiheit.
Dagegen wirken Sartres Figuren im Drama »Bei geschlossenen Türen« ziemlich blass und unbeholfen. Viel Gerede über die *condition humaine*, über den Mitmenschen als Hölle. Darwisch transzendiert das Eingeschlossensein. Die Poesie hilft ihm dabei und gibt ihm recht.

Tänzerisch

Laue Augustnacht
an der Spree tanzen Paare
Tango die Schiffe ziehen
leichte Fracht mit Lichtgirlanden
und im Gras lagern sie entspannt
lauschen dem Gitarrenspieler
Bier oder Cola in der Hand
gegenüber schweigt die
Museumsfassade massig
die Sockel im Wasser
nur die Brücke hat Schwung
und die gelben und grünen
Kugellampen leuchten wie
Augen im Rund
eine Schar Jogger kommt
gelaufen ein rasender
Pulk mit Fähnchen und
Asiatin die Durchsagen
macht schnell rüber und
weg sind sie wie ein lauter
Traum ich lehne am Stein
es treiben die Menschen
die Ausflugsboote ein
Sänger singt wehe Lieder
und Wellen schlagen ans
Ufer sanft wie der Wind
schon zehn Uhr sagt eine

Mutter zum Kind das im
Tanzschritt bleiben will
unbedingt noch ein wenig

Triest

Aus dem Fenster unserer Barcolaner Wohnung sah ich, wenn Amelia mich hochhob, auf den Viadukt der Südbahn, der zur Zeit der Österreichischen Monarchie Wien mit seinem adriatischen Freihafen verband. Die Züge kamen mir wie Spielzeuge vor, ich schenkte ihnen kaum Beachtung. Bis auf jenes eine Mal, als die Bora es fertigbrachte, das Dach eines Waggons wegzureißen. Dieser hing wie ein gestrandeter Drache schräg auf den Leitungsmasten. So hat sich das Bild mir eingeprägt. Danach hatten Züge und der Viadukt ihre Unschuld verloren. Ich hielt mich ans Meer, an die Strandfelsen, an den kleinen Hafen von Barcola und das in der Ferne schimmernde Schloss Miramare. An den mächtigen Faro della Vittoria und die Straßenbahn, die nach Triest holperte. In Wirklichkeit hielt ich mich an Vater und Mutter, denn ich hatte nur sie. Was macht man mit vier, wenn die Straßen steil sind, immer wieder Soldaten auftauchen, die eine unbekannte Sprache sprechen, und die bucklige Violetta nicht zum Freund taugt? Man ergreift Mutters Hand, lernt schwimmen, singen, lange aufbleiben. Denn abends werden im Freien Filme gezeigt und es gibt Eis, süßes, klebriges Eis.

Mein Triest hatte die Farben des Meers, roch nach Tang und Immergrün, klang slowenisch, italienisch und ungarisch, und schmeckte nach Fisch. Ich habe es nie vergessen.

Jahrzehnte später wunderte ich mich über die verrotteten Bahngleise und die nicht weniger verrotteten Hafengebäude. Triest lag am äußersten Ende Italiens, dahinter begann der Osten. Aus Titos Jugoslawien strömten sie in Bussen herbei, um auf den billigen Märkten Kleider, Schuhe und Küchengeräte zu kaufen. Tagsüber Shopping – und abends reich bepackt zurück nach Rijeka, Ljubljana, Zagreb oder weiter. Das Geschäft blühte. Hielt sich bis zum Zerfall Jugoslawiens.

Und plötzlich stand der Krieg vor der Tür. Man rieb sich besorgt die Augen. Triest wurde zum *dead end*. Bis hier und nicht weiter. Das Hinterland abgeschnitten.

Es dauerte, bis die Grenzen fielen und Triest aufatmen konnte. Heute legt man die Strecke Triest – Ljubljana auf der Autobahn in einer guten Stunde zurück.

Projekte gibt es derzeit viele, die chinesische Seidenstraßen-Initiative macht auch vor Triest nicht Halt: Ausbau des Freihafens, Modernisierung des Schienennetzes. Schon zwischen 2017 und 2018 ist die Zahl der Container um 7,7%, die der Züge um 12% gestiegen. Die Pläne sind ehrgeizig. Das lässt an die famosen Zeiten denken, als in Triest Schiffe aus Südamerika einliefen und der Kaffeehandel blühte, als die Schiffahrtsgesellschaft Österreichischer Lloyd (später Lloyd Triestino) für den Kosmopolitismus der Stadt stand. Kehrt die Vergangenheit in neuer Gestalt wieder?

Triest ist jedenfalls im Umbruch. Alte Speicherhäuser werden umgebaut und für kulturelle Zwecke genutzt, zahlreiche neue Forschungsinstitute ziehen junge Wissenschaftler an. Die Stadt der Rentner verjüngt sich, diverse Firmen arbeiten an einer urbanistischen Gesichtsauffrischung.

Lange verdankte Triest seiner peripheren Lage eine Normalität, die anderswo kaum noch zu finden war. Heimlicher Charme statt touristischer Ausverkauf. Aber nun? Was kommt nun?

Ich hoffe sehnlichst, man lässt sie in Ruhe: die alten Baumriesen mit ihren flackernden Schatten an der Piazza Hortis, die dunkel patinierten Fassaden alter Herrschaftshäuser und das rissige Pflaster steiler Altstadtgassen. Lässt das Unkraut bei San Giusto sprießen, die Tauben ihr Geschäft auf den üppigen

Brunnen verrichten – und mein ochsenblutfarbenes Kindheits-
haus in der Via San Bortolo die letzten Reste seines Putzes verlieren. Der Garten ist schon verwildert. Gut so. Etwas verwildert ist auch der Giardino Pubblico mit seinen Dichterbüsten.
Wo stecken sie denn, die Sabas, Giottis, Kosovels? Umberto
Saba überlebte den Faschismus in der Höhle seiner Antiqua-
riatsbuchhandlung in der Via San Nicolò 30. Die Buchhand-
lung gibt es noch immer. Vor allem aber seine Bücher, geprägt
von Zärtlichkeit und Rätseln.
Triest lässt sich nicht so leicht entziffern. Und schon gar nicht
auf einen Nenner bringen. Als laborierte es ständig an der
Gleichzeitigkeit des Ungleichzeitigen und einem inhärenten
Widerspruch. Auf Triestinisch ergibt das vielleicht Sinn, doch
wer versteht schon diesen schwierigen Dialekt? (Der Ire Joyce
sprach ihn offenbar mit seinem in Triest geborenen Sohn, true
respect.)
Von Claudio Magris, dem langjährigen Erforscher von Triests
Geschichte und Physiognomie, kann man sich Rat holen. Nur
Rendezvous sind mit ihm schwer zu haben. Mit Müh und Not
ein Stündchen im Caffè San Marco (wo sein Porträt hängt),
dann eilt er weg. Zum obligaten Schwimmen in Sistiana oder
Grignano. Worauf eine Karte kommt, die Tintenschrift was-
serbekleckst bis zur Unleserlichkeit.
Viel habe ich im Lauf der Zeit über Triest gelernt. Über seine
düstere Vergangenheit unter Mussolini und die noch düste-
rere Zeit während des Zweiten Weltkriegs. Über Besatzung,
Teilung, die Rückgabe der von den Westmächten gehaltenen
Zone A an Italien, 1954. Und alles Weitere. Und doch bleibt
Triest für immer die Stadt meiner frühen Kindheit, und bin
ich für Triest – ein Kind. Ein Kind, das nicht müde wird, aufs
Meer zu starren. In heruntergekommenen Villen Hexen zu
vermuten. Und Eis zu lutschen bei jeder Gelegenheit.
»Trugen Sie das letzte Mal nicht roten Lippenstift?«, fragte

mich bei unserer Begegnung 2013 in Duino der hundertjährige slowenisch-triestinische Autor Boris Pahor. Ich wurde verlegen wie ein heimlich ertapptes Kind.

Türkisch

Dass Mutter sich für die türkische Sprache interessierte, wusste ich nicht. Jahre nach ihrem Tod halte ich ein blaues Heft in der Hand, in das sie säuberlich Vokabeln eintrug. Und ein zweites mit Satzbeispielen. Auch ein Türkisch-Lehrbuch kommt zum Vorschein. Wie weit mag sie mit ihren Studien gekommen sein? Und warum hat sie es mir nicht erzählt?

Sie war es, die mir, der Zweijährigen, in Budapest Gül-Babas Grab und türkische Bäder gezeigt und alle möglichen Sprüche und Verse über türkische Paschas beigebracht hatte, so dass mein frühkindliches Budapest gleichsam osmanisiert schien. Später erfuhr ich von der verheerenden Niederlage des königlichen Heeres gegen die Osmanen in der Schlacht bei Mohács, 1526. Bis 1699 beherrschten die Türken weite Teile Ungarns – mit dem Paschalik Buda im Zentrum – und galten als Feinde und Eindringlinge.

Für Mutter war diese ferne Historie nicht von Belang. Sie interessierte sich für die Kultur und Sprache von Ländern. Am Türkischen muss sie die strukturelle Ähnlichkeit mit dem Ungarischen fasziniert haben, denn beide Sprachen gehören – im Unterschied zu den indogermanischen Sprachen – dem agglutinierenden Sprachtypus an. Da werden grammatische Bezüge als Nachsilben an den Wortstamm angefügt (»angeklebt«), was zu langen Wortgebilden führt. Zudem haben das Türkische und das Ungarische kein grammatisches Geschlecht und kombinieren – aufgrund einer sogenannten Vokalharmonie – bestimmte Selbstlaute zu Reihen.

Mein eigenes Interesse für das Türkische, das übrigens nicht wenige Lehnwörter im Ungarischen hinterließ, hat dieselben Gründe. Hinzukommt, dass es als eine von vielen Turksprachen den Zugang zu allen anderen erschließt. Zum Baschkirischen, Tschuwaschischen, Tatarischen, Jakutischen ebenso wie zum Aserbaidschanischen, Turkmenischen, Usbekischen, Kirgisischen, Kasachischen und Uigurischen. Turksprachliche Gebiete reichen von der mittleren Wolga bis zum äußersten Nordosten Sibiriens, vom Kaspischen Meer bis nach Westchina. Weite Teile der Seidenstraße, die mich seit meiner Kindheit phantasmatisch umtreibt, sind von Turkvölkern und -sprachen geprägt.

Auch ich habe mir ein Türkisch-Lehrbuch angeschafft (wie sich herausstellte, dasselbe wie Mutter), nur fehlte mir die Disziplin, diese schwierige Sprache im Selbststudium zu erlernen. Über ihre grammatische Struktur weiß ich Bescheid, einige Wörter sind hängengeblieben (»deniz« für »Meer«), doch Sprache ist Gewebe, Ornamentik und Klang. Und sie atmet.

Also spitze ich die Ohren, wenn ich durch das türkische Kreuzberg flaniere oder mir Nuri Bilge Ceylans bezaubernden Film »Winterschlaf« anschaue. Er spielt in der bizarren Tuffstein-Landschaft um Göreme, in Höhlenwohnungen und psychischen Labyrinthen. Göreme stand lange auf der Liste meiner Wunschziele, wie Ostanatolien und Urfa, das alte Edessa. Und der mythische Nemrud Daği und die Vielvölkerstadt Mardin. Endlose Zugfahrten und Fußmärsche schwebten mir vor. Jetzt ist es zu spät. Im Osten der Türkei mit ihren Kurdengebieten herrscht latenter Krieg. Die Grenzen zum Irak und zu Syrien sind schwer bewacht. Vielleicht sollte ich besser nach Edirne fahren, um die Prachtmoschee Sinans zu bestaunen. Ins geschäftige Istanbul lockt es mich nicht mehr. Noch sitzt mir die Erinnerung im Nacken, wie ich mit einigen Freunden spät abends von der Süleimaniye die steilen Gassen hinunterging und plötzlich ein Pflasterstein haarscharf an unsern Köpfen vorbeisauste, von feindseliger Hand geworfen. Wir drehten uns nicht um, wir rannten den Berg hinab. Und machten erst Halt, als wir unten am Wasser waren. Glück gehabt, to say the least.

Doch die Sprache, was kann sie dafür. Vielleicht würde sie mich an zerbissene Rosenblätter und den Gesang der Vögel in den Kronen der Platanen erinnern. An stille Höfe und singende Brunnen. An die Hinfälligkeit von allem. Oder umgekehrt an die Zuverlässigkeit altbewährter Regeln.

»Ben« (ich), »sen« (du), »o« (er, sie, es), »biz« (wir), »siz« (ihr), »onlar« (sie).

»Bir« (eins), »iki« (zwei), »üç« (drei), »dört« (vier), »beş« (fünf), »alte« (sechs), »yedi« (sieben), »sekiz« (acht), »dokuz« (neun), »on« (zehn).

Schritt für Schritt, Baustein um Baustein. I'll try it again.

Umweg

Nicht immer führen die geraden Wege zum Ziel. Das Umwegige kann Gewinn und Überraschung bedeuten. Der Märchenheld verfehlt die Kreuzung, landet im dichtesten Wald und trifft dort ein reizendes Mädchen beim Beerensammeln. Die Zeit vergeht, schon wird es Abend. Sie ist es, die trotz Einbruch der Dunkelheit ins Dorf zurückfindet, in ihr Dorf. Wo auch er willkommen geheißen wird. Dreimal raten, wie alles endet: aus den beiden wird ein Paar, dazu noch ein glückliches. Dieser Umweg verdankt sich nicht bewusstem Wollen, sondern träumerischer Nachlässigkeit. Denn Iwan oder Jancsi oder Hans verpasst den Weg, den er nehmen sollte, folgt dem Lauf seiner Füße – und findet Unerwartetes.

Ähnliches ereignet sich auch außerhalb von Märchen. Du sitzt im Auto, reagierst zu spät auf die Abzweigung, fährst weiter und entdeckst nach ein paar Kilometern eine bezaubernde romanische Kapelle. Nicht genug damit, lädt wenig später ein Gasthaus zum Verweilen ein: der goldene Schlüssel über dem Eingang verspricht Feines. Und hält auch, was er verspricht. Glücksmomente, die jeden aufkommenden Ärger im Keime ersticken.

Ich bin für Umwege immer zu haben. Ob sie passieren oder gewollt sind. Weil es nicht immer eilt, ein bestimmtes Ziel zu erreichen. Weil die Lockerheit des Geschehenlassens Energien mobilisiert.

Zehn Uhr, ein lauer Abend. Statt direkt nach Hause zu gehen, beschließe ich, einen Bogen durch die Heckmann-Höfe zu machen. Und begegne unterwegs prompt einer Freundin, die ich nie hier vermutet hätte. Hallo, hallo, große Umarmung. Im Hintergrund das Gold der Synagogenkuppel, Marion aber so aufgekratzt, dass sie mich gleich auf ein Glas einlädt. Bis Mitternacht unterhalten wir uns angeregt, die unverhoffte Begegnung löst unsere Zungen.

Ach, und jener Umweg im tiefsten Ungarn, fast hätte er folgenschwer geendet. Schriftstellerkollege Zsolt Láng holt mich mit dem Auto in Budapest ab, um mich ins siebenbürgische Târgu Mureş (Marosvásárhely) zu fahren. Eine lange Reise. Wir starten rechtzeitig, nach zwei Stunden Autobahn aber fragt Zsolt, ob ich die berühmte neunbögige Brücke in Hortobágy kenne. Nein, sage ich, nur von Csontvárys Bild und einigen Fotografien. Ob ich denn Lust hätte, sie zu sehen, es sei zwar ein Umweg, aber kein allzu großer. Nach kurzem Zögern stimme ich dem Vorschlag begeistert zu.

Es ist Mittag und brütend heiß, als wir ankommen. Der kleine Ort wimmelt von Menschen und Tieren. Wie sich zeigt, wird ausgerechnet heute in einem festlichen Aufzug das Vieh über die Brücke getrieben: Rinder und Schafe, dazwischen die berittenen Hirten in volkstümlichem Kostüm und mit langer Lederpeitsche. Rufe, Gesang, Peitschenknallen. Tiefland-Ungarn pur. Wir parken das Auto am Flussufer und werfen uns ins bunte Getümmel.

Als wir das Auto um vier Uhr starten wollen, springt der Motor nicht an. Alle Bemühungen umsonst. Zsolt meint, der Tank sei womöglich leer, er werde versuchen, Benzin zu besorgen. Ich bleibe sicherheitshalber beim Wagen. Nach einer halben Stunde kommt er mit zwei Plastik-Literflaschen voll Benzin, füllt dieses in den Tank. Doch der Wagen rührt sich nicht. Vielleicht brauche es mehr Benzin, sagt Zsolt ziemlich resigniert, und verschwindet erneut. Nicht auszudenken, was geschieht, wenn wir in diesem Puszta-Kaff stranden, es ist Samstagnachmittag und jede Hilfe weit. Da rufe ich den Heiligen Nikolaus von Myra an, den Schutzpatron der Reisenden und Seefahrer, dessen Ikone ich stets bei mir trage. Und siehe: das Auto springt an. Bringt uns bis zur drei Kilometer entfernten Tankstelle. Und rührt sich abermals nicht vom Fleck. Doch der Tankwart weiß Rat, ruft einen befreundeten Mechaniker an, der uns wenig später abschleppt – direkt zu seiner Werkstatt. Die Benzinpumpe, lautet die Diagnose. Unwirklich schnell, in nur anderthalb Stunden, ist das Teufelsding ersetzt. Und kostet nur 50 Euro, was ich lachenden Herzens bezahle, zumal Zsolt keinen Forint in der Tasche hat und seine Bankkarte aus unerfindlichen Gründen nicht funktioniert.

Nikolaus sei Dank, wiederhole ich ein übers andere Mal. Der Wundertätige hat uns nicht im Stich gelassen.

Es ist Abend, als wir die rumänische Grenze erreichen. Der Hunger drängt uns, in Oradea Halt zu machen und eine Suppe zu löffeln. Im Zentrum schmucke Jugendstilhäuser, viel Jungvolk auf den Straßen und Plätzen. Nach zehn Uhr setzen wir die Fahrt fort. Die Gegend wird gebirgig, kurvenreich geht es rauf und runter. Bis Cluj Napoca sind es 155 km, von dort bis Târgu Mureș noch etwa 110. Laut sprechen wir gegen die Müdigkeit an und knabbern an den letzten noch übriggebliebenen Pogatschen, die ich vorsorglich (oder vorausahnend?) in Budapest gekauft hatte.

Nacht, tiefe Nacht. Um zwei Uhr erreichen wir das Ziel. Ein verschlafener Hotelportier reicht mir den Zimmerschlüssel. Als ich ins Bett sinke, habe ich jede Orientierung verloren.

Vögel

Haustiere sind meine Sache nicht, dagegen die Vögel, diese freien Eroberer der Luft. Gern beobachte ich, wie sie in meinem Garten singen, zetern, klopfen, hüpfen und herumschwirren: wie die Amseln temperamentvoll die letzten Trauben vom Stengel picken, die zierlichen Meisen wie Bällchen in den Büschen verschwinden, wie die Buntspechte in den Stamm der Birke hacken und die blauschwarzen Krähen deren Wipfel belagern. Auch Rotkehlchen, Zaunkönige und Eichelhäher kommen zu Gast, doch waren es früher mehr. Ob es an den herumstreunenden Katzen und Füchsen liegt?

Leicht, traumwandlerisch sicher und anmutig schnell wirken diese Vogelwesen. Wobei ich vor allem an die Singvögel denke, Inbegriff der gefiederten Himmelsgeschöpfe. An Lerchen, Drosseln und die unnachahmlichen Schwalben. Ihre raschen Kreise an einem warmen Sommerabend vermitteln ein jauchzendes Freiheitsgefühl: kaskadenartiger Flug, der schiere Schwerelosigkeit suggeriert und eine Dauerahnung von Süden. Denn als Zugvögel kommen sie von weit und kehren in wärmere Gefilde zurück. So registriere ich ihr erstes Auftauchen als freudiges Anzeichen, dass die Kälte hinter uns liegt. Während ihr Verschwinden ziehendes Fernweh auslöst.

Es muss ein Urinstinkt sein, der sich in mir beim Anblick der schnellen Schwalben regt: ihrer raschen kurzen Flügelschläge, atemberaubenden Akrobatien, durchdringenden Schreie. Als wäre Leben luftiges Umherziehen, nicht erdnahe Sesshaftigkeit. Dass ich sie in Bondo unter dem Holzbalkon habe nisten sehen, schaffte unvermutete Nähe. Es gab also auch Verweilen,

Brüten und Nähren, häusliche Fürsorglichkeit. Der abendliche Insektenfang gehörte dazu.

Stimmt, Vögel säen nicht und ernten nicht, wie es im Evangelium heißt. Doch Vorräte sammeln sie schon. Es ist nicht so, dass der »Vater im Himmel« sie ernährt. Wie kämen sie zu diesem Privileg?

In meinem Garten finden sie Samen und Früchte, Insekten und Würmer, viel Grün. Noch habe ich mich nicht entschlossen, sie franziskanisch anzusprechen, da Zähmungsversuche – außer vielleicht bei Spatzen und Meisen – fehlschlagen müssten. Dass sie in beschwingter Freiheit singen, trällern, zirpen, zwitschern, zinzelieren, ist Glück genug.

Ich sage Glück. Denn meine Vogelwelt ist von Alfred Hitchcocks filmischer Horrorvision »The Birds« unendlich weit entfernt. Befrage ich Erfahrung, Erinnerung und Imagination, tauchen noch Störche, Wildgänse (o Nils Holgersson!) und Kraniche auf, Tauben, Waldkäuze, Dohlen und eine Nachtigall, die in ihrem Potsdamer Buschversteck verführerisch sang. Ach ja, und eine Schneeeule, die mich zu einem Gedicht inspirierte:

Kein Rauschen nachts,
nur dieses große weiße
Rund und dünne japanische
Striche: Augen und Mund
schwarz wie der Schnabel.
Sie schläft oder nicht,
dreht plötzlich den Kopf:
Grüß dich! Ein Wesen
des Nordens, wo sibirisches
Polarlicht auf Eis trifft
und der Schnee dauert
und dauert wie ewig.

Da sitzt sie im Käfig
unter wärmerem Himmel,
ein Schauobjekt fremd und
kommt sich leise abhanden.

Nicht so die Vögel, die mich umgeben. Sie rufen und schlagen,
tschilpen und schnarren, pfeifen und rasseln, girlen und jubi-
lieren. Ich spitze die Ohren. Eine muntere Schar.

Verlieren

Soweit ich mich zurückerinnern kann, war ich eine schlechte Verliererin. Bei Karten- und Gesellschaftsspielen, bei Halma, Monopoly, Domino und erst recht bei »Mensch ärgere dich nicht«. Ich ärgerte mich, was das Zeug hielt. Der Körper wurde steif, der Kopf rot, nur mit Mühe konnte ich die Tränen zurückhalten. Und drängte aus schierer Verzweiflung auf ein nächstes Spiel, ein glücklicheres.

Offensichtlich nahm ich mir zu Herzen, was andere für vergnüglich und unterhaltsam hielten. Spiel war Ernst, und die Intensität, mit der ich es anging, der Beweis dafür. Doch was entschied über den Ausgang? Geschick und kluge Berechnung oder glücklicher Zufall? Oder beides? Wenn ich verlor, schrieb ich die Niederlage mir selbst zu, nur selten haderte ich mit dem Zufall namens Pech. Dieses Hadern hatte etwas Zorniges und Trotziges, ich schämte mich dafür. Von Lockerheit konnte keine Rede sein.

In Sport und Musik mied ich instinktiv den Wettbewerb. Natürlich hätte ich nichts dagegen gehabt, die Schnellste und Beste zu sein, aber die Chancen standen schlecht. Und Verlieren machte keinen Spaß.

Beim Schulstoff mobilisierte ich Ehrgeiz, hinter dem ein riesiger Wissensdurst stand. Verlierer war hier nur derjenige, der nicht lernen wollte. Ich aber wollte. Mit gutem Erfolg. Non scholae, sed vitae discimus. (Nicht für die Schule, sondern für das Leben lernen wir.)

Aber auch im Leben kann nicht alles glatt gehen, beim besten Willen nicht. Früh genug musste ich feststellen, dass es Widrigkeiten und Konkurrenz gab. Umstände, die mir einen Strich durch die Rechnung machten. Das bedeutete, eine Niederlage einzustecken, umzudenken, neu zu beginnen. Je nachdem. Die eigene Hartköpfigkeit zu überwinden. An Widerständen zu wachsen. (Was salbungsvoll klingt, aber zum Lebensalltag gehört.)

Heute weiß ich, dass Verlieren jeder Art einem Naturgesetz gleicht. Man kommt nicht darum herum. Und tut gut daran, sich mit Gelassenheit und Geduld zu wappnen, statt der Schmähvokabal *Loser* auf den Leim zu gehen.

Vergleichsweise leicht ist es, ein Spiel zu verlieren, auch wenn Dostojewskij an seiner Roulettesucht fast zugrunde gegangen wäre. Die Einbuße eines Jobs, der eigenen Würde oder gar der Sehkraft wiegt schon schwerer. Besonders schmerzt, wenn es um geliebte Menschen, Orte und Dinge geht, nennen wir sie Heimat. Solche Verluste können uns im Extremfall dazu bringen, den Verstand zu verlieren. Ja, das Leben.

Verlieren – ein gewichtiges, schwer wiegendes Wort. Befremdlich, dass es sich auf »gieren« reimt. Weit näher kommt ihm »frieren«.

Auch mich fror – trotz sommerlicher Temperaturen –, als ich im Juni 2018 in der slowakischen Donau-Stadt Štúrovo (ungarisch Párkány) vor einem Gedenkstein für die im Holocaust ermordeten Juden stand. Alle waren sie namentlich aufgelistet, von Abelesz bis Weiß. Ich schrieb weit über hundert Namen auf. Mehrere Engel und Fried, Löwy, Mauthner, Richter und Steiner waren darunter, auch Kiss, Klein, Kohn und Köves. Während ich schrieb, dachte ich an Hiobs Hader und Klage, dass der Allmächtige soviel Leid zulässt. Nicht alles ist klaglos hinnehmbar. Und das aktive Erinnern als Mindestprotest Pflicht.

Verlustanzeigen ohne Zahl. Durch natürliche und unnatürliche Tode, durch verlorene Kriege und gewonnene Schlachten.

Durch Unterdrückung, Kolonialisierung, Naturausbeutung, Fortschrittswahn. Neben Einzelwesen sterben Völkerschaften, Tierarten, Pflanzen und Sprachen, sterben unwiderruflich und für immer aus. Schwindende Vielfalt wächst nicht nach wie Gras. Und nach dem Verschwinden kommt irgendwann das Vermissen, es sei denn wir sind Hochstapler der Vergesslichkeit.

Wüste

Was fasziniert dich an der Wüste, die von extremen Gegensätzen geprägt ist?

Vielleicht gerade ihr extremer Charakter. Hier stoßen Hitze und Kälte, Unwirtlichkeit, ja Lebensfeindlichkeit und Artenreichtum, Trockenheit und Oasen-Üppigkeit aufeinander. Nirgends wölbt sich der Sternenhimmel so weit. Die Wüste ist von beängstigender Schönheit. Denn auf Schritt und Tritt lauert der Tod.

Hast du viele Wüsten bereist?

Einige, aber nie über längere Zeit. Es begann mit der Wüste Negev und dem Sinai, der damals von Israel besetzt war. Im Südsinai grenzte die Militärzone an ein Naturreservat. Ich schloss mich einer Gruppe von Hikern an. In brütender Hitze erklommen wir Sanddünen (zwei Schritte vorwärts, einer zurück) und Geröllhänge, denn die Wüste hat viele unterschiedliche Gesichter – von der staubigen Einöde bis zur bizarren Mondlandschaft. Auf dem Sinai ist sie steinig, es türmen sich rötliche Granitberge und schwarze Vulkanformationen, ein kolossaler »Haufen« von grandioser Wildheit. Mit meiner alten Leica habe ich sie festzuhalten versucht. Daraus entstand 1980 der Bild-Text-Band »Sinai«. Die Nächte, die wir in Schlafsäcken im Freien verbrachten, waren bitterkalt, während die Tagestemperaturen 40° und mehr erreichten. Nach der Besteigung des »Mosesbergs« (Djebel Musa) rasteten wir in einer kleinen Oase mit ausladenden Palmen. Ob vor Überanstrengung oder wegen der Hitze und Trockenheit bekam ich starkes Nasenbluten, das nicht aufhören wollte. Man machte sich Sorgen um mich. Während mich Panik ergriff, als ich beim obligaten Verbrennen von Toilettenpapier fast einen Dornbusch in Brand gesteckt hätte. Wie sagte doch Edmond Jabès: »Eine Feuersbrunst in der Wüste ist Hohn.«

Später mied ich Wüstenwanderungen. Das farbenprächtige Wadi Rum in Jordanien bereiste ich mit dem Auto, die weiß-schimmernden Ränder der iranischen Salzwüste Lut erspähte ich durch das Fenster eines kühlen Mercedes-Busses. Aber die Nacht auf dem Flachdach einer alten Karawanserei unweit von Yazd – unbeschreiblich, die Sterne zum Greifen nah. Was ich erlebte, glich einem metaphysischen Schauder.

Die Wüstenausflüge in Kalifornien hatten etwas mit Abenteuerlust zu tun, saß ich doch selber am Steuer, neben mir meinen fünfzehnjährigen Sohn. Im Hinterkopf prickelte die Angst: Und was, wenn wir eine Panne haben oder das Benzin ausgeht? Frühling 1995, im Death Valley eine Höllenhitze. Wir setzten uns der erbarmungslosen Glut aus, flüchteten nach kurzer Zeit aber zurück ins Auto, später in ein Hotel.

Ich erinnere die kuriosen Baumskulpturen im Joshua Tree Park, die schnurgeraden Straßen durch die Mojave-Wüste. In die Sahara hätte ich mich nie auf diese Weise gewagt. Umso mehr bewunderte ich Isabelle Eberhardt (1877–1904), die – in Männerkleidung – allein durch Teile der Sahara geritten war, oder Otl Aicher, der sie zu Fuß in Angriff genommen hatte. Ihre Reiseberichte sowie die anderer Wüstenabenteurer taten es mir schon immer an.

Haben dich auch biblische Vorstellungen der Wüste geprägt?

Durchaus. Die Geschichte von Moses, der sein Volk durch die Wüste ins Gelobte Land führt. Oder im Neuen Testament Jesu Rückzug in die Wüste, wo er vom Teufel versucht wird.

Die Wüste erscheint als ein Ort der Entbehrungen, Prüfungen und äußersten Herausforderungen. Wer sie besteht, geht geläutert hervor. Nicht umsonst haben sich bußfertige Eremiten und Anachoreten in die Einsamkeit der Wüste zurückgezogen, unter ihnen auch die sogenannten Wüstenväter im dritten und vierten Jahrhundert in Ägypten.

Wenn es einen Ort gibt, wo der Mensch sich selbst, den existentiellen und transzendentalen Fragen nicht entrinnen kann, ist es die Wüste. Ihre Größe (und »Leere«) reduziert ihn punktgenau auf sein richtiges Maß, zeigt ihm seine Kleinheit und Ohnmacht. Flößt ihm Respekt vor der Natur ein, die ans Metaphysische grenzt.

Verbindest du mit der Wüste eher Positives oder Negatives?

Die Wüste ist per se beides: Himmel und Hölle, Paradies und Tod. Ihre Schönheit ebenso grausam wie lieblich, wenn man an die zauberhaften Oasen denkt. Doch die Symbolik der Wüste tendiert zum Negativen, was schon Ausdrücke wie Seelen- oder Großstadtwüste belegen.

Interessant ist Nietzsches Wüstenbegriff. Im »Zarathustra« steht Wüste für Unabhängigkeit und innere Einsamkeit (»In der Wüste wohnten von je die Wahrhaftigen, die freien Geister, als der Wüste Herren«), während in einem späten Gedicht andere Töne angeschlagen werden: »Die Wüste wächst: weh dem, der Wüsten birgt! / Stein knirscht an Stein, die Wüste schlingt und würgt. / Der ungeheure Tod blickt glühend braun / und *kaut* –, sein Leben ist ein Kaun ...«

Dass die Wüsten im konkreten Sinne wachsen, ist Tatsache. Klimawandel, Abholzung und anderes mehr vergrößern die Wüsten- und Steppengebiete. Doch Nietzsches Verszeilen zielen ins Metaphorische: »... weh dem, der Wüsten birgt.« Wüste meint damit Verwüstung und Tod, innere Leere und Erstarrung.

Damit oszilliert die Wüste auch bei Nietzsche zwischen einem positiven und einem negativen Pol, zwischen faszinierender »terra incognita« und toter Öde.

Der Topos der toten Wüste entspricht nicht der Realität. In den meisten Wüsten leben Pflanzen und Tiere – und auch Menschen. Was weißt du von ihnen?

Auf dem Sinai bin ich Beduinen begegnet, im Iran Nomaden. Sie haben ihren spezifischen Lebensstil, kleiden sich auch anders. Das karge Leben unter extremen Bedingungen lässt ihre Gesichter wie gegerbt erscheinen.

Was die Wüstentiere betrifft, so sind mir Kamele ungeheuer sympathisch. Doch traute ich mich nur ein einziges Mal auf eines dieser imposanten Tiere, die einen unbarmherzig durch die Gegend schaukeln und locker abwerfen, wenn ihnen der Sinn danach steht. Das Kamel sei »ein wandelnder Wassertank«, schrieb Plinius der Ältere. Die heutige Wissenschaft bestreitet es. Zwar könne ein Kamel in zehn Minuten 100 Liter Wasser aufnehmen, doch über ein Wasserreservoir verfüge es nicht. Allerdings seien seine Organe auf sparsamen Wasserhaushalt spezialisiert – perfekte Wüstentauglichkeit. Hinzukommt, dass das Haar gegen Hitze isoliert und den Schweiß reduziert. Die geringe Schweißabsonderung hängt auch damit zusammen, dass das Fettgewebe sich fast ausschließlich im Höcker befindet und das Kamel seine Temperatur regulieren kann, von 34 Grad bis 40,5 Grad.

Was für Wunderwerke der Natur, diese ein- oder zweihöckrigen »Wüstenschiffe«! Sie halten achttägigen Wasserentzug aus, verlieren dabei rund 20 Prozent ihres Körpergewichts, bleiben aber kerngesund. Und sie liefern Milch, Fleisch, Wolle und Leder, während ihr Mist als Brennstoff verwendet werden kann.

Sehe ich einzelne Kamele – und sei es im Zoo oder Zirkus –, packt mich sofort Wüstenfernweh. Erst recht fasziniert mich der Anblick einer Kamelkarawane. Kamellose Wüsten bleiben mir fremd.

Welche Wüste lockt dich noch?

Die Gobi.

Wunder

Als wundergläubig würde ich mich nicht bezeichnen, nie bin ich nach Lourdes gepilgert, habe mich nie um Handauflegungen bemüht oder die 14 Nothelfer angefleht. Und doch hoffte ich einmal auf ein Wunder, inständig und ziemlich verzweifelt. Ein Tagesausflug von Patmos auf die kleine Nachbarinsel Lipsos. Die Hinfahrt verlief unproblematisch, obwohl der Meltemi mit Böen auf sich aufmerksam machte. Anders die Rückfahrt, gegen fünf. Kaum hatte das kleine Schiff – es fasste ungefähr dreißig Passagiere – das Eiland verlassen, war es schutzlos der Wucht des Windes ausgeliefert. Riesige Wellen schlugen und zerrten, hoben und senkten es. Zum Lärm des entfesselten Elements kam der Lärm der Schiffsmotoren, die auf Hochtouren arbeiteten. Und durch einen Lautsprecher ertönte heiseres Geschrei: Von irgendeiner Zentrale aus wurden dem Kapitän barsche Befehle erteilt. Vor mir saß ein Pope, der sich ständig bekreuzigte und laut den Heiligen Nikolaus – Hagios Nikolaos – um Rettung anrief. Er wusste schon, warum. Auch ich betete schreckensstarr zum Himmel, auf ein Wunder hoffend. Irgendwann erreichten wir den Hafen von Skala und sahen uns verwundert und erleichtert an. Geschafft. Ich eilte in die erstbeste Kirche, küsste die Nikolaus-Ikone. Und trank anschließend einen doppelten Raki. Wunder, Wunder. Es gibt das Pfingst- und das Auferstehungswunder, das Wunder des himmlischen Manna und der Brotvermehrung. Auf wundersame Weise hat Jesus Blinde sehend gemacht und Lazarus auferweckt, während Märtyrer ihre abgeschlagenen Köpfe auf den Händen trugen, Wüstenväter wilde Tiere zähmten und Heilige vielerlei Plagen abwendeten.

Das Wunder ist radikal und plötzlich, es stellt Gewohntes in Frage, hebt es im Handumdrehen aus den Angeln. Dass es Widerstand provozieren kann, liegt in seinem Wesen. Immer appelliert es an unsern Glauben und unsere Offenheit, während sich die zaudernd-skeptische Ratio querlegt.

Wunder rütteln an der Kontingenz, indem sie das Unmögliche möglich machen. Indem sie punktuell Verhältnisse herstellen, die rettend sind. Eine Vervollkommnung der Welt streben sie nicht an, auch wenn Jesu Auferstehung für den gläubigen Christen von weitreichender Konsequenz ist. Denn sie sind keine Großprojekte, keine Fortschrittsinstrumente. Unerwartet schlagen sie zu: atemberaubend im wahrsten Sinne des Wortes.

Von »Wunder« abgeleitet sind »wunderbar« und »wundersam«, »wundervoll« und »wunderschön«, aber auch »wunderlich« und »wundertätig«. Es gibt den »Wunderbaum«, die »Wunderblume«, das »Wunderding« und den »Wunderdoktor«, das »Wunderhorn«, das »Wunderkind«, die »Wunderkerze« und die »Wunderquelle«, das »Wunderland«, das »Wundermittel«, die »Wunderwelt« und das »Wunderwerk«. In allem steckt etwas Überraschendes, Erstaunliches, mitunter Seltsames und Befremdliches. Alice im Wunderland erlebt phantastische Dinge, die das Wunderbare ebenso wie das Wunderliche streifen. Ohne Ernst geht es freilich auch hier nicht zu. Das Wundersame ist nicht notgedrungen verrückt. Obwohl dem Wunder zutiefst ein »quia absurdum« anhaftet.

Als Normverstoß im Quadrat widerspricht es jeder Logik, außer – im religiösen Kontext – der Logik göttlicher Vorsehung, eines höheren Heilsplans. Aus dieser Logik leitet es seine Berechtigung und Funktion ab, mag es als solches paradox und schwer zu fassen sein. Aber wie heilsam, dass Regeln einmal außer Kraft gesetzt sind und der Verstand genötigt, seine Fesseln abzulegen. Das Wunder – als schockhafte Konfrontation mit dem Anderen – macht den, der es erfährt, demütig. Während selbsternannte Wundertäter zur hochmütigen Familie der Zauberer zählen, denen nichts heilig ist außer ihrer unumschränkten Macht. Blinde Wundergläubigkeit also birgt Gefahren, denn falsche Propheten gibt es zuhauf, und wer ihnen verfällt, wird eines Tages tief ernüchtert zur Besinnung kommen. Die wahren Wunder entheben nicht der Verantwortung gegenüber dem eigenen Tun, ganz im Gegenteil. Und mag diese Verantwortung darin bestehen, dem Ruf nach innerer Umkehr zu folgen. Nimmt uns der Engel »plötzlich ans Herz« (wie es in Rilkes Erster Duineser Elegie heißt), vergehen wir »von seinem stärkeren Dasein«.

Das Wunder, das wahre, überwältigt, aber versetzt auch in einen Zustand der Kindlichkeit. Staunend die Augen, staunend das Herz.

Wunder?

Als Kind wünschte ich, dass mir Flügel wachsen, dass es Goldstücke regnet, dass sich Tischlein decken und Tote lebendig werden, dass ich Gefahren mit Siebenmeilenstiefeln oder dem Tarnmantel der Unsichtbarkeit entkomme, dass Zauberflöten böse Geister verscheuchen und ich die Sprache der Tiere verstehe. Märchen machten die Wunder vor. Später die Bibel und die Heiligenlegenden.

Heute orte ich das Wunderbare im Kleinen. In einem geglückten Tag oder Gespräch. In den Zügen meines kleinen Enkels, der buddhahaft lächelt. In der Genesung eines schwerkranken geliebten Menschen. Im Umstand, dass ich in Frieden leben kann, fernab von Krieg und Hunger, und dem auf der Spur, wozu es mich drängt.

Damals, auf der Überfahrt von Lipsos nach Patmos, stand fast alles auf dem Spiel. Das Leben hielt den Atem an. Allen Göttern und Heiligen sei Dank, dass es mich nicht im Stich ließ.

Wald

Wald nicht Wäldchen
aber mit Lichtungen
Kastanienriesen weißen
Birken und Fichten
mit dichtem Unterholz
Pilzen Beeren Flechten
und kicherndem Moos
mit Felsen umbuscht
und Vögeln und Füchsen
mit Stämmen und Stümpfen
im Lenz so grün
Faun und Floren sind da
im Rabenwald
ich lange an Äste Nester
Nadeln im Schuh
wer kennt schon die Wege
oder regt sich jemand?
Pfiffe ein Rascheln
Bashōs säumiger Schritt
bin schamanisch verblendet
höre die Stimmen der
Bäume o stiller Schreck
und das Laub knistert
wie Zeitungspapier
während die Nacht
rapierscharf in den Forst
fällt jetzt schweigt
das Gezänk

Wind

Halme knicken
Wellen brechen
Wüsten wehen
welcher Teufel
reitet dieses
Wesen
das über Zäune
jagt und Meere
gewissenlos
Bedrohlich! schreit
das Kind und zieht
die Mütze übern
Kopf und bleibt
zuhaus
Er faucht
er pustet wund
zieht Schneisen
durch den Wald
bald durch die
Dörfer
es fliegt was
fliegen kann
kippt um
Halt ein!
Wie war die Brise
leicht wie grob
der Sturm

entfesselte Gewalt
die Masten wie
Mikadostäbchen
die Bäume Schund
und wenn das Feuer
wütet reiner Zunder
Das Auge weint
voll Staub
verfinstert traurig
weint es Wind
und nochmals Wind
von gestern

Wolken

Mein Vorname Ilma bedeutet im Finnischen Luft. Gegen ätherische Leichtigkeit habe ich nichts einzuwenden, zumal in diesen Himmelsbereichen eine gewisse Grenzenlosigkeit herrscht. Irrelevant die Frage, woher ich komme, woher du kommst. Luftgeschwister verstehen sich auch ohnedies.

Andere mögen das anders sehen. Lange haftete den Diaspora-Juden der abwertende Name »Luftmenschen« an, da sie ohne Heimat und Boden seien, zum Umherziehen verurteilt. Und »Wolkenguckern« spricht man mit unverhohlenem Spott Realitätssinn und Bodenständigkeit ab.

Aber Wolken sind faszinierende Gebilde, und wer sie studiert, muss sich seiner träumerischen Veranlagung nicht schämen. Unzählige Abende habe ich auf der Terrasse eines provenzalischen Hauses verbracht, um die ständig sich ändernden Wolkenformationen über dem Mont Ventoux zu beobachten. Ein berückendes Naturschauspiel. Eben noch war da ein Elefant, jetzt ist es der Torso einer Frau, dann ein Pferd, ein Fisch, ein Schiff. Auch die Farben wechseln, von Weiß zu Bleigrau, von Beige zu Schmutzgelb oder Orange. Und mitunter ziehen sich die Wolken zu einer düsteren Wand zusammen, Blitze zucken über den ganzen Himmel, dann kracht der Donner und im nächsten Augenblick ergießt sich eine Sturzflut über das Dorf und die Landschaft. Nichts zu sehen, man hört nur das Prasseln des Regens. Erst allmählich tauchen aus dem Waschküchendunst wieder Konturen auf, aus den schweren Regenwolken sind Wölkchen geworden, die im Abendlicht rosa schimmern. Die Luft ist rein und duftet nach den Aromen des Südens.

Poetischer Wahrnehmung steht Wissenschaftliches nicht im Wege. Jedes Lexikon informiert über die zahlreichen Wolkentypen und deren Namen: Zirrus, Zirrostratus, Zirrokumulus, Altokumulus, Altostratus, Nimbostratus, Stratokumulus, Stratus, Kumulus, Kumulonimbus. Deutsch sprechen wir von Feder- und Schäfchenwolken, Quell- und Haufenwolken, von schollen-, ballen- oder walzenartigen Wolkenteilen. Es sind allesamt »Figuren des Flüchtigen«, wie es in Klaus Reicherts bezauberndem Buch »Wolkendienst« heißt.

Das Flüchtige reizt zum Festhalten. Und so mangelt es nicht an Wolkenstudien von Caspar David Friedrich, Constable, Turner und Van Gogh, während Goethe, Hopkins, Ruskin und viele andere die Wolken sprachlich-poetisch einzukreisen versuchten. Nuages, clouds, »Quellengebete« (Novalis). In Friederike Mayröckers halluzinatorischer Prosa »Pathos und Schwalbe« ist von einer »Atemsprengung drausen in den Lüften« die Rede: »ich meine sie wälzen sich die Wolken wälzen sich, diese Wolken ich glaube *wie sie die Türen aufreißen* dasz ich in jenseitige Gefilde …« Dazu passt die »hl. Nachtwolke«. In der Tat: Schweben sie nicht alle auf Wolken, Jesus und Maria nach ihrer Himmelfahrt? Und die Heerschar der Engel und so mancher Heilige? Es ist eine illuminierte Landschaft der Wolkenbänke, wo die Erhabenen thronen, und inmitten putziger Cumuli tummeln sich puttohafte Engelwesen wie übermütige Kinder. So hält es die christliche Ikonographie des Abendlandes – in abertausenden Variationen.

Das Alte Testament verzichtet auf Himmelslieblichkeit. Jahwe beugt – in Psalm 18 – »den Himmel und steigt herab / Wolkenschwarz zu seinen Füßen / Er reitet den Cherub, fliegt auf und schwebt / auf Schwingen des Windrauschens / Er legt Finsternis an Sein Schleier / um sich her Seine Hütte / Wolkendunkel der Wasser dichtes Staubgewölk / Im Lichtblitz vor Ihm / brechen sie, Seine Wolken / Hagel und Feuerkohlen /

Und es donnert aus den Wolken ER / der Höchste lässt tönen
Seine Stimme / Hagel und Feuerkohlen …«
Ein Tumult voll Angst und Schrecken, das Wolkendickicht Beweis höchster Macht.
Bleibt die Ambivalenz: zwischen federleicht, flaumig, wattehaft und unheilvollem Dräuen, zwischen Himmelsparadies und himmlischem Tohuwabohu.
Ängstlich beim Fliegen zucke ich jedesmal zusammen, wenn wir in eines der Wolkenungetüme eintauchen, nichts mehr zu sehen ist außer blendendem Weiß, und das Flugzeug heftig geschüttelt wird. Verschluckt, sagt eine innere Stimme, wir sind im Wolkenbauch. Noch schlimmer, wenn aus den Wolken Blitze schießen. Zwar ist das Flugzeug ein Faraday-Käfig, dennoch kann ein Blitzschlag Schaden anrichten. Bloß keine Blitze, heftigen Winde und hohen Wolken … Wie befreiend aber, wenn die Maschine sich aus den Wolken löst und durch strahlendes Blau fliegt. Tief unten ein Nebelmeer, weit wie der Horizont. In solchen Momenten kennt mein Staunen keine Grenzen, und ich bin wahrhaftig Ilma in den Lüften, wolkennah glücklich.

Weiß

Ist es eine Farbe oder reine Spielfläche des Lichts? Oder existiert es nur als Produkt meiner Empfindungen?

Mit Weiß verbindet sich Leere, die Vorstellung eines unbeschriebenen Blatts. Hier nisten die Möglichkeiten, wenn man sie denn ergreift. Zuerst ist da die Angst vor dem Anfang, dann plötzlich der erste Strich, dem weitere folgen. Das Weiß ist Folie, Grund.

Makellos, unbefleckt, rein.

Weiß ist der Schnee und die Milch, der Reis und der Reif, das Salz und das Eis, die Friedensfahne und das Brautkleid, auch Zucker, Papier, Watte, Nebel und Wolken sind häufig weiß, dazu Linnen und Mull. Und viele Muscheln im blonden Sand. Was macht das Weiß so sinnlich? Seine Empfänglichkeit? Sein Nuancenreichtum?

Robert Ryman hat nur weiße Bilder gemalt, wobei keines dem anderen gleicht. Sieht man mehrere nebeneinander, frappieren die vielfältigen Weiß-Schattierungen. Als hätte jeder Weiß-Ton weitere Abtönungen, ad infinitum. Wer Nuancen erkunden will, tue es mit Weiß.

Inge Dick, eine überzeugte Weiß-Malerin, hat untersucht, was der Lichteinfall auf eine weiße Wand bewirkt. Am 13. Juni 1996, zwischen 5:07 Uhr und 20:52 Uhr, fotografierte sie mit einer Polaroidkamera die Lichtveränderungen. Entstanden sind 99 Polaroids in Abständen zwischen 3 und 30 Minuten. Ihr »Weiß« gibt das ganze Farbenspektrum wieder.

Meine poetische Antwort auf das Experiment war ein Gedicht (»Licht. Lumen«), das so beginnt:

Wenn das Weiß eine Spur unweißer wird.
Wenn das Weiß zehn Minuten unweißer wird.
Wenn das Weiß zwanzig Minuten unweißer wird.
Wenn das Weiß dreißig Minuten unweißer wird.
Wenn das Weiß vierzig Minuten unweißer wird.
Wenn das Weiß fünfzig Minuten unweißer wird.
Wenn das Weiß tut, was das Licht weiß.
Wenn das Licht wandert. (…)

Ein Prozess subtiler Wahrnehmung, der mich zur Konklusion führte: »Im Anfang war das Licht.« Und zur Erkenntnis, dass Weiß vieles ist.

Für das Auge zählt, so der Japaner Kenya Hara, inwiefern man Transparenz und Opazität, Schwere und Leichtigkeit gegeneinander abwägt. Es gibt stumpfes und leuchtendes Weiß. (Die japanischen Anemonen!) Und das klinische Weiß von Spitälern und Operationsräumen.

Mein Weiß flackert wie die Lichthasen meiner Kindheit. Und ruft manchmal (la page blanche) nach einer gestaltenden Hand. »Schwarz legt sich Weiß zu, Weiß Schwarz. Und weitergehen«, schrieb ich einmal. Es geht um den Pulsschlag, der die Angst des Anfangs überwindet, bevor das Weiß seine soghafte (auflösende) Kraft entfalten kann.

Ist das Nichts nicht weiß – wie das grenzenlose Nirwana?

Schlaf, weiße Nacht. Vielleicht auch weißes Entsetzen. Wer weiß.

Wort

Aber wo das Wort verwaist
Aber wo die Not
Aber wo
Dein Strich verweist
Weiter weiß

X

Die mathematische Unbekannte, unerlässlich für Gleichungen, Berechnungen jeder Art. Wenn doch die vielen Unbekannten des menschlichen Lebens so kalkültauglich wären. Sind sie aber nicht. Was ich nicht weiß, bringe ich in keinen Plänen unter. Da bleibt nur Verzweiflung oder Gelassenheit. »Manchmal kommt es mir so vor, als könne man durch Unwissenheit zu Gott gelangen.« (Georgi Gospodinov)

Auch die Sprache trägt dem Unbekannten Rechnung. In höflicher Vagheit spreche ich von Frau X., statt ihren Namen zu nennen. Und wo ich mich nicht festlegen kann oder mag, belasse ich es bei »x«, »x-mal« oder »x-beliebig«. Die Unschärfe schadet nicht, sie erfüllt einen praktischen Zweck, wenn auch keinen poetischen.

X. Der Buchstabe schaut mich an. Ich schaue zurück. Im griechischen Alphabet ist XP das Christusmonogramm. Im Lateinischen bezeichnet X die Ziffer zehn. Und das Andreaskreuz, sieht es nicht x-förmig aus?

Buchstabe, Zeichen, Formel, Zahl. Viel auf einmal. Mehr ist dazu eigentlich nicht zu sagen (womit ich Daniil Charms' berühmten Satz variiere).

Xylophon

Wenn der Holzklöppel auf die schmalen Metallteile schlägt, klingt es hell. Und so die Tonleiter rauf und runter. Und jetzt bitte eine Melodie. Das muss geübt sein, ist aber leichter, als sie aus einer Flöte hervorzuzaubern.

Spielte ich als Kind Xylophon? Ich kann mich nur an das Klavier erinnern, dieses große Wesen, das ich schüchtern zu erkunden begann. Mit den Fingern, nicht mit Klöppeln. Vorsichtig, denn man schaute mir zu. Mein Sohn aber schlug kräftig auf das weiße Metall des Xylophons, probierte Töne und Lautstärke aus. Und spielte mir eines Tages stolz »Alli mini Entli« vor. Dass lustvolles Schlagen eine Melodie erzeugt, macht das Xylophon zu einem idealen Musikinstrument für die Kleinen. Mir selbst wuchs es ans Herz, als André Thomkins – der ingeniöse Maler, Palindromist und Holzschnitzer – ein Xylophon für meinen Sohn anfertigte. Ganz aus Holz, wobei er die Holzstäbe von Hand schnitzte, auf einen Rahmen spannte und sorgfältig mit Schnüren verband. Wir konnten ihm bei der Arbeit zuschauen. Manchmal unterbrach er sie, um zu rauchen, dann nahm er wieder sein Messer hervor und sah durch die Augengläser konzentriert auf das Holz. Nie verstand ich, wie er diese Holzstäbe »stimmte«, denn sie klangen unterschiedlich, jeder hatte seinen eigenen Ton. Sieben Holzstäbe, sieben Töne: c – e – f – g – gis – ais – c. Das entsprach nicht der normalen C-Dur-Tonleiter, aber es klang apart. Die feinen Holzklöppel erzeugten auf den Holzstäbchen einen leicht »wässrigen« Ton. Ich assoziierte ihn spontan mit zen-buddhistischen Meditationsritualen.

Thomkins experimentierte zu jener Zeit mit Riesen-Xylophonen. Im innerschweizerischen Flüeli-Ranft baute er ein 25 Meter langes Instrument, das durch Werfen von kleinen Holzwürfeln erklang. Leider habe ich es nie gehört. Mir genügte das zierliche Kunstwerk, das meinem Sohn zugedacht war, wegen seiner Fragilität aber in meine Obhut kam. Ich hüte es noch immer. Zwar sind die zarten Klöppel zerbrochen, doch lässt es sich mit dem Stiel eines kleinen Holzlöffels bespielen. Manchmal entlocke ich ihm orientalische Melodien.

Yang und Yanaihara

Den chinesischen Lyriker Lian Yang kenne ich seit vielen Jahren, seit er mich als Autor des Ammann Verlags in Zürich besuchte. Schulterlanges wehendes schwarzes Haar, lachende Augen, überbordendes Temperament. Yang kam 1955 als Kind chinesischer Diplomaten im schweizerischen Bern zur Welt, während der Kulturrevolution wurde er aufs Land verschickt. Nach den blutigen Ereignissen auf dem Tianmen-Platz, die er in Gedichten festhielt, sah er sich gezwungen, ins Exil zu gehen. Australien, Neuseeland, London, hießen die Stationen. Heute lebt Yang in Berlin und reist regelmäßig nach China, auch wenn seine Bücher dort nur zensiert erscheinen können. (Unzensiert veröffentlicht er sie in Taiwan.)
Inzwischen weiß ich von seinen adeligen Vorfahren und der mongolischen Großmutter, kenne seine weit ausholenden »dunklen« Gedichte und sein Lieblingswort »depth«, Tiefe. »We need more depth!«, klingt aus seinem Mund wie ein Weckruf, gerichtet gegen die Oberflächlichkeit der Konsum- und Internetgesellschaft. Von der Kunst fordert Yang Radikalität und Kompromisslosigkeit. Zugleich möchte er die chinesische Schrift revolutionieren, indem er für Dialektwörter neue Zeichen erfindet. Ein Nimmermüder, getrieben von zig Ideen und Plänen. Fehlt nur das mongolische Pferd.
Mit Yang war ich zum ersten Mal in China, er ließ mich nach Peking und zu einem Poetenfest in Yangzhou einladen. Ergriffen standen wir im hangargroßen Atelier eines Malers, dessen riesige Landschaftsbilder uns förmlich einsogen; anders ergriffen fuhren wir mit einem Drachenkahn durch die stillen Ka-

näle der Gartenstadt Yangzhou und hörten den Schulklassen zu, die für uns Verse rezitierten und sangen. Schilf, Gräser, Stege, da und dort ein tanzender Falter. Und ein Froschgott in nachmittäglichem Schlaf. Beim Mondfest auf der Brücke der Fünf Pavillons sprachen wir nicht, die Vollkommenheit des Moments verbot es. Auf den gedeckten Tischen Äpfel und Kastanien, das Mondlicht gespiegelt im See, Grillengezirp und das Weiß der Uferpagode wie Milch. Als löste sich mit den Worten auch das Ich auf.

Yang blieb länger in China als ich, die ich aus einem gewittrigen Schanghai nach Zürich zurückflog, Hunderte von Bildern im Kopf. Waren sie scharf oder nur eine »vage Übersetzung«? Verschwommen wie die Grammatik des Chinesischen, ohne Subjekt, Objekt und Zeiten?

Zu Hause las ich Yangs Gedichte, suchte nach dem Grund seiner Metaphern und Dissonanzen. Stieß immer wieder auf den frühen Tod der Mutter, auf Schnee und ein asphaltiertes Meer. Was tun, wenn der Frühling zur Fremdsprache wird und der Sturm zu einer »Pflichtlektüre im Fach Tod«? Die Bilder griffen, entfalteten ihre eigene Schönheit: »Eine Silberkette ist greller im Blau, das hervorkehrt, was zuinnerst ist. / Gebogen zum Schmuck aus eigenem Schorf, / bejaht sie das Gewaltige eines großen Vogels, so gelassen wie eine Elegie.«

Ja, das Elegische, aber wie unweinerlich kommt es daher, wenn Einsamkeit auf einen »fleischfarbenen Geldautomaten« trifft, der das Ich und seine Gegenwart abhebt. Yang schreibt kühn, seine Themen (Traumen) konzentrisch umkreisend, und findet immer wieder zu lakonischer Klarheit: »Das Schöne ohne Heim / ist das Wahre.« Oder: »Die Kehle / hält Rückschau.«

In seinen Essays über Exil, Kalten Krieg und den chinesischen Dissidentenkünstler Ai Wei Wei sinnt Yang über Widerstand nach, dem allein er zutraut, den unseligen Lauf der Welt zu verändern. Widerstehen heißt: anders wahrnehmen, anders denken, anders handeln. Als ich in Berlin zuletzt mit ihm Tee trank, schilderte er mir die Idee eines Erinnerungsbuchs, in dem nachzulesen wäre, was Widerstand praktisch bedeutet, mit allen seinen Konsequenzen. Go for it!, sagte ich. Just do it!

Über den japanischen Philosophieprofessor Isaku Yanaihara (1918–1989) weiß ich nur, dass er zwischen 1956 und 1966 in Paris 228 mal Modell für Alberto Giacometti saß und diese endlosen Sitzungen protokolliert hat. Sein japanisch verfasstes Buch konnte – nach langjährigem weltweiten Bann – nun auf Deutsch erscheinen. Eine erschütternde Lektüre. Nicht weil es schildert, wie qualvoll das reglose Sitzen für den Porträtierten war, der sich nicht einmal auf Musik konzentrieren konnte, da ihn die Reglosigkeit voll und ganz in Anspruch nahm, sondern weil es zeigt, wie verzweifelt Giacometti um den bildlichen Ausdruck rang, indem er Begonnenes ständig zerstörte, um noch einen Versuch zu starten, und so immerfort. Ein Besessener des Absoluten, der sich in der Annäherung verausgabte, ohne mit Resultaten je zufrieden zu sein. Die Details reden Bände: »Irgendetwas stört mich an dem Bild«, »Mist! Morgen muss ich unbedingt Ihr Gesicht zu fassen bekommen«, »Vollkommen misslungen!«, »Verdammt!«. Giacometti flucht und gibt nicht auf, zwingt den anderen, auszuharren auf Gedeih und Verderb. Während des Malens spricht er voll Bewunderung über die ägyptische Kunst, über Händel und den Gregorianischen Gesang. Und über Cézanne, den er als einzigen Modernisten gelten lässt. Oder er erzählt Geschichten aus seinem Leben und kommentiert besorgt politische Ereignisse (so die ungarische Revolution von 1956). Yanaihara hört geduldig und höflich zu, beteuert immer wieder die Freiwilligkeit seines Posierens, gleichzeitig dämpft er den nervösen Zorn des Meisters und schlichtet Streit, wenn Alberto und Annette Ehedispute führen. Und er merkt sich alles, jedes Wort, jede

Stimmung, jedes Ereignis, was seine Aufzeichnungen minutiös belegen.

Ich schaue mir die Porträts im Buch an, Zeichnungen und Ölbilder. Fast alle frontal, auf das Gesicht fokussiert, das einen soghaft in die Tiefe des Raums hineinzieht. Kleiner, fast mumienhafter Kopf, doch das Zusammenspiel von Augen, Nase und Mund intensiv, hier läuft alles zusammen, das ganze Geäder der Linien, schwarz, braun, weiß, manchmal bis zur Unkenntlichkeit verwischt. Das Gesicht als das große Rätsel und Mysterium. Unentzifferbar.

Giacometti umgibt es mitunter mit einer farbigen »Aura«, die es hervorheben soll: schnelle Pinselstriche in Hellgrau, Ocker, Olive, Schwarz. Auch die übrigen Striche haben etwas flüchtig Vibrierendes, bis hin zu den gemalten Rahmen. Es ist eine Handschrift der Zeichen, die sich im Gesicht verdichten. Und hypnotische Wirkung entfalten.

Darum ging es offensichtlich: in Bann zu ziehen. Das Wesen des Porträtierten zu erfassen. Als Konzentrat, als gebündelte Energie. So wurde der reglose Yanaihara unter der Hand zum Medium. Das auf ein Urbild verwies.

An das eigentliche Urbild aber kommt keiner heran. Giacometti, so bezeugt es Yanaihara, habe lauter unvollendete Werke geschaffen, in der Hoffnung, das nächste Mal Fortschritte zu machen, es besser hinzukriegen. »Entweder ich mache weiter oder ich krepiere.« Obsession eines Unermüdlichen, der in seinen eigenen Augen scheitern musste. Von Mal zu Mal besser scheitern, wie es bei Beckett heißt.

Die Nachwelt sieht es anders.

Zufall

Wenn man Zufall als das nicht Vorhersehbare, nicht Beabsichtigte begreift: wie sind deine spontanen Assoziationen dazu?

Im Allgemeinen positiv. Ich freue mich über Zufallsbekanntschaften, über Entdeckungen, die sich einem Umweg oder einem Platzregen verdanken. Über das zufällige Zusammentreffen zweier Ereignisse, was man als »hasard objectif« bezeichnen könnte. Meine erste Reaktion ist: Wie schön, dass mir etwas ohne eigenes Zutun zufällt, einfach so, wie ein kleines Wunder. Auch Einfälle – das zeigt meine Erfahrung beim Schreiben – sind oft dem Zufall geschuldet. Völlig ungeplant wollen sie ins Gedicht oder verändern den Gang einer Story. Ich heiße sie willkommen, denn ohne Offenheit gegenüber dem Moment und seinen Launen schaffe ich nichts. Im Englischen heißt dieser glückliche Zufall »serendipity«. Erreichbar nur für den, der ohne vorgegebenes Ziel unterwegs ist.

Es gibt auch die Kombination von geplantem Ablauf und Zufälligkeit, wie in der musikalischen Aleatorik, wobei ich den Begriff gern auch auf die Literatur übertrage. Dadaismus und Surrealismus, viele Happenings der Wiener Schule und anderer avantgardistischer Gruppen operierten stark zufallsorientiert. Sie erzeugten auf diese Weise überraschende, komische Effekte. Vom russischen Absurdisten Daniil Charms stammt der bemerkenswerte Satz: »Es ist gefährlich, über alles nachzudenken, was einem so einfällt.« Nun ja, der zufällige Einfall ist ein unschätzbarer Akteur, wenn man ihm denn vertraut. Falsch wäre nur, ihn analytisch zu hinterfragen und in ein Kalkül zu zwingen.

Wie hältst du es mit einer religiösen Deutung des Zufalls als Schicksal oder höhere Macht?

Eine schwierige Sache. Thornton Wilder hat sich die Frage in seinem – auf einem historischen Ereignis basierenden – Roman »Die Brücke von San Luis Rey« gestellt. Warum, so Wilder, hat es gerade diese fünf Personen getroffen, als die Brücke zum Einsturz kam? Deterministisch kommt er (mit seinem recherchierenden Franziskanermönch) zum Schluss, dass deren Leben an einen Punkt gelangt war, wo eine Zäsur sich aufdrängte. So interpretierte er den sinnlosen Zufall zu einer höheren, gottgewollten Fügung um.

Es liegt wohl in der Natur des Menschen, dass er dem sogenannten blinden Zufall eine Sinngebung vorzieht, vor allem wenn es um tragische Ereignisse geht. Tod und Schmerz lassen sich vermutlich leichter ertragen, wenn man sie als »Schicksal« begreift. Doch nicht jeder mag im Zufall höhere Einmischung sehen. Ruth Klüger, die den Holocaust »durch Zufall« überlebte, sagte mir, sie glaube keineswegs an irgendeine göttliche Fügung. »Ich hatte Glück, das ist alles.« Seit Jahren denkt sie über das Thema Zufall nach, studiert Glücksspiele, ohne auf eine nennenswerte »Logik« gestoßen zu sein. Es gebe sie nicht, sagt sie nüchtern, da helfe keine Hilfskonstruktion. Soviel Pragmatismus ist bewundernswert und beängstigend zugleich. Aber Ruth Klüger hat es sich auf die Fahnen geschrieben, über das Widerfahrene Zeugnis abzulegen. Dies zumindest sei sie als Überlebende den Toten schuldig.

Primo Levi, der ebenfalls überlebte und das erschütternde Holocaust-Buch »Ist das ein Mensch?« schrieb, hat sein »Glück« nicht verkraftet und ist an der Schuld des Überlebens zerbrochen. Nicht anders Jean Améry. So wenig es einen höheren Zufall gibt, so wenig eine höhere Gerechtigkeit, wäre aus alledem zu folgern.

Magst du die Redewendung »dem Zufall auf die Sprünge helfen«?

Ich verwende sie kaum, zumal sie seltsam paradox klingt: Wie soll man den a priori unzähmbaren Zufall beeinflussen oder gar lenken? Besser, man vertraut sich ihm an, denn im günstigen Fall verfügt er über ein erstaunlich produktives Potential. Dieses Potential sollte man allerdings beim Schopf packen. Hätte mein Vater, der meine Mutter zufällig in einer Budapester Straßenbahn erblickte, nicht den Mut und die Geistesgegenwart gehabt, sie auch anzusprechen, gäbe es mich nicht. In Sekundenschnelle muss er gespürt haben: jetzt oder nie, heureka! So verhalf er dem Zufall zu schöner Nachhaltigkeit.

Vielleicht spielen Zufälle im Leben eine wichtigere Rolle als bewusste Entscheidungen, Planungen und Vorsätze?

Das ist gut möglich, hängt letzten Endes aber davon ab, wie man den Zufall definiert. Niemand möchte sein Leben als Produkt schierer Willkür verstehen, obwohl unsere Existenz schon zu Beginn vom Zufall geprägt ist. Wir werden ja nicht gefragt, ob wir zur Welt kommen wollen. Aus der Geworfenheit gilt es, das Beste zu machen. Durch Selbstbestimmung, Arbeit, Fleiß usw. Doch wird uns oft ein Strich durch die Rechnung gemacht, oder der Zufall kreuzt unsere Pläne. Das kann negativ, aber auch positiv sein. Feststeht: wir sind nicht immer Herr im eigenen Haus.

Zitat

Der russische Dichter Ossip Mandelstam nannte Zitate liebevoll Zikaden. Ja, Zitate sollen klingen, anders klingen als der restliche Text, in diesem aber zugleich aufgehoben sein, damit ein Ganzes entsteht.

Ich mag es, Fremdes in meine Texte zu verweben, der Wort- und Klangteppich wird reicher, das Beziehungsgeflecht vielfältiger. Nicht immer folge ich dabei einer klaren Intention, oft springt mich ein fremder Satz an und findet spontan seinen Weg in den Text – als glücklicher Zufallsfund. Einiges an Reserven hält das Gedächtnis parat, anderes entnehme ich Büchern. Der Dialog mit ihnen hält mein Schreiben wach. Denn Schreiben ist Fortschreiben, so sah es auch Mandelstam.

Durch den riesigen, ebenso großartigen wie beängstigenden Fundus an Geschriebenem leiten mich meine Vorlieben: ich sortiere, wähle aus, folge Spuren. Verlasse mich aber auch oft auf unverhoffte Entdeckungen. Zirpt die Zikade, gibt es kein Zögern und Zagen. Sie will zu mir, hic et nunc. (»Mitten im Lesen schreiben wir«, heißt es bei Margret Kreidl.)

Fündig werde ich bei Dostojewskij und Charms, Svevo und Waterhouse, Mayröcker und Aichinger, Attila József und Inger Christensen. Doch plötzlich ist da ein Satz von Robert Hass, insistent wie eine Zikade. Was dann?

Das Ohr reagiert, hört Resonanzen. Die Zikade wird zum Zitat. Ich könnte über Vielstimmigkeit reden. Aber die Texte sprechen für sich selbst. Mit ihren Anklängen und Anspielungen, mit ihrer impliziten Vielsprachigkeit hallen sie nach. Schon zwei Zikaden machen einen Chor, von dreien ganz zu schweigen.

Zikadensommer

Zikadengeschrei
im Wipfel der Pinie
keine Grasmücke
kein kleines Wimmern
grün
an Jahreszeiten geknüpft
nein
ein Sägen für die Schlaflosen
mit Pausen Pannen
und akkuraten
Neuanfängen
bin selber Lärm
im blinzelnden Garten
ein Stück Vibration
führe das Buch ans Knie
die zitternden Lüfte
räume aus
die Archive der Angst

Zypresse

Auf dem Kiesweg ein Notizheft, in das ich kniend, den Kopf weit vorgebeugt schreibe. Ich bin neun, wir sind im alten Aquileia. Der Kiesweg ist gesäumt von hohen Zypressen, darüber ein stahlblauer Nachmittagshimmel.

Andere Zypressenalleen fallen mir ein: die fünf Kilometer lange im toskanischen Bolgheri oder die bei der Kirche Sant'Abbondio im tessinischen Gentilino, unweit des Friedhofs, wo Hermann Hesse, Hugo Ball, seine Frau Emmy Hennings und der Dirigent Bruno Walter begraben liegen. Schlanke, oben spitz zulaufende, manchmal skulptural beschnittene Bäume, deren Umbragrün sie zu Schattensäulen macht.

Wer sie mit Trauer assoziiert, liegt nicht falsch. Arnold Böcklins zypressenbestandene »Toteninsel« liefert dafür das schlüssige Bild. Für mich allerdings sind Zypressen in erster Linie Wahrzeichen des Südens. Ihre kugeligen Zapfen duften betörend, ihre Flammenform skandiert den Horizont. Und wenn sie einzeln in die Landschaft ragen, sind sie wie dunkle Fingerzeige. Strenge Wächter der Nacht.

Schon als Kind waren sie mir vertraut. Auf dem Hügel von San Giusto in Triest, im Park von Schloss Duino, später in Aquileia. Ja, die Alleen verrieten immer die Nähe von Gräbern, aber sie waren nicht nur ernst, sondern friedlich. Und ich mochte die hellen Kieswege.

Zypressen, nicht anders als Zikaden, verorten mich dort, wo meine Sinne erwachten: im Süden der Kindheit, zwischen Meer und Siestazimmer, zwischen Licht und Dunkel.

Das sitzt tief.

Gegenstände aus Zypressenholz besitze ich nicht, nur Innokentij Annenskijs Gedichtband »Das Zypressenkästchen« (1910). Der russische Altphilologe und Euripides-Übersetzer, der 1856 im sibirischen Omsk zur Welt kam, sah in der Zypresse ein Todessymbol, dem er seine eigene melancholische Weltsicht beiordnete. Doch sein »Dreiblatt der Dämmerung«, gefolgt von vierundzwanzig weiteren »Dreiblättern«, entwirft Räume, die von meinem Zypressen-Süden viele gefühlte Breitengrade entfernt sind.

Ein Glück, dass der »Trauerbaum« mich freudig stimmt. Ich muss ihm nur nachreisen, jedesmal von neuem. Bis zur letzten Ruhe.

Zeit

Lang ist die Zeit und kurz, sie dehnt sich und schrumpft, sie schneidet und bleibt doch stumpf, sie ist viele oder auch nichts, sie ist linear, zyklisch, messbar, was du willst. Ein Rätsel ist sie und ein Paradox. Eine Obsession und ein Riss. Nur rückläufig ist sie nicht.

Beim Zahnarzt kommt sie nicht vom Fleck, in Liebesnächten rast sie, in stillen Stunden seh ich sie an mir vorüberziehen, beim Schreiben bemerke ich sie nicht, im Schlaf habe ich sie vergessen. Manchmal möchte ich sie festhalten (»Augenblick, verweile doch, du bist so schön!«), manchmal entsetzt mich ihre Leere.

Nichts zu machen, die Zeitempfindung ist subjektiv. Je müder mein Auge und je unerbittlicher die »Chronik der laufenden Ereignislosigkeit« (Ernst Jandl), desto flüchtiger die Zeit. Umgekehrt: je wacher mein Blick und Bewusstsein, desto intensiver der Moment. Sind Kunst und Liebe darum verschwistert, weil sie in ihrer Intensität die Zeit verdichten? Weil sie die Langeweile überwinden, das Kreuz nicht nur melancholischer Naturen? Bin ich mehrere Tage hintereinander verhindert, zu schreiben und zu phantasieren, werden die Tage lang und ich mir selber fremd. Jede Verrichtung eine Pflichterfüllung, doch mit der unabweislichen Frage, wozu. In den Pausen des Innehaltens: Sinndefizit. Dieses verflüchtigt sich, sobald der Ernst des Spiels – des Schreibens – wiederkehrt.

Bei intensivem Tun komme ich – kommt die Zeit – mir scheinbar abhanden. Die Reflexion über das Vergehen weicht einem Zustand glücklichen Einsseins, wo »die tollgewordenen Ängste abfallen und das Äquilibrium eintritt«, wie ich einmal schrieb. Und natürlich möchte ich solche Momente wieder und wieder erleben. Denn sie lenken von der Endlichkeit der Existenz ab. Auch von der Sinnfrage.

Letzten Endes geht es um eine Transzendierung der Zeit. Dieser Wunsch ist so alt wie der Mensch und steht hinter jedem künstlerischen Akt. »Ein Denkmal hab ich errichtet, dauerhafter als Erz«, heißt es bei Horaz. Wobei weniger der Unsterblichkeitsgedanke zählt als die beglückende Illusion einer eigenen Schöpfung. Man mag dies vermessen nennen oder übersteigert individualistisch, aber jedes Kind frönt solcher Leidenschaft, wenn es seine Holztürme oder Sandburgen baut. Wir sind allesamt kleine Götter, vom Leben ordentlich zurechtgestutzt, doch im Herzen unverbesserliche Träumer. Die dem Skandalon Tod gerne einen Streich spielen würden.

Die Zeit? Ein verbündeter Feind.

Ob Kontinuum oder zerflatternde, hektisch disparate Zeit, ob wiedergefundene oder gestundete Zeit, wir kommen dem Phänomen nicht bei, dessen Teil wir gleichzeitig sind. O ja, die Zeichen des Alters auf meinem Gesicht trügen nicht, meine Eltern und viele Freunde sind nicht mehr auf dieser Welt, die Zeiten ändern sich rasant und wir mit ihnen. Alles fließt. Was aber bleibt?

Der erhaschte, sich für immer einprägende Moment: ein Spurt im Regen, hinter dem Konfuzius-Tempel; die blauen Augen des Bettlers vor Saint-Julien-le-Pauvre; ein Kuss; ein Bach-Choral; der jubelnde Auferstehungsruf in der russischen Osternacht. Erinnerungen, die standhalten, ja ihre eigene Dauer erzeugen. So wie ekstatische Augenblicke der Hingabe und Selbstvergessenheit ihre »Zeitenthobenheit« behaupten.

Was war ich doch verwegen, als ich mit sieben beim Schaukeln das Jetzt-Spiel spielte. Ich rief »jetzt«, lauschte dem Echo und wusste, »jetzt« ist vorbei. Kaum ausgesprochen, stürzte die

Gegenwart in die Vergangeneit, als fiele sie rücklings ins Meer. Das Echo teilte die Zeit, der ich lauernd auf die Schliche zu kommen versuchte. Wollte ich sie festhalten, am Gang in die Zukunft hindern? Das Spiel wurde zur Obsession. Ich entkam ihm nur, wenn der Schlaf mich ins Vergessen spülte, in eine Geborgenheit außerhalb von Raum und Zeit.

Später erfand ich neue Spiele im Schreiben, auch hier der Zeit – der Zeitlosigkeit – auf der Spur.

Dass Zeit auch gesellschaftliche Abläufe strukturieren muss, nehme ich hin. Dass sie uns Tage und Nächte und Jahreszeiten beschert, erst recht. Der Mensch ist eingebunden in übergreifende Zeitordnungen, und folgt man dem biblischen Weisheitsbuch Kohelet (Kap. 3), so »gibt es eine Zeit für jegliche Sache unter der Sonne« – vom Säen und Weinen bis zum Ernten, Lachen und Tanzen, Geburt und Tod, Krieg und Frieden eingeschlossen. Was T.S. Eliot in einem seiner »Vier Quartette« weitergesponnen hat: »Es gibt eine Zeit für den Abend im Sternenlicht, / Und eine Zeit für den Abend im Lampenlicht / (Der Abend mit dem Foto-Album).« Doch anders als der düstere Prediger (»Alles ist Staub und kehrt zum Staub zurück«) schließt Eliot mit dem Satz: »In meinem Ende ist mein Anfang.«

Das klingt hoffnungsfroh. So wie die Idee einer »kosmischen« Relation zwischen Zeit und Raum beruhigt. Während meine Individualzeit ihre paradoxen Hasensprünge vollführt, während Erinnerungsschübe die Gegenwart überlagern und die geträumte Zukunft sich dehnt wie ein Gummizug, bin ich in *jenem Ablauf* geborgen. Platon nennt ihn das »bewegliche Abbild der Ewigkeit«.

Vor längerem schrieb ich dieses Zeit-Gedicht, das die Jahre, wie es scheint, unbeschadet überstanden hat:

Maß? Welches Gras wächst zurück?
Der Holztisch dunkelt ohne Zeremoniell,
der Teddy kahl. Gekürt zum Helden.
Fahl die Sonne im Quadrat
des Fensters. Föhn auf Wanderschaft.
Die Schatten werden Treppen, versteppen
schon. Und also Tiere, Passagiere?
Nein. Die Zeit zermahlt die Stunden.
Drinnen strahlt es weiß. Im Abschiedsspiegel.

Zärtlichkeit

Zärtlichkeit kann man nicht lernen.
Zärtlichkeit geschieht.
Wenn du den Haarsaum des Kindes streichelst.
Wenn du tastend übers weiße Papier fährst.
Wenn du eine kranke Stirn berührst oder den kadmiumroten
                                    Gebetsteppich.
Wenn du die Vögelchen duzt.
Wenn du die Bücher abstaubst.
Wenn du Erinnerungen nicht ad acta legst.
Wenn du den Milchschaum langsam von den Lippen leckst.
Wenn du den Sohn tröstest.
Wenn du zur Birke sprichst.
Wenn du deinen Kopf massierst.
Wenn du die Füße in warmen Sand gräbst.
Wenn du den Schlaf deines Liebsten hütest.
Wenn du Pfannkuchenteig rührst.
Wenn du die Pfannkuchen mit Freunden teilst.
Wenn du den Schnee küsst.
Wenn du Erdbeeren pflückst.
Wenn du Wäsche ausbesserst.
Wenn du dem Alten etwas zusteckst.
Wenn du einer Bitte zuvorkommst.
Wenn du Blumen verschenkst.
Wenn du dem Hund übers Fell streichst.
Wenn du den Tag anlachst.
Wenn du die Wollmütze über die Ohren ziehst.
Wenn du das Enkelchen in den Schlaf singst.

Wenn du die seidige Kastanie anfasst.
Wenn du Wörter einer fremden Sprache kraulst.
Wenn du Quellwasser trinkst.
Wenn du dir an die Brüste greifst.
Wenn du Bach spielst.
Wenn du Gäste willkommen heißt, auch die zufälligen.

Zwetajewa

Marina Iwanowna Zwetajewa, geboren 1892 in Moskau, gestorben 1941 in Jelabuga, Dichterin, Dramatikerin, Essayistin. Fast bin ich mit ihr befreundet, so viele Jahre habe ich mich lesend und übersetzend mit ihr beschäftigt, sie in imaginären Gesprächen um Rat gefragt. »Marinotschka, was wollten Sie mit diesem Vers sagen? Ich komme nicht weiter, beim besten Willen nicht. Und das Grübeln tut weh.« Sie schwieg aus ihrem Jenseits. Oder schickte mir, völlig unerwartet, einen Wink. Eigensinnige Einzelgängerin, die sie ist.

Heute überlege ich, wie ich ihr begegnen würde. Zum Beispiel in Meudon, Clamart oder Vanves, Pariser Vororten, wo sie zwischen 1926 und 1938 als Emigrantin lebte.

Ich weiß, ihr Scharfsinn, ihre Schnelligkeit und ihr herrisches Temperament schüchterten ein. Dagegen wäre auch ich nicht gefeit. Würden wir, statt am bescheidenen Küchentisch zu sitzen, gleich spazieren gehen? Könnte ich mit ihrem männlichen Schritt mithalten? Wieviele Zigaretten würde sie unterwegs rauchen? Und würde sich unser Gespräch um Liebe oder Poesie drehen? Im Zweifelsfall um letztere. Denn Marina zog sie der wankelmütigen Passion vor.

Schreiben, Schreiben. Immer hinderte das Leben sie an dieser allerwichtigsten Sache. Drei Kinder, von denen das zweite, die kleine Irina, im Moskauer Bürgerkriegsjahr 1920 verhungerte. Ein kränklicher Ehemann, dem sie 1922 in die Emigration und 1939 zurück in die Sowjetunion folgte. Permanente Armut, Unbehaustheit, Verlorenheit zwischen allen Fronten. Weder politisch noch literarisch hatte sie ein Zuhause, »maßlos in einer Welt nach Maß«. Sie war stolz, unbeugsam, äußerst diszipliniert (das strenge Elternhaus, Moskauer Intelligenzija). Und bis zuletzt kämpferisch. Erst als Mann und Tochter im schicksalhaften Sommer 1939 vom sowjetischen Geheimdienst verhaftet wurden und sie nach Hitlers Überfall auf die Sowjetunion mit ihrem Sohn ins tatarische Jelabuga evakuiert wurde, wo sich die Schlinge des NKWD auch um sie zusammenzog, gab sie auf. Am 31. August 1941 nahm sie sich das Leben, knapp 49 Jahre alt.

»Wann schreiben Sie denn überhaupt?«, würde ich sie fragen, obwohl ich die Antwort aus ihren Briefen kenne. (»In den frühen Morgenstunden, wenn die Familie noch schläft.«)

»Und der Schlaf?« Dafür bleibe wenig Zeit, das Leben sei zu kurz für Erholung.

Sie kappt die Sätze, fällt in jähes Nachdenken. Vielleicht dichtet sie gerade. Oder es dichtet in ihr. (»Ernsthafter werden wir auch beim Sterben nicht sein.«)

»Marina!« Sie schaut mich an. Wachsam. Hinter der Wachsamkeit erkenne ich tiefe Müdigkeit. Aber es kommt keine Klage. Nur der Satz, sie müsse noch auf den Markt.

»Gehen wir zusammen.«

Sie, die beim Schreiben nie zu zögern scheint, wirkt in diesen Vorortstraßen seltsam verloren und geistesabwesend. Als folgte sie mechanisch einer Pflicht, genauer: als wäre ihr Körper völlig abgekoppelt von ihr selbst. Kartoffeln, Karotten, Milch, Brot, weil Sohn Murr gesunde Ernährung braucht. Ansonsten … »Hier bin ich *überflüssig*, dort – *unmöglich*.« Ein bitteres Geständnis.

Der Mantel altmodisch, das Kleid abgetragen, nur die Bernsteinkette leuchtet gelb. An der Rechten zwei Armreifen, am Mittelfinger ein Silberring, dieser Schmuck begleitet sie seit ihrer Jugend. Als es noch Überschwang und Übermut gegeben hatte, unbändigen Lebensdrang. Und jetzt?

»Für mich sein. Ein Kamtschatkabär / Ohne das Eis. Kann nicht dabeisein, / Kann nicht (wills auch nicht mehr). / *Wo* man sich beugen muss, mir gleich.«

Von Heimweh will sie nichts wissen – eine »entlarvte Illusion«. Und hat damit so grausam recht behalten. »Mir ist es ganz egal, / *Wo* ich allein bin.«

Eine Zeitlang gehen wir schweigend nebeneinander. Als ich sie nach Rilke frage, lebt sie auf. »Kennen Sie das Gedicht, das ich ihm gewidmet habe?« Ich nicke. »Wir haben uns nie gesehen, es hat nicht sollen sein. Dabei …« Dabei wäre die Begegnung zu einer Sternstunde geworden. Vielleicht.

In Gedanken rekapituliert sie die Tode. Der Mutter, da war sie erst vierzehn. Des Vaters, da war sie einundzwanzig. Der jüngeren Tochter, da war sie achtundzwanzig. Rainer Maria Rilkes, da war sie vierunddreißig. 1932 stirbt ihr väterlicher Dichterfreund Maximilian Woloschin, 1934 Nikolaj Gronskij und Andrej Belyj. Sie alle hat sie in Porträts und Erzählungen vergegenwärtigt, damit das Vergangene nicht vergangen und vergeblich sei. Mit Worten kennt sie sich aus. »Nur kein Abschied – schreib's gleich nieder: keiner! / Aufs Papier die neuen Klänge, Rainer!«

Trotz, Provokation, Kontra sind ihr wesensgemäß, dem Elegischen möchte sie sich verweigern. Wie schrieb sie doch einst mit selbstbewusstem Pathos: »Poet bleibe ich noch im letzten Röcheln vorm Ende!« Und jetzt? Gleicht ihr Leben nicht dem, das sie in fernen Bürgerkriegsjahren vorweggenommen hatte? »Baut einer kein Haus – / Spuckt die Erde vor ihm aus. / (…) Ich baute kein Haus.«

Als sie Karotten, Kartoffeln und den ganzen Rest in eine große Tasche stopft, verabschiede ich mich von ihr.

»Sie gehen schon? Dabei haben wir uns noch gar nicht unterhalten.«

»Ein andermal, Marina. Sie haben genug zu tun.«

»Genug vom Falschen«, sagt sie lakonisch. »Manchmal weiß ich nicht, wie ich aus dieser Mühle herauskomme. Ich glaube, ich muss die Wahrsagerin fragen.«

Das hat nicht geholfen.

Aber da sind die Verse, Verse. Diese unglaublich schmerzlichen und großartigen Verse. Nimm und lies.

Zaun

Holzzäune. Schiefe, morsche, graugewordene, russische, die die Landschaft skandieren. Die sich um Katen und Datschen ziehen, ohne Katzen, Füchse und sonstiges Getier abzuhalten. Oder sie schmiegen sich auf Dorffriedhöfen um die Gräber. Jedes Grab ein kleines Revier mit Holztisch und -bank, wo auf die lieben Toten angestoßen wird.

Holzzäune haben ihren Rhythmus und Ton, eignen sich zum Zaungucken. Nicht die strammen Palisadenzäune, jene anderen, windschiefen, lückenhaften, die es mir immer schon angetan haben. Du schielst durch die Zwischenräume, wirfst verstohlene Blicke über den Zaunrand. Das Zeug wackelt, hält deinem Gewicht aber stand. An Kletterversuchen bist du nicht interessiert.

So poetisch der ländliche Holzzaun, so unerbittlich der Metallzaun. Er signalisiert nur eines: hier kommst du nicht durch. Engmaschig, hoch, solid verankert markiert er Grenzen, dient zum Ausschluss von Flüchtlingen oder anderen unliebsamen »Elementen«. Ungarn, Melilla, Israel, ach. Grausamkeit hat viele Namen. Und wie lang soll der Zaun zwischen Mexiko und den USA noch werden.

Ich plädiere für löchrige Zäune, die symbolisch einhegen. Wie ein zärtlicher Wink. Und dich zum Schauen einladen. Komm, komm …

Neulich erwiesen sich zwei riesige Holzkisten als ein solcher Zaun. Ich entdeckte sie nach dem Tod meiner Mutter im Keller des Elternhauses. Von ihrer Existenz hatte ich nichts gewusst. Als ich sie öffnete, tat sich ein Blick in Ungesehenes auf. In das

Leben meiner Großmutter und ihrer Verwandtschaft, Schicht um Schicht. Wie ein Voyeur tastete ich mich in die Tiefen der Zeit, fand zwischen Seidenschals, Tischwäsche und Klöppeleien Packen von Briefen, ferner Schulzeugnisse, Rosenkränze und Zeichnungen. Am Gymnasium in Ungvár (dem heutigen Užhorod) war Großmutter anno 1902 eine gute Schülerin gewesen, ebenso ihre ältere Schwester Jolán, die später in Rimavská Sobota Lehrerin wurde. Stammten die Heiligenbilder und Gebetbücher von Jolán? Und mehrere handgeschriebene Gedichte auf cremefarbenem Papier? Plötzlich schauten mich von Fotos meine Urgroßeltern an: sie in weißem Kleid mit hochgeschlossenem Kragen, er in der Uniform eines Finanzoffiziers der k.u.k. Monarchie. Ein schönes Paar. Weitere Fotos kamen zum Vorschein: von Elemér, dem jüngsten Bruder meiner Großmutter, der mit knapp zwanzig an der galizischen Front gefallen war. Offenes Gesicht, mittelgescheiteltes Haar, Zuversicht. Auf einer Ansichtskarte schrieb er hoffnungsvoll, er werde aus dem Krieg zurückkehren. In einem zierlichen Etui seine randlose Brille. Wenn sie nur erzählen könnte.

Ich fand Füllfederhalter, Zigarettenspitzen, Lupen und ein mit »Kontratovich« beschriftetes Silberdöschen. So hieß meine Großmutter bis zur Heirat mit Károly Sichert, der es vom Waisenknaben zum Direktor einer Konservenfabrik gebracht hatte. Auf einem Holzfächer lauter Sinnsprüche in teils ungelenker Schrift. Ein Klassengeschenk, aber an wen? Und wem gehörte das Seidenblüschen, etwa meiner Mutter, als sie Kind war?

Die Kisten schienen keinen Boden zu haben. Geschichten schälten sich aus ihnen heraus, eine nach der andern. Ich griff durch das Zaunloch der Zeit in eine ferne Vergangenheit.

Wer schrieb da in kyrillischer Schrift aus Wladikawkas? Die Ehefrau von Großmutters ältestem Bruder Ernő, der in russische Kriegsgefangenschaft geraten war. Ein verzweifelter Brief mit Bitte um finanzielle Hilfe. Ich bezweifle, dass er beantwortet worden ist. Großmutter nannte diesen Bruder, wenn sie ihn überhaupt erwähnte, einen verlorenen Sohn und seufzte dabei schwer.

Und noch mehr Fotos, von drei Generationen. Auf vielen erkannte ich Mutter. Mutter war ein Einzelkind, reizend und verwöhnt. Sie trug Maschen im Haar und seidene Ballkostüme. Der Junge neben ihr in Matrosenkleidung.

Zwischen den Fotos Bilder ohne Signatur. So redet doch, wollte ich den Dingen zurufen, offenbart euch! Lasst mich nicht außen vor!

Doch Zaun ist Zaun, die weit zurückliegende Zeit läßt sich nicht so leicht zum Sprechen bringen.

Ich werde die vielen Briefe lesen, um Personen und Ereignisse, mithin meine Herkunft besser zu verstehen, das ist mir wichtig. Dann aber will ich mich der Zukunft zuwenden. Wartet sie nicht hinter dem Zaun?

Zitatnachweise

S. 9   Ossip Mandelstam: *Die ägyptische Briefmarke*. Aus dem Russischen von Gisela Drohla. Suhrkamp: Frankfurt a.M. 1988, S. 51.

S. 11   Friederike Mayröcker: *ich bin in der Anstalt. Fusznoten zu einem nichtgeschriebenen Werk*. Berlin: Suhrkamp 2010, S. 177–178.

S. 12   Danilo Kiš: *Garten, Asche*. Roman. Aus dem Serbischen von Anton Hamm. Frankfurt am Main: Suhrkamp, 2. Aufl. 1997, S. 8.

S. 23   Francis Ponge: *Die Seife*. Aus dem Französischen von Maria Bosse-Sporleder. Frankfurt am Main: Suhrkamp 1993, S. 24–25.

S. 26   *Was für ein Péter! Über Péter Esterházy.* Hrsg. von Angelika Klammer. Salzburg: Residenz 1999, S. 117.

S. 30   Annie Ernaux: *Die Jahre*. Aus dem Französischen von Sonja Finck. Berlin: Suhrkamp 2017, S. 13.

S. 35   H.D. Thoreau: *Walden oder Leben in den Wäldern*. Aus dem Amerikanischen von Emma Emmerich und Tatjana Fischer. Zürich: Diogenes 1971, S. 141.

S. 44   *Das Hohelied Salomos*. Übersetzt, transkribiert und kommentiert von Klaus Reichert. München: Deutscher Taschenbuchverlag 1996, S. 41, 45.

S. 44   Nizami: *Leila und Madschnun*. Aus dem Persischen verdeutscht und mit einem Nachwort versehen von Rudolf Gelpke. Zürich: Manesse 1963, S. 17.

S. 74 f.   Marina Zwetajewa: »*Ich schicke meinen Schatten voraus*«. Tagebuchprosa und autobiographische Erzählungen. Hrsg. von Ilma Rakusa. Berlin: Suhrkamp 2018, S. 426, 427.

S. 77 f.   Danilo Kiš: *Homo poeticus*. Gespräche und Essays. Hrsg. von Ilma Rakusa. München: Carl Hanser 1994, S. 78.

S. 85f.   Annie Ernaux: *Die Jahre*, a.a.O., S. 10.

S. 86 f. Attila József: *Liste freier Ideen*. Hrsg. und übersetzt von Christian Filips und Orsolya Kalász. Berlin und Schuppart: roughbook 2017, S. 57, 59.

S. 94 Maruša Krese: *Selbst das Testament ging verloren*. Gedichte. Aus dem Slowenischen von Klaus Detlef Olof. Wien: Edition Korrespondenzen 2001, S. 12.

S. 99 Laudse [Laotse]: *Daudesching* [*Taoteking*]. Aus dem Chinesischen übersetzt und herausgegeben von Ernst Schwarz. Leipzig: Philipp Reclam jun. 1978, S. 61.

S. 125 Ossip Mandelstam: *Die Reise nach Armenien*. Übertragung aus dem Russischen und Nachwort von Ralph Dutli. Frankfurt am Main: Suhrkamp 1983, S. 7.

S. 125 f. *Haiku*. Gedichte aus fünf Jahrhunderten. Ausgewählt, übersetzt und kommentiert von Eduard Klopfenstein und Masami Ono-Feller. Ditzingen: Reclam 2017, S. 39, 56.

S. 130 Andrzej Stasiuk: *Der Osten*. Roman. Aus dem Polnischen von Renate Schmidgall. Berlin: Suhrkamp 2016, S. 236.

S. 132 Ebd., S. 110.

S. 135 Olga Tokarczuk: *Unrast*. Roman. Aus dem Polnischen von Esther Kinsky. Frankfurt am Main: Schöffling 2009, S. 260.

S. 155 Margret Kreidl: *Zitat, Zikade. Zu den Sätzen*. Wien: Edition Korrespondenzen 2017, S. 75.

S. 156 Francis Ponge: *Einführung in den Kieselstein und andere Texte*. Übertragen von Gerd Henniger und Katharina Spann. Frankfurt am Main: S. Fischer 1986, S. 113.

S. 168 Wladimir Majakowski: *Frühe Gedichte*. Deutsch von Alfred E. Thoss. Frankfurt am Main: Suhrkamp 1965, S. 46.

S. 168 f. Norbert Hummelt: *Zeichen im Schnee*. Gedichte. München: Luchterhand 2001, S. 77.

S. 171 Marc Aurel: *Selbstbetrachtungen*. Übersetzung mit Einleitung und Anmerkungen von Albert Wittstock. Stuttgart: Philipp Relam jun. 1959, S. 44.

S. 173 Francis Ponge: *Douze petits écrits*. Paris: Gallimard 1926, S. 27. (Ü: I.R.)

S. 177 Ales Rasanaŭ: *Das dritte Auge. Punktierungen.* Aus dem Weißrussischen von Elke Erb. Basel und Weil am Rhein: Urs Engeler Editor 2007, S. 6, 42.

S. 177 Ales Rasanaŭ: *Zeichen vertikaler Zeit.* Aus dem Weißrussischen übertragen von Elke Erb. Berlin: Agora 1995, S. 123.

S. 193 f. Peter Waterhouse: *Blumen.* Wien – Bozen: Folio 1993, S. 12.

S. 194 Roger Willemsen: *Es war einmal oder nicht. Afghanische Kinder und ihre Welt.* Frankfurt am Main: Fischer Taschenbuch 2015, S. 54.

S. 197 Robert Walser: *Tiefer Winter. Geschichten von der Weihnacht und vom Schneien.* Frankfurt am Main und Leipzig: Insel 2007, S. 101.

S. 199 *Surrealismus in Paris 1919–1939.* Ein Lesebuch. Hrsg. von Karlheinz Barck. Leipzig: Reclam 1990, S. 92, 93, 94–95.

S. 206 f. Francis Ponge: *Einführung in den Kieselstein und andere Texte,* a.a.O., S. 85.

S. 209 Marco Polo: *Il Milione. Die Wunder der Welt.* Übersetzung aus altfranzösischen und lateinischen Quellen von Elise Guignard. Zürich: Manesse 1983, S. 111.

S. 210 Hermann Vambery: *Mohammed in Asien. Verbotene Reise nach Buchara und Samarkand 1863–1864.* Hrsg. von Peter Simons. Stuttgart: Edition Erdmann bei K. Thienemanns 1983, S. 149.

S. 210 Peter Fleming: *Tataren-Nachrichten. Ein Spaziergang von Peking nach Kaschmir.* Aus dem Englischen von Reinhard Kaiser. Frankfurt am Main: Eichborn 1996, S. 315.

S. 218 Marguerite Duras: *Die Krankheit Tod. La Maladie de la Mort.* Deutsch von Peter Handke. Frankfurt am Main: Fischer Taschenbuch 1985, S. 34.

S. 222 Anton Čechov: *Ein unnötiger Sieg.* Frühe Novellen und Kleine Romane. Aus dem Russischen von Beate Rausch und Peter Urban. Zürich: Diogenes 2000, S. 60.

S. 223 Robert Musil: *Le Paquebot Tenacity.* Gesammelte Werke 9, Kritik. Reinbek bei Hamburg: Rowohlt Taschenbuch Verlag 1978, S. 1561.

S. 223 f. Anton Tschechow: *Der Kirschgarten.* Dramen. Düsseldorf: Artemis & Winkler 2006, S. 243.

S. 232 Danilo Kiš: *Sanduhr*. Roman. Aus dem Serbokroatischen von Ilma Rakusa. München: Carl Hanser 1988, S. 272.

S. 233 Friederike Mayröcker: *Requiem für Ernst Jandl*. Frankfurt am Main: Suhrkamp 2001, S. 30.

S. 237 f. Mahmud Darwisch: *Wir haben ein Land aus Worten*. Ausgewählte Gedichte 1986–2002. Aus dem Arabischen übersetzt und herausgegeben von Stefan Weidner. Zürich: Ammann 2002, S. 7.

S. 259 Friedrich Nietzsche: *Werke in drei Bänden*. Zweiter Band. München: Carl Hanser 1994, S. 1247.

S. 269 Friederike Mayröcker: *Pathos und Schwalbe*. Frankfurt am Main: Suhrkamp 2018, S. 227.

S. 269 f. *Psalm 18*. Zitiert nach Klaus Reichert: *Wolkendienst. Figuren des Flüchtigen*. Frankfurt am Main: S. Fischer 2016, S. 29.

S. 278 Yang Lian: *Aufzeichnungen eines glückseligen Dämons*. Gedichte und Reflexionen. Aus dem Chinesischen von Karin Betz und Wolfgang Kubin. Frankfurt am Main: Suhrkamp 2009, S. 134.

S. 290 T.S. Eliot: *Gesammelte Gedichte 1909–1962*. Hrsg. und mit einem Nachwort versehen von Eva Hesse. Frankfurt am Main: Suhrkamp 1988, S. 303.

S. 296 Marina Zwetajewa: *Versuch, eifersüchtig zu sein*. Gedichte. Hrsg. von Ilma Rakusa. Frankfurt am Main: Suhrkamp 2002, S. 127.

Inhalt

Die Autorin dankt C. O. für die Gespräche.

© Literaturverlag Droschl Graz – Wien 2019

Umschlag: & Co www.und-co.at
Satz: AD
Druck: Theiss

ISBN 978-3-99059-032-4

Literaturverlag Droschl Stenggstraße 33 A-8043 Graz
www.droschl.com